번역교육

이론과 실제

Translation Teaching: From Research to the Classroom
by Sonia Colina

번역교육
이론과 실제

Translation
Teaching
from Research to the
Classroom

Sonia Colina 지음
배만호 · 박기성 · 안동환
윤일환 · 김용규 옮김

도서출판 **동인**

* 이 번역학 총서는 2단계 두뇌한국(BK)21 사업에 의하여 지원되었음
(부산대 영상산업 번역전문인력 양성사업단 번역학 총서)

저자 소개

소니아 콜리나(Sonia Colina)는 미국 아리조나 대학(University of Arizona)
의 스페인어 및 포르투칼어학과 부교수로 언어학을 비롯한 광범위한 분
야의 전문 번역 수업을 강의하고 있다. 그녀는 1995년 일리노이 대학(어
바나 샴페인 소재)에서 스페인어학으로 박사학위를 받았다. 콜리나의 연
구 분야는 번역교수법, 번역교육 이외에도 소통적 번역과 언어교육, 제2
언어습득의 상호관계 등이다. 그녀는 번역연구 이외에도 스페인어 음운
론과 음성학 이론을 전공하였다. 다수의 논문을 편집한 책과『언어학』
(*Linguistics*),『링구아』(*Lingua*),『목표』(*Target*),『번역가』(*The Translator*) 등
의 저명한 학술지를 통해서 출판했다.

머리말

문학과 문화 연구 이외에도 언어연구에 대한 관심은 학부에 언어학과 번역에 관련된 강좌의 개설을 늘이게 했다. 아마도 번역가라고 하면 국제연합에서 근무하는 동시통역사의 모습을 가장 먼저 떠오를 것이며, 법정에서 소송절차에 임하는 개인이 먼저 자신의 권리를 이해하도록 하는 것이 중대한 시민의 권리임을 원칙으로 하는 미국의 경우, 법정 통역사를 연상하는 이들도 많을 것이다. 학문연구 분야에서도 한 국가의 대표적인 문학작품들은 번역을 통해 접하게 됨은 널리 알려진 사실이다. 예를 들어, 우리는 그리스 극작가들의 작품을 보통 원천 텍스트보다 번역본으로 읽게 된다. 또한 세계문학의 걸작을 탐구하는 인문대학의 학부과정에서 선수과목으로 다중언어를 선택하지 않기 때문에 우리는 『돈키호테』나 『백년 동안의 고독』과 같은 고전을 탐독할 경우 번역본을 읽는다.

문학 및 문화 작품의 번역의 경우 독학으로 일부 재능있는 번역가가 될 수 있는 반면에, 대부분의 사람들, 특히 이중 언어를 완전히 사용할 수 없는 학부 학생들에게는 체계적이고 전문적인 번역지도가 필요하다. 본서 『번역교육: 이론과 실제』(*Translation Teaching: From Research to the Classroom*)는 다양한 배경을 가진 번역교육자들을 위한 책이다. 이 책은 오랫동안 번역 전문가, 번역학 교수로 헌신해 온 소니아 콜리나 교수의 노고가 정점을 이루는 역작이다. 이 책을 읽는 사람은 목차와 참고문헌에도 주의를 기울여주기 바란다. 목차는 특히 이 책의 제목에 대해 분명하고도 적절한 설명이 되고 있다. 제1장과 제2장에서는 콜리나 교수가 어떤 기반 위에서 번역 수업에 대한 제안을 하고 있는지 탐구한다. 이후 나머지 세 장에 걸쳐 전개되는 교과목 설계, 수업자료 만들기, 평가는 수업지도에 관한 것이다. 참고문헌을 살펴보면 신임 교사들은 배경 지식으로 활용할 수 있는 광범위한 저작들을, 그리고 번역에 경험있는 교사들은 번역학의 밑바닥에 있는 학구적 노력을 입증하는 유용한 저서 목록들을 발견하게 될 것이다.

맥그로-힐 출판사의 제2언어 전문 시리즈(Second Language Professional Series)는 연구 또는 이론에 기반을 둔 저작들을 출판한다. 그런 의미에서 콜리나의 이 저서는 매우 중요한 의미를 가지는 책이 될 것이다. 아무쪼록 이 책이 전문가들에게 많은 자극을 주어 언어 학습자들이 "번역 능력"을 향상시킬 수 있는 수업을 설계하는데 도움이 되길 바란다.

제임스 F. 리(James F. Lee)
인디애나주, 블루밍턴
2002년 10월

서문

이 책은 과연 무엇에 관한 책인가? 이 책의 목표는 무엇인가?

이 책은 번역교육에 관한 책이다. 그러나 번역이란 사람들에게 저마다 다른 것을 의미한다.

  이 책은 소통적 활동으로서의 번역에 초점을 맞추고 있는데, 이는 전문 번역가들 대부분이 실천하는 것이자, 다른 언어를 구사하는 목표 청자와 소통하고자 하는 원천 청자의 필요에 따라 유발되는 것이기도 하다. 따라서 (번역된) 목표 텍스트는 특정한 목적에 따라, 특정한 장소와 시간에, 특정한 한 독자 또는 여러 독자들을 위해 생산된다. 우리는 이러한 유형의 번역을 의사소통적 번역이라 일컫는다. 이 책에서 번역이란 누군가의 제 2언어에 대한 지식을 향상시키거나 증명하기 위한 언어 연습이나 수단이 아니다.

  번역 교과목과 번역 프로그램의 수가 증가함에 따라 번역 교수법에 대한 필요성 또한 증가하고 있다. 이러한 필요성은 특히 미국에서 절실한데, 그것은 번역학과 번역교육에 대한 지식이 거의 없는 전문번역가들이나, 전문적인 번역과 비전문적인 번역에 대한 지식이 거의 없는 학자들이 전통적으로 번역 교과목을 담당해 왔기 때문이다. 이 책은 그러한 필요성을 충족시키고자 한다. 더욱이 이 책은 잘 훈련된 전문 번역가들을 항상 필요로 하는 세계시장의 요구뿐만 아니라, 일관되고 원칙이 있는 교육방법론을 추구하는 교사들과 교육 행정가들의 보다 빈번한 요구들에도 부응하고자 한다.

이 책을 썼을 때 다음과 같은 목적을 염두에 두었다.

- 교사 교육과 준비의 기초인 교수법의 뼈대를 통해 이론과 연구를 실제 수업과 연계
- 교실 수업에 연구를 더 밀착시키고 번역교사 훈련 프로그램을 설정한다는 궁극적 목적 아래, 비연구자, 번역교사, 번역 전문가에게 적합한 이론적·경험적인 사례 연구를 설명
- 지금까지 교육 현장을 지배해 왔던 일회적인 교실 경험담과 사례 연구들을 대체할 체계적인 번역 교수법의 토대를 정립
- 번역 교사들의 훈련에 필요한 안내서(자기 학습용이든 훈련 프로그램의 일환이든)로서의 기능을 다하여 번역 교사들이 확고한 방법론적 기준에 따라 수업자료를 개발하고 창안하도록 훈련
- 언어 교사들과 연구자들에게 번역 및 번역학에 대한 지식과 인식을 증진

이러한 목표를 달성하기 위해 이 책은 다음과 같은 주제를 탐구한다.

- 번역 해결책을 설명하는데 있어 텍스트의 요인들을 통합하는 번역 이론의 중요성(스코포스 이론)

- 번역 교수법을 개발하는데 있어 번역 행동과 번역가의 능력에 관한 경험적 자료의 중요성
- 하나의 번역 교수법에 대한 관련 분야 연구의 타당성
- 하나의 원칙적 방법론에 근거한 강의 개요 및 수업의 예
- 번역교육에서의 시험과 평가
- 소통적 번역수업에서 학생과 교사의 역할

이 책은 무엇이 다른가?

『번역교육: 이론과 실제』는 다양한 방면에서 이루어지는 번역학(TS)에 기여하는 또 한 권의 새로운 책이다. 먼저 이 책은 번역 분야에서 잘 연구되지 않는 교육학 분야(교사 훈련)를 전적으로 새로운 방식으로 검토하였고, 특히 교수법에 큰 비중을 두었다. 둘째, 이 책은 또한 응용번역학, 특히 연구 응용분야(예를 들면, 교수법과 교사 훈련 프로그램)라는 거의 존재하지 않는 분야에도 기여한다. 셋째, 이 책은 교육적 맥락과 언어 조합에서 수없이 많은 변수들을 교사훈련 자료 및 교사 설계형 수업에 적용하려는 많은 교재들의 생산과 사용에 대체할 만한 새로운 교수법을 제안한다. 이 책은 교사들이 수업, 활동, 시험에 대한 준비를 돕는 지침서인 동시에, 방법론적, 교육학적인 입장이 번역과 번역 능력에 대한 현재의 이론적, 경험적 증거들과 어떻게 관련이 있는지를 보여준다.

어떠한 접근법이 사용되는가?

이 책에서 이용되는 접근법은 배우게 될 번역 활동의 유형에 의해 결정

된다. 이러한 방법론은 다양한 번역의 맥락들에 적용되지만, 이 책은 주로 전문적, 비문학적 번역에 초점을 맞춘다. 이 책의 방법론은 번역에 있어서의 경험적 연구의 결과들에 근거하는데, 이는 주로 사고발화법(TAPs, Think Aloud Protocols)과 오류분석을 통해 이루어지며, 이와 관련하여 제2언어습득(SLA)과 독서 연구의 방법에도 응용한다. 이 책에서 사용되는 이론체계는 스코포스 이론, 즉 번역에 대한 기능주의적 접근법(Manttari 1984; Reiss and Vermeer 1984; Nord 1991, 1997을 참조)과 기술번역학(DTS)(Toury 1995)이다. 이러한 이론적 모델을 선택하게 된 동기는 스코포스 이론이 오늘날 전문 번역의 실행에 수반되는 제약과 요소들을 잘 설명해 낼 뿐만 아니라 유럽의 번역가 훈련 프로그램에서 거둔 성공 때문이다. 교육학적 맥락에서 이 책은 특히 쿠스마울(Kussmaul 1995), 키랄리(Kiraly 1995), 슈리브(Shreve 1997), 카오(Cao 1996)가 제안한 모델과 방법론을 따른다.

그럼에도 번역교육에 대한 대안적인 접근법들이 존재한다는 사실은 여전히 유효하다. 이 책의 목표는 하나의 특정한 틀을 주장하는 것이 아니라 연구 결과에 의거하여 교육적인 결정과 방법론을 선택할 필요성을 주장하는 것이다. 이 책이 말하고자 하는 바는, 특정한 방법론적 틀의 선택이 교실에서의 유용성에 관한 주관적이고 개인적인 인상을 통해서가 아니라, 지도효과와 설명력, 번역 능력습득의 특성과 같은 경험적 연구를 통해 입증되어야 한다는 것이다.

이 책은 누구를 위한 것인가?

이 책은 번역 교사들, 교사훈련 및 프로그램 관리자를 위해 마련된 것이다. 비문학 부분의 번역을 많이 다루긴 하지만, 모든 번역 교사들에게 유용한 도구가 되어 줄 것이다. 이미 번역교육에 종사하면서 실제로 활용할 수 있는 방법론적 토대를 찾는 사람들에게 뿐만 아니라, 번역교육에 경험이 없는 사람들(전문 번역가, 외국어 교사)에게도 이 텍스트는 유용하다. 이 책은 번역 교과서라기보다는 더 폭넓은 독자층을 위한 것이다. 왜냐하면 이 책의 목적은 한 특정한 언어 조합이 아닌, 모든 소통적 번역 활동에 공통적인 교수법 원리들을 설명하는데 있기 때문이다. 교수법, 번역 능력, 응용번역학 분야에 종사하는 모든 학자들이 이 책에서 흥미로운 주제를 찾을 수 있을 것이다.

이 책의 특징

이 책은 교수법의 가치를 보완하고 강화해 줄 다양한 특징들을 갖추고 있다. 각 장의 마지막 부분에는 앞서 제시한 내용과 개념을 다시 복습하는데 도움을 주는 요약과 핵심 어휘목록이 실린다. <생각해 볼 문제>는 독자들이 관련된 문제들을 좀 더 생각해 보도록 유도하며 습득한 지식을 구체적인 문제와 과제에 적용할 수 있게 한다.

이 책은 어떻게 구성되어 있나?

제 1장   번역교육: 연구에서 교실까지
이 장은 책에서 다룰 주제와 목표, 목적과 이에 부응하는 필요조건들을 요약하고 있다. 또한 이 책은 번역학(TS) 내에서 조망하고, 이 학문 분야의 발전에 어떻게 기여하는가를 밝힌다.

제 2장: 연구 토대

이 장에서는 우리의 연구 기반과 방법론의 정당성을 지지해주는 이론적, 경험적 연구를 살펴본다. 특정한 틀을 선택한 동기도 제시한다. 또한 다음 장에서 보다 상세하게 다룰 방법론적 의미들을 간단히 언급한다.

제 3장: 교과목 설계하기

이 장은 방법론과 연구 결과의 적용 사례를 예시하기 위해 기초번역 과정에서 필요한 교수계획표 작성법과 교과과정 구성요소들을 검토한다. 전통적 번역수업과 소통적 번역수업에서 교사와 학생의 역할 등 관련 문제들도 제시한다.

제 4장: 교육 자료 만들기

이 장에서는 소통적 번역교육을 위한 수업과 활동을 설계하는 데 필요한 지도 지침을 제공한다. 특정한 교육적 맥락에서 사용될 번역지도 자료를 설계하는데 청사진으로 사용될 견본 텍스트와 이에 수반되는 수업들을 보기로 제시하며, 교사들을 위한 주(註)를 달아 상세하게 설명한다. 비록 이 장은 비문학 번역에 중점을 두고 있지만, 몇 가지 주석에서 문학 텍스트 수업 설계에 관한 내용도 포함된다.

제 5장: 평가와 오류

번역 훈련에서 행해지는 시험과 평가의 결함들을 살펴보고, 시험에 대해 과정 중심의 소통적 접근법을 제안한다. 이 제안은 외국어 교육의 시험에 대한 최근의 연구 작업과 번역교육의 이론적, 경험적 모델(제 2장을 참조), 그리고 번역학 내의 최근 연구들(Kussmaul 1995; Cao 1996; Hatim

13

과 Mason 1997)에 기반을 두고 있다. 적절한 채점 기준 작성과 적용, 그리고 시험지 구성도 이 장에서 다루는 주제들이다.

감사의 말

나는 이 책에 직·간접적으로 도움을 준 많은 사람들에게 매우 감사드린다. 우선 일리노이 대학의 스페인어, 이태리어, 포르투갈어 학과의 지원에 감사하고, 특히 나에게 번역을 가르치는 기회를 주신 존 윌콕스(John Wilcox)와 제임스 리(James Lee)에게 감사의 말을 전한다. 또한 관심과 지지로 이 책의 토대를 마련해준 일리노이 대학에서 번역학을 연구하는 모든 학생들에게도 감사를 드린다.

빌 반패튼(Bill VanPatten)과 제임스 리에게는 큰 신세를 졌다. 제2언어습득습득과 언어 프로그램 지도, 교수법 부문에서의 그들의 작업은 이 책의 모델이 되었고, 또한 영감을 주었다. 교사로서의 기술은 순전히 그들에게 신세진 것이다.

또한 뉴욕 주립대학(빙햄턴 소재)(SUNY Binghamton)의 메릴린 가디스 로즈(Marilyn Gaddis Rose)에게도 감사를 드린다. 그녀는 이 프로젝트를 위한 최초의 제안서를 읽고 의견을 말해 주었다. 빌 글래스(Bill Glass), 피오뉴알라 맥이보이(Fionnuala McEvoy), 브렛 코커(Brett Coker)와 맥그로 힐 편집팀의 도움과 인내에도 많은 고마움을 전한다.

마지막으로 그 영향력이 직접적으로 드러나진 않지만, 나의 교육적, 감성

14

적 토대를 마련해 주셨던 나의 부모님들과 남동생들, 남편과 아이들에게도 깊이 감사드린다. 그들의 도움이 없었다면 이 책은 나오지 못했을 것이다.

C O N T E N T S

1.

번역교육: 연구에서 교실로

이로 인해 나는 우리의 번역 수업 진행의 과학적 동기에 대해 궁금증을 가지게 되었다. 언어습득 분야를 연구하는 번역 교사들은 언어 프로그램의 목적과 적절한 수업활동 사이에 밀접한 연관 관계가 확립되어 있다는 사실을 알고 있다. 어떤 연습은 유창함을 향상시키고, 어떤 연습은 정확성에 비중을 두고 있다.

문체 비교와 같은 어떤 특정한 과정을 제외하고는 번역의 방법론과 목적의 연관관계는 훨씬 불분명하다. 이는 부분적으로 [. . .] 교육학적인 모델과 이론적인 모델 사이에 혼동이 있기 때문이다. 또 다른 이유로는 전문 경력을 근거로 고용한 시간제 교사들에게 할당된 수업을 들 수 있겠다. 이들은 공통된 교육학적 전통을 가지고 있지 않다. (Siguinot 1991, 80)

1. 이 책의 목적

오늘날 많은 대학들이 번역학 분과에 관심을 보이고 있다. 이러한 관심은 주로 외국어 학과 내부의 새로운 교과과정, 전공, 부전공 그리고 가끔은 번역학 프로그램 분야의 개발과 맞물려 있다. 그러나 상당수의 교육 기관들은 심각한 문제에 직면해 있다. 이는 번역교육 및 교과 과정 설계를 위한 정상적이고 일관된 교육학적, 방법론적 기준이 없기 때문이다. 특히 미국에서는 번역학이 다른 분야에 비해 학문적 지위를 누리지 못하고 있다.

이러한 상황은 번역 수업을 담당하는 교사들이 외국어 사용자일 때 더욱 심각하다. 이들 중 대다수는 외국어 교과과정에서 언어 연습으로만 번역을 접해왔고, 전문적 번역 훈련을 받거나 경험한 적이 없기 때문이다. 그나마 나은 경우는, 이들이 어려운 상황에 대한 즉각적인 개선책으로 전문적 학문적 공동체에 참여하는 것이다. 최악의 경우는 이들이 문제를 인식하지 못한 채, 이제까지 학습한 방식으로 번역 수업을 지속하는 것이다.

이 책은 이러한 상황에 부응하여 번역 교과설계와 번역가 양성을 위한 교육학적, 방법론적 기준을 제공하려 한다. 『번역교육: 이론과 실제』는 외국어 학과 교수, 외국아 교사, 전문 번역가 등 모든 번역 교사들을 위한 책이다.

이 책은 번역 수업에 대한 교과서도 아니고, 기존에 쓰이던 번역 자료의 모음집도 아니다.[1] 번역 자료들은 번역 지도의 질을 향상시키기 위해 교육학적 방법론적인 기준을 어떻게 이용하는지를 보여주기 위해 포함시켰다.

번역 교재들은 흔히 특정한 교육학적인 맥락 속에 매몰되어 버린다.

이와 같은 특정한 맥락별 특성들(예를 들어, 교육 시스템이나, 학생 단체, 언어 조합, 교과과정 속의 역할)은 다양한 수업의 맥락으로의 광범위한 이식의 성공을 어렵게 한다. 번역 교사들에게 일관된 방법론적 원리들을 제공하고, 이 원리들이 연구 결과와 실제 수업 적용에 어떻게 관련되는지 이해시킨다면 더 훌륭하고, 더 오래 지속되는 일관성을 가진 수업자료가 탄생할 것이다. 교육학적이고도 분석적인 도구를 잘 갖춘 교사는 수업 상황과 학생들의 요구에 더 적합한 자료를 스스로 창조하거나 활용할 수 있게 된다. 나아가 일화적 경험이 아닌 적절하고 원칙화된 기준에서 자신의 입장을 지킬 수 있을 것이다.

전반적으로 살펴보자면 이 책은 번역 능력에 대한 이론적인 연구와 경험적 연구의 관계, 번역학의 응용분과(특히 이 번역 방법론과 번역교육론), 그리고 교수법에 대한 이해를 증진하는데 중점을 두고 있다. 이들 각 분야와 그 종사자들 간의 상호작용을 이해하게 되면 번역학 내에서 그들이 모두 필요하다는 것을 인식하는 데 도움이 될 것이고, 각 하위 분과에 종사하는 전문가들이 다른 분과에 활발하게 참여하고, 그를 잘 활용할 수 있는 방법을 제시할 것이다. 또한 이 책에서는 번역학에서 연구에 기반한 교육론의 필요성을 보여주고자 하는데, 다시 말해서 21세기의 진정한 학문이 되기 위해 번역교육론은 번역학 내에서 체계적인 연구, 특히 번역 능력과 그 습득에 관한 연구에 중심을 두어야 할 것이다. (Kussmaul 1995, 5 참조)

이 책에서 언급하는 방법론적 원리들은 번역의 입문과정을 기초로 해서 설명될 것이다. 교육론적인 기준과 교사 훈련 방법의 좋은 예를 보여주기 위해 이러한 과정을 선택한 데에는 여러 가지 다양한 이유가 있다. 우선, 필자가 다른 책에서 주장했듯이(Colina 1994, 1996), 언어학 분과의 맥락에서, 또한 번역교육기관의 업무에 대한 소개로서 번역에 대한 입문적 탐구 과정이 필요하다. 두 번째, 비록 일반적인 수준이라 할지라도 다양한 수업 목표에 부합하며 나중에 더 확장시켜 나갈 수 있는 참조할만한 방법론적 틀을 제공하면서 시작하는 것이 좋다. 그러면 전문 번역을 가르치는 교사는 자신의 전문 분야에 방법론과 교육학적 기준을 응용하는 것에 집중할 수 있을 것이다. 게다가 번역교육론이 아직 생소한 분야라는 점을 감안한다면 이 시점에서는 한 가지 면에 집중적으로 매진하기보다는 번역 분야 내에서 더 폭넓은 계층의 사람들에게 유용한 몇 가지 일반적인 도구를 제공하는 것이 더 적절한 것 같다. 마지막으로, 이 책의 방법론은 모든 유형의 번역에는 공통적인 번역능력이 있다는 가정(문학이 지지하는)에 기반을 둔다. 그러므로, 모든 번역 작업이 공통으로 가지고 있는 점에 초점을 맞추는 입문 과정은 수업 방법론을 예시하는 하나의 방식으로서 적절해 보인다.

비록 교사 양성과 방법론에 대한 필요성이 특히 미국에서 시급하긴 하지만, 번역 수업 방법론에 대한 책은 자격 있는 교사의 부족을 겪는 유럽처럼 번역 전통이 잘 확립되고, 교사 양성 방법론과 일관성 있는 적절한 교육의 기준이 필요한 곳이면 어디에서든 유용하게 쓰일 것이다.

앞서 번역 수업을 해야 하는 외국어 교사의 경우를 거론한 바 있다. 직업 번역가와 번역 전문가인 교사들에게도 이 책이 어떻게 유용할 수 있는지에 대해 몇 마디 하고자 한다. 번역 전문가가 수업을 담당하고 있는 더 나은 상황에서 조차도, 흔히 직관과 일화적 경험을 바탕으로 하는 실제 수업의 이면에 공통적인 방법론이나 교육의 원칙이 없는 경우가 종종 있다(Séguinot 1991, Kiraly 1995, 10-11쪽 참조). 사려 깊은 교사이기도 한 전문 번역가가 가끔 도움을 위해 이론가나 연구자에게 도움을 요청하기도 하는데, 이는 마치 외국어 교사들이 번역수업 지도를 위해 번역 전문 가에게 자문을 구하는 경우와 같다(혹은 외국어 교사가 수업방법론 지도 를 위해 방법론자나 제2언어 습득자에게 도움을 구하는 것처럼 말이다). 그러나 이러한 방법론적인 상황이 놀랍지 않은 이유는 최근에 이르러서 야 번역학에서 번역능력과 그 습득에 관한 연구가 시작되었기 때문이다 (사고구술 프로토콜 Think Aloud Protocols[TAPs]). 방법론과 수업 자료, 교사 양성 자료들을 개발하기 위해 이와 같은 연구 결과를 적용하는 일 은 더욱 드물다. 이 책은 바로 이러한 목적에 부합하고자 한다. 즉 일선 종사자들이 이 연구 결과를 실제 수업에 연계하도록 이끄는 것과, 번역 수업에 기초한 방법론적 원리를 제공하는 것이다. 비록 아직까지 경험적 인 연구가 번역 능력에 대해 괄목할만한 자료체계를 만들어내지는 못했 지만, 그럼에도 우리들의 지식을 수업 방법 및 자료 개발에 적용하는 것 은 매우 중요하다고 본다. 이를 수업에서 사용할 때 그 적절성에 대한 경 험적인 자료 또한 얻어낼 수 있을 것이다.

2. 번역학과 이 책

번역 수업이 연구 조사에 바탕을 두어야 한다는 전제로부터 출발한다면 관련 연구들은 보다 폭넓은 학문적 맥락 속에서 이루어져야 함이 마땅하 다. 투리(Toury 1980, 1995)는 홈즈(Holmes 1998)(보기 1.1)를 기초로 번 역학의 도식을 제안했는데, 이는 오늘날까지 유용하게 사용된다(지면 관 계로 여기서 도식에 대한 자세한 설명은 생략하겠다. 관심 있는 독자들 은 인용 출처를 참조해주기 바란다).

번역학 및 관련 분과를 정확하게 표시한 보기 1.2의 번역 분과 조직도에 기초할 때, 번역교육론과 방법론, 그리고 그 구체적인 사례로서의 본 연구서는 번역학의 응용 확장 분과에 속한다. 번역학 전체에서 번역 수업 및 그 역할을 자세히 분석한 결과로서 투리의 도식에 수정할 부분이 있음을 제안한다. (보기 1.3 참조)

보기 1.1 홈즈의 번역학 도식 (1998)

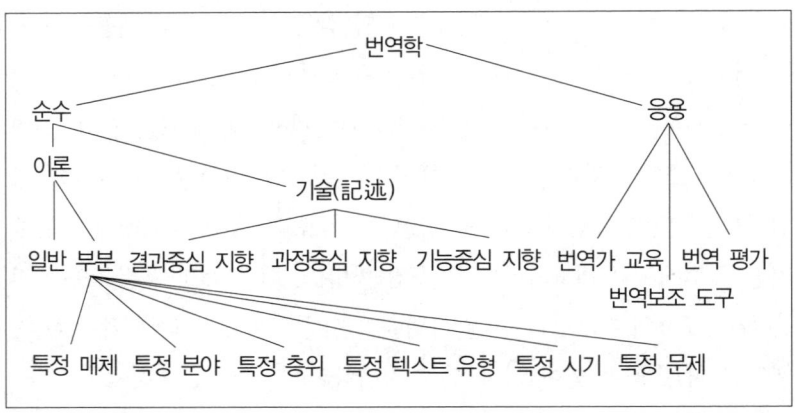

보기 1.2 투리의 번역학 도식 (1995)

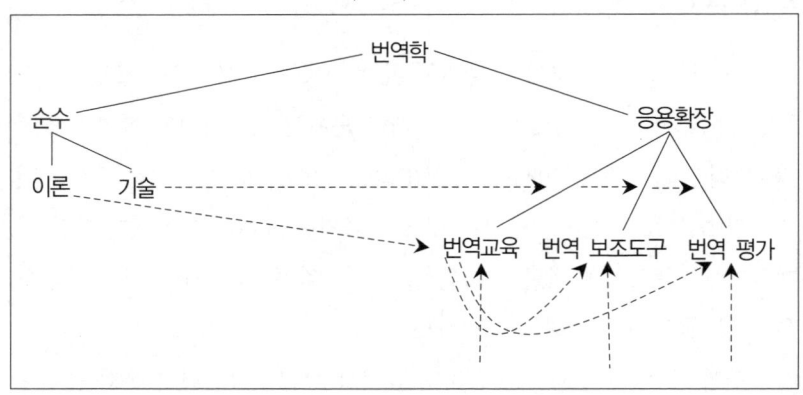

보기 1.3 번역학 내의 번역 교수법과 관련 분야

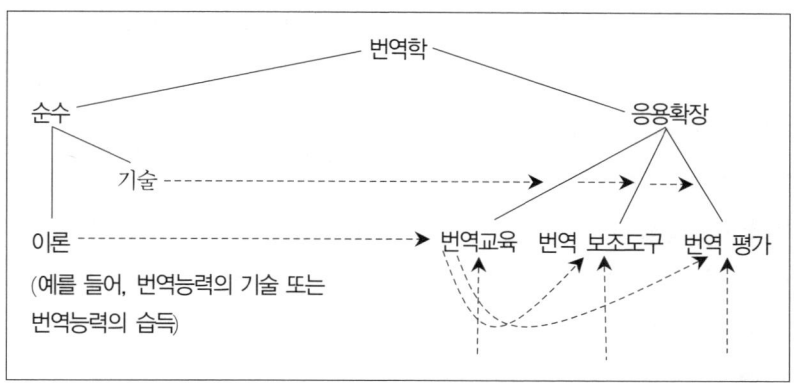

보기 1.3에서 나타나듯이, 번역 교수법과 관련한 번역학 분과는 응용 확장 영역으로 분류되지 않는다. 반대로 이 분과들은 전 체계의 모든 영역을 포괄한다. 즉 번역 능력과 습득에 관한 이론적 모델, 기술론적 분과 내의 번역가와 학생의 능력에 대한 자료에 근거한 기술을 비롯해 응용 분과 내의 번역가와 교사 훈련 방법론까지 포괄한다.

투리는 기존의 신념에 저항하여, 번역 이론의 중요성이 적절한 번역 방법의 형성이어선 안 된다고 주장했는데, 그것은 "언어학자의 주된 관심이 언어 사용의 적절한 방법 결정이 아닌 것"과 마찬가지라는 것이다 (1997, 17). 그리고 이러한 번역학의 이론적 독립성으로 인해 이론이나 과학적 발견으로부터 행위의 수정에 기여할 결론이 도출되는 것이 배제되지 않는다고 말한다. 하지만 그는 이러한 노력을 번역 교사와 같이 이 일에 종사하는 사람들의 몫으로 돌린다. "어쨌든 결과의 부담을 지는 것은 그들이고, 흔히 그렇듯 '실무'에서 저지르는 본인의 실수에 대해 '이론'을 비판하기보다는 기꺼이 그 모든 책임을 지는 편이 낫다"(1995, 17)는 점 때문이다. 여기에서는 그 제안의 핵심은 지지할 만하지만, 수정의 여지도 있다. 번역 이론과 같은 이론이 응용 발전을 기초로 그 존재를 정당화시킬 필요가 없듯이, 이론가는 자신의 발견을 응용할 의무가 없다. 따라서 번역 실무자들에게 이를 책임지도록 강요할 수는 없는 것이다. 만일 이론이 실무에 맞추어야 할 하등의 이유가 없다고 주장한다면, 실무가들도 이론에 근접해야 할 아무런 이유가 없다고 주장하는 것이 당연하다. 그 결과, 이 분야에서 너무나 잘 알려진 세분화와 분할이 등장한다.

연구 배경이 전혀 없는 전문 번역가가 실무에서 이론 및 기술 연구의 정리되지 않은 결과들을 의미 있고도 효율성 있게 이용할 것이라 기대하는 것은 비현실적이다. 우선 그들은 전문화된 연구 결과물을 이해하는 훈련을 거치지 않았을지도 모르고, 정제되지 않은 연구 결과를 유용한 수업자료나 교육적 기술로 변형시키는 데는 시간과 전문 훈련이 필요한데, 이는 전문 번역가나 교사가 갖추기 힘든 조건이기 때문이다. 그러므로 각 분과들을 연결 또는 확장하는 작업은 해당 종사자가 이론적이고 경험적인 연구 결과를 이용 가능하도록 하기 위해 필수적이다.[2] 번역 수업 방법론은 실무자들이 나중에 수업 자료를 만드는 데 이용할 수 있는 수업 원리와 방법을 개발하기 위해 이론적 기술적 연구 결과를 채택 및 사용하는 번역학 하위 분과에 속하는데, 수업 방법의 개발이야말로 이 책의 목표 중 하나이기도 하다. 즉, 관련 연구 분야와 번역 교사를 중개함으로써 연구에 기반한 수업 방법론의 필요성과 실행 가능성을 보여주는 것이다. 또한, 하위 분과 간의 안정적인 중개가 정보를 이론 분과에서 응용 분과로 또는 그 역으로 이동시킬 수 있는 몇 안 되는 방법 중의 하나라는 점을 보여주고 있다(이때 교육의 결과가 이론에 대한 피드백으로, 또한 경험적 연구에 대한 신뢰할만한 테스트로 사용될 수도 있기 때문이다).

번역학 내에서 번역 수업 방법론의 위치와 역할을 확립했다면, 이제 누가 이 과정에 참여할 지 결정하는 문제가 남았다. 이론가도 실무자도 아니라면, 과연 누가 해야 할까? 대부분의 경우, 이론 분과와 응용 분과의 연결을 하나의 연구 자체로 관심을 가졌던 이들은 양쪽 분과에 속한 개인들이었다. 반드시 그런 것은 아니지만, 연구자들은 대개 강의와 번역을 병행한다(이러한 현상은 흔하게 나타난다). 번역 방법론 같은 중개적인 분과는 순수 이론은 아니지만 이론적 문헌들에 대한 지식과 이해가 필요하다. 그러므로 이는 적극적인 이론가(응용 연구에도 관련된)나 응용 연구자, 혹은 연구 경험이 있는 일선 종사자 등과 같은 연구 배경을 가진 많은 사람들에게 매력적으로 다가갈 것이다.

위와 같은 제안의 실행가능성을 입증하기 위해, 언어체계를 비모국어 구사자들이 어떻게 습득하는지를 연구하는 언어학의 이론/기술론적 분과인 제2언어 습득(SLA)의 예를 살펴보자. 비록 일부 언어의 제2언어 습득자들은 절대로 언어교수 방법론에 대한 글을 쓰지 않지만, SLA, 언어 교수 교육학과 교재 등의 출판물들이 증명하듯이, 이론과 실제 수업에서의 응용에 모두 관심을 가지고 있는 사람들이 있다(제임스 리와 빌 밴패턴 참조. 그 예로는 리와 밴패턴 1995 참조). 후자의 경우, 수업은 그들의 연구에 대한 질문을 제기하고, 타당성을 검토, 수정, 개선하도록 하는 자료의 원천이 된다. 연구는 교사가 수업에서 무엇을 해야 할지에 대한 토대를 구성한다. 언어 교사는 연구 결과를 교재의 형식이나 연습 자료로 사용한다. 그러나 대부분의 경우, 정제되지 않은 연구를 바로 적용하지 않는다.

비록 지금까지 설명을 목적으로 제2언어 습득과 언어 수업에 관해 언급했지만, 투리의 도식과 보기 1.3에서 나타난 것처럼, 이러한 분야들과 번역학 사이에 긴밀한 연관관계가 있음을 되새기는 것이 중요하다. 번역학의 응용 확장 분과는 세계로 '확장된다.' "중개 규칙은 응용 유형에 따라 달라야 하고, 이 규칙들 중 어느 것도 번역학에만 적용될 수는 없다. 이러한 사실은 다양한 확장들로 향하며, 일련의 추가적인 지시적 화살표로 나타난다"(Toury 1995, 18). 다시 말하자면, 번역교육과 같은 번역학의 응용 확장 분과는 SLA와 언어교육 같은(또한 강의나 교육 이론) 비번역 특수 분과와 관련이 있다.

요약하자면, 현 단계에서는 이 책이 번역학 내에 위치한다고 할 수 있으며, 중개나 응용확장과 같은 번역학 몇몇 세부 분과 사이의 역할과 상황, 관계 등에 대한 보다 세부적인 논의를 발전시키고 있다. 여기서 설명된 제안들이 바람직한 결실을 맺어 새로운 연구 프로그램이 탄생되리라 기대한다.

3. 이 책과 번역학 관련 문헌

이 책은 교사 양성과 번역교육방법론에 이론적이고 경험적인 연구를 적용하고 있기 때문에 독자들에게 교육, 수업, 번역 행위 관련 문헌의 주제들에 대한 간단하고도 전반적인 개요를 제시하는 것이 적절해 보인다. 달리 말하면, 앞서 이 책을 번역학 내에 위치시켰다면, 이제는 관련 문헌 내에서 그것을 다루고자 한다. 다음의 내용은 포괄적인 문헌 검토가 아닌, 이 연구의 자리매김을 위한 관련 연구의 개관일 뿐이다. 참고문헌은 예시들을 참고하기 바란다. "번역 능력"에 관해서는 많은 이론이 제시되어 왔고, 일부 이론적 논의들은 번역 능력이 무엇으로 구성되어야 하는지를 정의하고자 한다(가장 최근의 저작들로 윌스(Wilss) 1976, 벨(Bell)

1991, 키라리(Kiraly) 1995, 카오(Cao) 1996, 슈리브(Shreve) 1997을 참고하라). 다른 기술(記述)론적 연구들은 번역 및 번역 행위를 분석하면서 번역 능력의 구성요소에 대해 설명한다. 번역 행위(능력을 포함하지만 그에 한정된 것은 아님)는 많은 TAP 연구들(예를 들어 야스켈라이넨(Jääskeläinen 1989, 1993; Krings 1986a, 1986b; Konigs 1987; Kussmaul 1995; Lorscher 1986, 1991, 1992a, 1992b; Tirkkonen-Condit 1989, 1992)이나 오류 분석(Kussmaul 1995), 양적인 연구(Campbell 1998)를 통해 경험적 연구가 진행되었다. 나아가 투리는 번역 능력에서 발달 연속체 개념을 거론하였는데(1986a), 이는 토착 번역가 개념(Harris 1977, Toury 1986b)과 토착 번역가의 전문 번역가로의 발전 개념에서 연유되었다는 주장도 있다. 기술론적 번역학 또는 번역된 텍스트에서만 존재하는 듯 보이는 특징들과 이러한 특징들이 전문가 및 학생들의 작업에 등장하는 범위에 대해서도 연구해왔다. 끝으로 번역교육(Kussmaul 1995, Kiraly 1995)에 관한 최근 문헌들은 번역교육방법론의 발달을 기초로 한 이론적경험 연구를 보여준다. 이와 같은 맥락에서 이 책은 수업 설계 및 교사 양성 영역에서의 실제 적용을 통한 방법론을 전개함으로써 이러한 연구를 더욱 촉진하고자 한다.

4. 이 책의 구성

본 장에서는 책의 주제, 목표, 목적 및 그에 부응하는 필요사항들에 대해 간단히 살펴보았다. 또한 이 책이 번역 연구 분야 내에 위치하며, 이 분과의 발달에 어떻게 기여하는지 알아보았다. 제 2장에서는 본 연구의 토대 및 방법론의 정당성을 이루는 이론적이고 경험적인 연구에 대해 살펴본다. 특정한 형식을 선택한 동기에 대해서도 설명하고 있다. 또한 이후 장들에서 더욱 자세히 논의될 방법론적 함의를 제시한다. 제 3장에서는 방법론적 응용과 연구 결과를 서술하려는 목적 하에 번역 입문 단계를 위한 교수계획표 설계 및 교과과정 구성요소들을 살펴본다. 전통적 수업 형식 및 소통적 수업의 교사/학생의 역할 등도 언급된다. 예를 들어, 번역 수업을 위한 학생중심 지도 유형의 개발도 포함되어 있으며, 새로운 "수업 방식"의 실행 방법에 대한 추천안도 있다. 제 4장에서는 수업 구성과 소통적 번역교육에 대한 수업 및 활동 설계를 제시한다. 특정 수업 맥락을 위한 번역 강의 자료를 설계할 때 청사진으로 활용할 수 있는 생생한 텍스트 견본도 제시되어 있다. 이는 교사용 주석과 더불어 상세히 설명되어 있다. 제 4장에서는 또한 활동 및 강의 설계를 위한 지침과 예를 제시하고자 하는 목적에 부합하여 이론적 자료 작성법과 텍스트 유형, 장르 및 독해에 대한 부분을 담고 있다. 마지막으로 제 5장에서는 평가와 오류를 다룬다. 5.1에서 현행 번역가 교육 과정의 시험 및 평가의 오류를 살펴본 다음, 시험에 대한 과정 중심의 소통적 접근법을 제안한다. 이러한 제안은 언어교육 시험에 대한 최근 연구와 번역교육론의 이론적이고 경험적인 모델(제 2장 참조) 및 번역 연구와 관련된 최근연구들에 기초하고 있다(Kussmaul 1995, Cao 1996, Hatim & Mason 1997). 제 5장의 평가 방법은 다양한 텍스트적 요소들(예컨대, 목적, 평가 대상, 수업계획표와 평가의 관계, 시험 형식)을 고려한다. 이 마지막 장에서는 또한 적절한 채점 기준과 그 기준을 학생들의 실제 번역에 적용하는 방법, 시험지 작성법 등이 논의된다.

주석 ● ● ●

1) 이 책은 연수나 교사 훈련 과정에서 교재로 사용될 수도 있다.
2) 투리(1995, 18)는 "중개 규칙"으로서 이 개념을 거론한다. 필자는 그가 화살표로 나타 냈던 이 "규칙"을 하위 분야로 바꿀 것을 제안한다.

2.

번역 연구의 기초

이 장에서는 이 책이 제시한 방법론의 기초가 되는 이론적이고 경험적인 연구를 검토 할 것이다. 또한 이후의 장들에서 보다 세부적으로 논의할 방법론적 함의를 제시한다. 제 2장은 다음과 같이 구성되어 있다. 우선 1절은 이론적 모델을 검토하고, 설명하며, 동기를 제시한다. 2절은 번역 능력 및 번역교육론 연구에 대한 경험적 증거를 검토한다. 3절에서는 번역가를 특정 사회집단의 일원으로 간주하고 교수 방법론의 함의를 살핀다. 4절에서는 언어교수방법론과 번역가 교육의 관계를 살펴본다. 마지막 5절에서는 다른 분야의 이론적 모형과의 연관성을 소개한다.

1. 번역 과정의 이론적 모델: 번역 이론과 번역 훈련의 기능주의

1.1. 서문: 번역 유형론과 번역 이론의 역할

번역된 텍스트는 두 개의 이중적 소통 맥락에 속한다. 하나는 목표문화 수용자를 위한 텍스트 주위의 소통 맥락이고, 다른 하나는 원천 텍스트(ST) 및 원천 문화의 소통적 맥락이다. 이 후자의 소통이 맥락을 어떤 식으로든 목표 언어 독자들이 이용할 수 있게 하는 것이 목표 텍스트(TT)의 의도이다(보기 2.1). 번역은 특정 독자를 위해, 특정 목적을 염두에 두고 행해진다는 점에서 다른 텍스트 형식과 유사하다. 하지만 본질적으로 어느 정도 원문에 부합해야한다는 점에서 다르기도 하다.

번역학에서는 원천 텍스와 목표 텍스트의 대응 유형을 결정하는 것이 중요하다. 사실 이러한 대응의 속성을 규정하는 것은 은연중에, 혹은 공공연하게 번역의 역사에서 논쟁거리가 되어왔다. 또 다른 논쟁거리로는, 직역-의역이라는 이분법과 관련한 고전적 논쟁, 등가성에 대한 "탐구" 등이 있다. 이런 문제는 또한 번역 과정 및 이론과도 연관 된다. 번역 과정은 원천 텍스트와 목표 텍스트 간의 관계유형에 기반하며, 번역 이론은 기존의 과정들을 설명하는 것을 목표로 한다.

보기 2.1

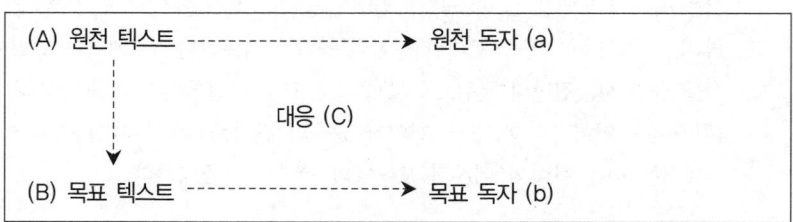

노르트(Nord 1997)는 번역 과정을 두 유형으로 구분한다. "첫 번째 유형은 일종의 소통적 상호작용의 (특정 양상에 관한) 기록 텍스트를 목표 언어로 작성하는 것이다. 이러한 소통적 상호작용 속에서 원천 문화의 발신자는 원천 문화의 상황 속에서 원천 텍스트를 통해 원천 문화의 독자와 소통한다. 두 번째 유형은 하나의 모델로써 원문(의 특정 양상)을 사용하여 목표 언어로 원천 문화의 발신자와 목표 문화 독자 간의 새로운 소통적 상호 작용을 위한 도구를 만드는 것이다." 노르트에 따르면, 첫 번째 유형은 기록(document) 번역이고, 두 번째 유형은 도구 (instrument) 번역이다. 번역은 목표 문화 독자들에게 언어적 텍스트적 구조 또는 텍스트가 형성된 문화적 구조나 사회적 상황을 보여주는 원천 텍스트와 관련된 텍스트를 생산한다. 이는 주로 메타텍스트로 기능한다. 기록 번역의 예로는 언어학에서처럼 행간번역(interlinear translation), 문헌학 번역 및 이국적 번역(원천 문화의 배경은 변하지 않은 채 남아있다) 등이 있다. 도구 번역은 원문과 같은 기능을 하는 번역문을 생산하는데, 이는 원 저자가 목표 문화에서 소통의 목적을 달성할 수 있는 매개체가 된다. 도구 번역의 예로는 기계 매뉴얼, 사업 서신, 사용설명서, 광고 등이 있다. 오늘날 우리가 알고 있는 대부분의 전문 번역이 도구 번역이다. (물론 나중에 다루게 되겠지만, 법률 번역은 가장 주요한 예외 중 하나이다.)

하우스(House 1977)는 번역물에 근거해 번역 과정을 두 가지로 구분한다. 하나는 내재적 번역으로, 여기서는 번역된 텍스트가 목표 텍스트 문화에서 원문과 같은 기능을 한다. 다른 하나는 외현적 번역으로, 여기서는 독자가 번역물을 읽고 있음을 의식하게 된다. 내재적 번역과 외현적 번역은 대략 노르트의 도구 유형과 기록 유형에 대응된다.

이 책은 도구 번역에 초점을 두고 있다. 도구 번역은 "소통적" 번역이라고도 한다. 즉, 텍스트는 목표 언어 독자와 의사소통을 하기 위해 번역된다. 다시 말해 목표 문화에서 어떤 구체적 목적으로 소통을 하기 위해서인데, 예를 들면 정보를 전달하거나, 가르치거나, 지도하거나, 설득하기 위한 것이다. 전문적인 내용을 다루는 텍스트들 중 대다수가 여기에 해당된다. 그러나 이미 말했듯이, 법률 문서의 번역은 주요한 예외이다. 일반적으로 법조계에서는 기록 번역을 채용한다. 즉, 목표 텍스트는 모든 법률적 가치를 유지하기 위해 목표 문화의 독자가 원천 텍스트에 접근할 수 있는 수단으로서 작성되어야 한다.

체계적 구성의 목적을 위해, 현존하는 번역의 유형을 분류하는 일은 중요하다. 그러나 이런 번역 유형은 단지 구성적 범주일 뿐만이 아니라 번역 작업에 대한 실용적인 접근법이기도 하다. 따라서 번역가, 특히 학습 과정에 있는 학생은 어느 유형을 언제 사용해야 하는지 알아야한다. 결과적으로 번역학의 이론은 번역가가 어떻게 적합한 번역 유형을 선택하는가의 설명뿐만 아니라, 모든 관찰된 번역 유형의 설명이 가능한 모형을 제시할 필요가 있다. 이 책의 이론적인 토대인 기능주의 모형, 혹은 스코포스 이론(Holz-Mänttäri 1984, Reiss & Vermeer 1984, Nord 1991a, 1997 참조)은 현재까지의 이론 중 가장 적합한 설명을 제공하고 있다. 더우기 번역교육 방법론의 이론적 틀로써 기능주의를 선택할 몇 가지 정당한 이유들이 있다.

가장 중요한 이유는 이 안내서의 목적과 소통적 번역에 대해 스코포스 이론의 기본 가설이 적합하다는 점이다. 모든 번역의 소통 행위(communicative act)에서처럼, 비문학 전문번역은 목표 문화에서 실행되는 특정한 소통의 목적을 염두에 두게 되는데, 그 목적이 원천 텍스트의 목적과 일치하는지 여부와는 관계없다. 예를 들자면 소프트웨어 패킷의 사용설명서(컴퓨터 사용법), 상품 광고, 회사 직원들에게 보내는 연장 근무에 관한 정책 공지와 같은 것이 여기에 해당한다. 번역가가 목표 텍스트의 소통 기능을 자신의 번역 스타일을 정하는 지침으로 사용하는 것이 기능주의의 중심 원리이기 때문에, 스코포스 이론은 소통적 전문 번역에서 교육론적 문제들을 연구하는 적절한 이론적인 틀임이 분명하다. 더군다나 전문가 양성 분야에서 기능주의가 성공함으로 인해(이 분야에서 전문 소통 번역이 우세한 것은 놀라운 일이 아니다) 기능주의가 소통적 번역을 검토할 수 있는 이론적인 토대로서 적합하다는 또 다른 증거가 제시된 셈이다. 노르트(1997, 39)가 주장하듯이, 다양한 번역 해결책에 대한 적합성을 묻는 질문에 관해서 전문 번역가들이 "글쎄 경우에 따라 다르겠지요."라고 말할 때 그들은 기능주의의 직관적인 개념을 드러낸다. 기능주의는 학생 번역가들과의 수업에서 "경우에 따라(it-depends)" 원칙을 분명히 표현하기 위해서 교육학적으로 바람직하고 이해할 수 있는 태도를 기능주의가 제시해 줄 뿐만 아니라, 맥락의 역할에 관한 이러한 전문가적인 직관을 형식화시켜 주기도 한다. 번역교육론의 토대로서 기능주의의 선택은 쉬레브(Shreve 1997)의 주장과 같이 번역 능력 습득의 인지적인 모형을 통해서 경험적이고 이론적인 정당성을 찾을 수 있다. 쉬레브에 의하면, 학생들이 화용론적 요소에 집중하지 않고 미시맥락 상에서 번역하는 것과 같은(2.2절에서 이에 관한 경험적인 증거 참조) 전문번역가와 학생 간의 행동의 차이는 조건 타당성(cue validity) 때문이라는 것이다. 양쪽 모두가 관심을 가지는 원천 텍스트에 중요 조건과 관련 정보가 제시되어 있을지라도, 소위 전문적인 작업을 얼마나 경험해 봤느냐의 횟수의 차이 때문에 (초보들은 그런 관련 경험이 없다) 초보 번역가들은 단서에 의해 제시된 정보의 타당성을 제대로 이해하지 못한다. 다시 말해, 학생 들은 수업 중에 번역 작업과 소통적 상황의 연관성을 확인 할 수 없기 때문에 엉뚱하게 번역한다. 기능주의와 같은 모형은 학생들이 이러한 정보를 이용할 수 있게 하며, 전반적이고 화용론적인 요소에 관심을 가지게 하는 것으로 전문 번역교육의 목적에 적합할 것이다. TAP를 활용해 경험적으로 얻은 경험주의적 자료들도 번역교육에서 기능주의를 도입해야 할 또 다른 근거를 보여주고 있다. 전문 번역가들은 번역 스타일 결정을 하기 위해 번역작업의 상황적 특질들을 전반적으로 활용한다 (Tirkkonen-Condit와 Jääkeläinen 1991; Jääkeläinen 1993). 마지막으로, 스코포스 이론은 번역교육과 번역 교수 방법론의 개발에 대한 체계적인 접근에 필요한 일관성 있는 이론적 토대를 제공한다. 앞으로 알게 되겠지만 이 이론은 번역의 다른 형태에 대한 연구 가능성도 열어준다. 다음 절에서 기능주의에 관해 더 자세히 설명하면서 이 연구의 목적과 기능주의의 연관성을 더 분명히 밝힐 것이다.

1.2. 기능주의적 접근법: 스코포스 이론

다음으로 우리는 스코포스 이론의 주요 원칙들을 자세하게 설명할 것이다(Holz-Mänttäri 1984, Reiss & Vermeer 1984, Nord 1991a, 1997 참조).

1.1절에서는 번역된 텍스트가 두 개의 겹치는 소통 맥락에 속한다는 것을 살펴보았다. 목표 텍스트의 소통 맥락과 원천 텍스트와 원천 문화의 소통 맥락이 그것이다. 번역된 텍스트는 (목표 문화 속에서) 그 자체로 하나의 텍스트인 동시에, 원천 텍스트와 관련된 텍스트이기도 하다는 의미이다. 원천 텍스트와 목표 텍스트의 관계만큼이나 다양한 번역 과정이 있다.

기능주의는 번역가가 목표 텍스트의 소통 기능을 번역의 지침으로 사용함으로써 어떻게 특정한 번역과정을 선택하고 번역 스타일 결정을 내리는가에 대해 설명하는 이론이다. 또한 기능주의는 원문의 어떤 요소를 통합적이고 원칙적인 방식으로 보존해야하는지에 관하여 체계적인 결정을 내릴 수 있게 해준다.

기능주의를 더욱 잘 이해하기 위하여, 충돌(conflict)이라는 표현으로 기본 개념을 설명하고자 한다. 번역 행위의 특성상, (목표 텍스트는 제1 언어(L1) 사회와 원천 텍스트를 포함 혹은 재언급 해야 하는 제2언어 (L2) 사회 내의 텍스트이다) 목표 텍스트의 형태에 모순적인 요구를 함으로써 종종 해결 불가능한 충돌이 발생되기도 하는데, 스코포스 이론은 이에 대한 해결 방법을 제시한다. 즉 목표 텍스트와 번역 과정의 기능은 어떤 충돌 원칙이 준수되어야 하는지 결정하는 기준이 된다. 예를 들어서, 유럽의 교과서를 번역해 미국 대학 교재로 사용하는 경우를 생각해 보자. 원천 텍스트는 독자 지향성이 부족하다고 할 수 있다. 복잡한 비인칭 문장과 함께, 독자에게 초점을 맞추고 있지 않고, 단계적으로 독자를 이끌고 가지도 않는다. 그러나 미국 대학에서 사용될 교재는 일반적으로 독자 지향적이다. 그 결과, 유럽 교과서를 번역하면서 원문에 충실하고자 하는 것과 목표 독자의 기대와 필요도 충족시키려는 것, 따라서 원문의 텍스트 구조에 충실하지 못한 것 사이에서 충돌이 생긴다. 번역의 목적이 미국 대학 독자를 위한 교재를 위한 것이라면, (독자 지향의 매뉴얼을 제작함으로써) 원천 텍스트의 형식에 대한 충실성은 독자의 기대를 만족시키기 위해서 포기해야한다. 상황적 맥락이 바뀌면 제약의 위계질서도 변화함을 명심하라. 만일 유럽 대학 교재의 집필 이면에 있는 교육적인 가설을 배우는 것에 관심이 있는 교육학 교수를 위해 동일한 교과서가 번역된다고 가정해 보자. 이 경우에는 원천 텍스트의 충실성은 미국독자의 취향에 부합하는 것보다 우위에 있다. 왜냐하면 우선 요구 사항은 번역의 목적과 부합하는 것이기 때문이다.

요약하자면, 기능주의는 번역과정에 관여하는 상황적인 요소를 고려하는, 맥락에 기반한 번역이론이다. 비록 이것이 본질적으로 모순일지라도 말이다. 다양한 요인에 직면했을 때 스코포스 이론은 번역 스타일 결정을 내리고 요인들의 위계를 설정함으로써 발생하는 충돌을 해결하기 위한 체계적인 기준— 목표 텍스트와 번역 과정의 기능— 을 제공한다. 기능주의는 "맥락에 기반한다"고 말하는데, 번역 스타일을 이끌어 내고 어떤 측면을 우선시 할지 결정하는 것이 바로 맥락— 특정한 번역상황에 처한 구체적 기능— 이기 때문이다. 기능주의 주요 원칙을 대략 다음과 같이 요약할 수 있다. "번역을 수단으로 해서 달성하고 싶은 기능에 따라 여러분의 번역 스타일을 결정하세요." (Nord 1997, 4.1) 번역 과정에 대한 이러한 지침의 적용 결과로, 원천 문화와 목표 문화 사이 몇 가지의 관계가 성립될 수 있다. 즉 목표 텍스트는 원천 문화 지향적(기록적 번역)이거나 목표 문화 지향적(도구적 번역)이 될 수 있다. 만일 목표 문화 지향의 경우에는 목표 텍스트의 기능이 원천 텍스트와 같을 수도 있고 다를 수도 있다.

많은 비난과는 달리 스코포스 이론이 반드시 목표 텍스트 편향적임이 아니라는 사실을 알아야 한다. 행간 번역 같은 예에서처럼 원천 텍스트 지향적인 번역도 마찬가지로 이 이론으로 잘 설명된다. 그러한 번역문의 목적(행간 번역에서는 원어의 언어학적 구조를 연구하는 것)으로 인해 원천 텍스트구조와의 면밀한 유사성이 정당화된다. 기능주의란 점심시간이 스페인에서처럼 2시부터 4시까지가 되어야한다는 의미가 아니다. 그래야 하는지 아닌지를 결정하기 위해 목표텍스트의 기능이나 상황적 맥락을 살펴보아야 한다는 의미이다(1절 참조).

구체적인 번역작업에 기능주의 원칙을 적용하기 위해서, 번역가는 다음의 사항들을 결정해야한다.

- 원천 텍스트 상황의 맥락과 기능은 무엇인가?
- 기능적으로 일치하는 것이 적절한가? 혹은, 목표 텍스트의 기능이 원천 텍스트의 기능과 달라져야 하는가?
- 목표 텍스트에서 기능적이고 상황적인 특질을 형식적으로 표시할 방법은 무엇인가?

이러한 질문에 답하기 위해서, 번역가들은 원천 텍스트 분석, 평행 텍스트 분석, 번역 개요, 번역의 규범과 관습이 도움을 청할 수 있다. 어떤 유형의 자료 분석을 수행하기위해서는 우선 언어 기능과 원천 텍스트 유형과 장르의 개념을 이해해야한다.

1.2.1 언어 기능, 원천 텍스트 유형, 장르

언어는 정보 전달, 교육, 설득, 공감표시 등 수많은 기능을 수행하기 위해서 사용된다. 언어학과 번역학 관련 문헌들에서 다양한 유형론을 찾아볼 수 있다.(Buhler 1934, Jakobson 1960, Reiss 1976, Noted 1997)

언어적 기능이 각각 다른 구조 위계(구절, 문장, 텍스트 등)에 따라 수행될 수 있음을 나타내기 위해서 "텍스트 기능" 보다는 언어 기능을 여기서 언급한다. 한 텍스트 속의 특정 구절은 표현적 기능(아래의 개념 정리 참조)을 수행할 수 있는 반면, 그 텍스트 자체는 하나의 단위로서 지시적 기능을 할 수 있다. 비록 조리법은 대개 작용적(operative) 기능을 지니지만, 이것은 보통 지시 기능, 혹은 정보적 성분(예를 들어 음식재료 목록)을 동반한다. 만일 연구 단위가 텍스트 단위라면 여기서는 이를 "텍스트적 기능"이라고 부른다. 텍스트적 기능이란 텍스트의 전반적인 수사적 요소, 다시 말해 텍스트의 주된 소통적 목표를 반영하는 기능이다.[1] 텍스트의 더 작은 구성요소는 주요 수사적 목표에 기여함과 동시에 다른 하위 기능을 수행할 수 있다. 예를 들어, 사회 의료보험의 필요에 관한 사설은 관점의 우수성을 독자들에게 설득시킨다는 전반적인 수사적 목적을 가지지만, 의료보험 혜택이 없는 가족의 이야기를 예로 드는 등의 설명적인 문단도 끼워 넣을 수 있다. 그런 문단은 특정한 관점을 가진 독자를 설득시킨다는(작용적 기능) 전체적인 목적을 달성하고자 사용된 정보적 하위 기능의 한 사례라고 할 수 있다. 조리법의 예에서, 음식을 준비하려는 독자를 교육하려는 중요한 기능(즉, 작용적 기능)을 달성하기 위해서는 정보전달 문단을 첨가해야만 한다(즉, 음식재료 목록).

소통적 번역교육의 목적을 위해서, 적어도 세 가지 기능을 구분해주는 것이 중요하다(Reiss 1976; Nord 1997에 기반함).

(i) 지시적/정보적 기능

지시적 기능은 세상의 사물과 사실에 관련된다. 지시적 하위기능의 유형에는 정보적 기능(경찰 보고서, 의학 보고서 등 사실이나 사물을 독자에게 알리는 것)과 교육적 기능(역사책 등 배워야 할 정보를 제시하는 것)이 있다. 이런 하위유형은 일련의 사건이나 의료절차, 일정 수준의 교육에 필요한 역사적 정보 등 각각 다른 내용과 연관된다.[2]

(ii) 표현적 기능

언어는 느낌과 감정을 표현하고(정서적 하위기능), 평가하고(평가적 하위기능), 아이러니 등을 나타낸다. 언어의 표현적 기능은 발신자의 가치 체계에 기본을 두는 발신자 중심이며, 그래서 문화마다 특유하다. 번역에서 목표 독자는 원천 텍스트 독자의 가치체계를 공유하지 못할지도 모르기에, 원천 텍스트의 기능이 그대로 유지되기 위해서는 필연적으로 변화가 요구될 수도 있다.

(iii) 작용적 기능

언어가 수용자에게 특정한 행동을 하도록 만들 때, 이것을 작용 기능이라고 한다. 다음은 작용적 하위기능의 예이다. 다른 사람이 상품을 구매하도록 하기위해서는 상품의 좋은 특성(내구성이나 가격, 외관)이나 잠정적인 구매자의 필요성(광고 하위기능)에 호소해야한다. 다른 사람이 새로운 개념을 이해하고 그것을 자신의 경험과 지식의 세계에 편입시키는 것을 돕기 위해 예시나 은유를 사용할 수도 있다(예시적 하위기능). 만약에 신문 기자가 논란이 되는 특정한 문제를 다루는 기사를 쓴다면, 그 기자는 언어의 작용적 기능을 이용할 것이다(설득적/논쟁적 하위기능). 분명하고 효율적이고 정확한 정보를 전달함으로써 다른 사람이 요리를 하도록 도와주는 조리법은 지시적(directive) 하위기능의 예이다. 작용 기능은 수용자 중심이다. 원천 텍스트가 원천 문화 독자의 인격이나 특성, 세계관, 지식에 호소하여 특정한 방식의 행동을 이끌어 내는 목적을 가진다면, 번역 행위로 얻어진 목표 텍스트는 목표 문화 독자에게 언급된다. 작용적 기능이 유지되려면, 기능적 발언이나 전략이 변화할 필요가 있다. 예를 들어, 크기보다 품질이 더 중요한 목표 문화에서라면 상품 판매를 위해 "큰 것이 낫다"거나 "같은 돈으로 더 많이"라는 개념에 의존하는 광고와 다른 전략을 사용해야 할 것이다.

언어 기능과 연관해서, 텍스트 유형과 장르의 개념을 소개하고 그것들이 번역 과정에 어떤 압력을 행사하는 지 보여주어야 한다. 이 두 가지가 이 책에서 전개되는 방법론적인 틀을 위한 필수적인 사항이다. 텍스트 유형과 장르는 모두 개별적인 언어 단위, 즉 텍스트를 지시하는 용어들이다. ("언어 기능"은 언어 구조/층위에 대해 명기하지 않은 일반적인 용어임을 기억하자.)

특정 기능이나 수사적인 목적을 가진 텍스트적 단위에서는 독자들이 특정 텍스트 타입을 구분 하는 데 도움을 주는 거시 구조, 구성(organization), 언어적 표지라는 관례적 패턴이 발달되어왔다. 베이커(Baker 1992, 114)는 말했다. "작가는 텍스트 자료를 독자에게 익숙한 형태로 꾸린다." 따라서 텍스트 유형은 텍스트 층위의 특정 구조와 언어의 특질과 결합된 특정한 수사적 목적이나 소통적 목적으로 구성된다. 예를 들어 조리법은 작용적 텍스트 유형인 반면, 교과서는 정보적 텍스트의 유형에 속한다. 텍스트 유형의 특징에 대한 지식은 독자가 텍스트를 이해하는 과정(도식이라고도 한다. 이장의 5절 참조)에서 의식하는 지식의 일부인데, 이것은 종종 언어에 따라, 혹은 문화에 따라 특수하다. 텍스트의 유형은 보통 화행과 연관되고, 따라서 글쓴이의 의도와 연관이 있다. 독자에게 어떤 관점을 납득시키거나 정보를 제공하거나, 감정을 표현하거나, 또는 특정한 행동 방식을 유발하는 것으로, 설득적, 설명적, 표현적, 지시적인(instructional) 목적을 가진다. 그 결과 텍스트의 형태와 표지를 정확하게 구별하는 것은 글쓴이의 목적을 적절히 이해하는 것을 의미하며, 텍스트적 목표를 성공적으로 성취하는 데 필수적인 부분이다. 번역

과정에서 목표 독자가 적절하게 텍스트의 기능을 이해할 수 있도록 하기 위해서 종종 텍스트 표지나 구성을 목표 문화의 표지나 구성에 맞게 적용할 필요가 있다.

한 예로, 4장에서 자세하게 보게 되겠지만 조리법은 독자들이 작자의 의도(요리 준비 과정을 가르침)를 이해하게하는 다양한 텍스트적 특징을 보여준다. 이런 특징의 일부가 영어에서는 목적격 대명사와 관사의 생략이다. 스페인어에서는 일반적으로 대명사와 관사를 생략하지 않는다. 만약 원천 텍스트의 기능이 번역 텍스트에서 유지되려면(즉, 그 번역 텍스트의 목적이 목표 문화에서 조리법으로 활용되게 하려면), 위에 언급한 차이는 목표 언어의 요구 사항에 부합해야한다. 즉, 관사와 목적어는 스페인에서는 있어야 하지만 영어에서는 생략할 수 있다. 이는 목표 독자가 텍스트를 작용적 텍스트 대표 유형인 조리법으로 성공적으로 인식하기 위해 필수적이며, 그 결과 쉽게 글쓴이의 의도를 식별하고 번역의 소통적 목적을 달성할 수 있게 한다.

텍스트 유형이 특정 언어와 문화 형식 속에 포함되어 있는 보편적인 범주로서, 만약 원천 텍스트의 기능과 텍스트 유형, 장르를 유지하려 한다면 번역에서 그 형식적인 특징을 수정할 필요가 있다는 사실을 번역가와 번역교사는 이해해야 한다. 또한 원천 텍스트에서 그런 특징들을 인식하고 목표 텍스트에서 이에 상응하는 특징을 만들어내는 것은 반드시해야 할 일이다. (이것은 텍스트 유형과 장르 특징들에 대한 참고 자료가 부족하다는 점을 고려해 본다면 쉬운 일이 아니다.)(Hatim과 Mason 1990, 138-164 참조)

장르는 독자/청자, 시기, 장소, 매체와 같은 사회적인 상황의 특성을 반영하는 관습화된 텍스트 형식이다. 장르의 예로는 시, 서평, 소설, 요약문, 사설, 업무 메모, 보고서, 조리법 등이 있다. 텍스트 유형에 따라서 번역 교사는 학생들이 장르에 부가된 개별 문화적 특징과 번역을 위한 함의를 가르쳐야 한다. 예를 들어서, 만일 한 서평의 장르 특징이 원천 텍스트와 목표 텍스트에서 다르게 나타난다면, 그리고 목표 텍스트 역시 서평 형식을 취하도록 번역해야 한다면, 장르적 특징을 수정할 필요가 있을 것이다. 그러나 그렇게 하기 이전에, 학생들은 원천 텍스트와 목표 텍스트의 장르 특징을 인지해야 하며, 그 특징을 목표 언어 시스템의 규범에 따라서 만들어야 한다. 텍스트 유형의 면에서, 장르 특징에 대한 기술 문법이 부족함을 고려한다면 이것은 결코 쉬운 작업이 아니다. 그러므로 학생들은 원천 텍스트와 병렬 텍스트 분석을 통해서 그들 스스로 분석과 기술을 하도록 훈련받아야 한다. 텍스트 유형과 장르에 대한 수업과 짧은 강의의 예를 보려면 4장을 참조

1.2.2. 원천 텍스트 분석과 병렬 텍스트 분석

번역과정의 본질이 원천 텍스트에 의해서가 아니라 번역의 목적에 의해서 결정된다고 주장하는 기능주의적 틀 안에서는 원천 텍스트가 다소 불필요하게 보일지 모른다. 그러나 이것은 피상적인 느낌일 뿐이다. 번역의 목적을 지도 원칙으로 사용하는 것은 원천 텍스트의 중요성을 경시하는 것도 아니며, 자동적으로 목적 지향적 번역의 결과를 낳게 되는 것도 아니다. 예를 들어서, 번역 과정의 목적이 원천 텍스트의 언어적, 텍스트적 구조를 밝히는 것이라면, 그 결과물은 원천 언어 텍스트에 크게 의존하는 목표 텍스트가 될 것이며, 그 텍스트는 대표적인 목표 언어 텍스트 표본으로 여겨질 수는 없을 것이다. 그렇지만 이 텍스트는 원천 텍스트의 구조를 밝히는 목적에 부합하기 때문에 충분한 기능을 하고 있다. 게

다가, 기능주의의 모든 형식들에서 원천 텍스트는 어떤 요소를 보존하고 바꿔야할지 결정하기 위한 번역과정의 목적 기준이 적용되어야 할 기본 텍스트이다. 더 구체적인 수준에서는 번역가는 원천 텍스트에 의거해야 한다. 그 이유는 (1) 어떠한 특징이 텍스트 유형과 장르의 표시자인지를 식별하고, 같은 텍스트 유형을 표시하기 위해 목표 문화 내에서 같은 특징이 사용되는지 식별하기 위해서이고 (병렬 텍스트 사용. 텍스트유형과 장르에 관한 이전의 논의 참조) (2) 번역 과제가 특정한 상황적 맥락에 적절한지를 결정하기 위해서이며 (목표 텍스트의 목적 혹은 상황 특성에 대한 협상이나 재정의는 번역 의뢰자와 협력하여 결정할 수 있다.) (3) 번역 개요와 목표 텍스트 및 문화 규범을 함께 고려하여, 어떠한 부분이 번역 목적에 관련이 되었는지, 어떠한 부분이 바꿔어야하는지, 번역의 기능이나 목적이 같은지 혹은 아닌지, 그리고 번역 목표를 성취하기 위해서 어떠한 전략을 사용할지 등을 결정하기 위해서이다.

원천 텍스트 분석의 다양한 모형들이 번역학 내에서 제시되어왔다. (Honig 1986: Kussmaul 1995; Nord 1997 참조) 여기에서는 명확성 때문에 노르트(1977)를 한 예로써 채택했다. 그러나 번역 교사들은 원천 텍스트와 목표 텍스트들의 상황적 맥락에 관련된 화용론적 요소들을 포함하고 있는 어떠한 모형이라도 사용할 수 있다.

이러한 원천 텍스트 분석의 범주들이 모든 번역 과제에서 반드시 조심스럽게 통과해야 할 점검표는 아니라는 사실을 기억해야 할 것이다. 번역 실무자들은 이러한 접근에 대해 비실용성과 비효율성을 들어 비판하고 있다. 우리가 여기에서 제시하는 바는, 번역교육은 학생들이 상황 특성을 인식하고 이를 내면화하도록 도와서 번역 과정 중에 관련이 있거나 문제가 있는 것들에만 의식적으로 집중하도록 해야 한다는 것이다.

보기 2.2 원천 텍스트분석을 통해서 식별하는 상황 특성 (Nord 1997)

- · 원천 텍스트의 기능
- · 원천 텍스트의 대상
- · 원천 텍스트 수용의 시기
- · 원천 텍스트 수용의 장소
- · 원천 텍스트 전달의 매체 (예를 들어, 구어, 문어)
- · 원천 텍스트 제작의 동기 (예를 들어, 회의 발표를 위해서, 사용자들이 가구를 조립하는 것을 돕기 위해서)

텍스트 견본 3(4장, 150쪽)의 텍스트를 예로서 참고하라. 이와 관련된 상황 특성은 보기 2.3에 나온다.

보기 2.3 텍스트 견본 3의 상황 특성

- · 원천 텍스트의 기능 : 정보를 알리고, 이를 통해 어학원의 서비스를 잠재 고객들에게 판매(광고)하는 것
- · 원천 텍스트의 대상 : 동문들과 미래의 학생들
- · 원천 텍스트 수용의 시기 : 1996
- · 원천 텍스트 수용의 장소 : 전 세계 어디서나
- · 원천 텍스트 전달의 매체 : 문어
- · 원천 텍스트 제작의 동기 : 주기적인 회보 (특히 이번 호는 40주년 기념호)

가설적 번역 기능이 원천 텍스트의 대용의 역할을 해야 함을 가정하고, 목표 텍스트가 아직 완성되지 않았다는 분명한 사실을 명심한다면, 원천 텍스트 분석을 통해 발견된 원천 텍스트 특징을 목표 텍스트에 그대로 유지하는 문제에 대해 번역가는 어떤 결정을 내릴 것인가? 텍스트 견본

3의 번역가는 목표 텍스트 기능이 무엇인지 어떻게 아는가? 원천 텍스트의 기능과 같은가? 누가 번역의 대상이 될 것인가? 수용 장소는 어디가 될 것인가? 등등. 그 결정은 목표 언어와 문화에 대한 번역가의 지식,[3] 번역 관습(1.2.4절 참조), 그리고 다음 절의 주제인 번역 개요에 근거해야한다(보기 2.4).

보기 2.4 목표 텍스트의 상황 특성을 정의하는 데 도움이 되는 요소

· 목표 언어와 문화에 대한 번역가의 지식
· 번역 관습 (1.2.4 절 참조)
· 번역 개요 (1.2.3 절 참조)

번역 개요와 결합된 원천 텍스트분석과 번역 관습을 통하여 번역가가 예를 들어 원천 텍스트의 작용적 기능이 유지되어야 한다고 결정하는 데 도움을 받았다고 가정해보자. 원천 텍스트의 어떤 특성(예를 들어, 텍스트 표지--영어에서의 관사와 목적어 생략)이 보존될 수 있는지(목표 텍스트에서 같은 기능을 가지므로), 그리고 개요의 조건을 충족시키는 견본을 구현하기 위하여 어떤 것들이 바뀌어야하는지를 번역가는 어떻게 아는가? 누군가는 번역가가 이것을 자신의 목표 언어에 대한 지식을 통해서 안다고 대답하고자 할 것이다. 유감스럽게도, 이것은 대개 텍스트적 특성이 관련된 경우에는 해당되지 않는다. 비록 다양한 문법을 활용하여 특정 언어의 형태론, 어휘, 통사상의 특징을 배우기는 쉽지만, 텍스트와 장르의 표지의 통달은 대단히 힘겨운 일이다.[4] 비단 번역 분야가 연구의 초기 단계라는 특성 뿐 아니라 텍스트 유형의 표지와 텍스트 구성에 대한 연구 자료가 부족한 탓에, 번역가들은 적어도 담화와 코퍼스 연구가 그

들에게 필요한 정보를 제공할 때까지 그들 스스로 분석을 해나가야만 한다. 텍스트 유형과 장르의 통사적, 구성적 특징들에 대한 정보는 일반적으로 병렬 텍스트분석을 통해서 얻는다. 병렬 텍스트 분석은 독립적으로 쓰여진(번역된 것이 아닌) 목표 텍스트("병렬 텍스트"라고 불린다), 코퍼스 그리고 목표 텍스트로 정해진 유형과 장르의 코퍼스에 대한 검토로 이루어진다. 이는 구성과 텍스트 표지의 공통적 특질을 구분하기 위한 것이다.[5] 비슷한 형태의 텍스트를 다양하게 경험하게 되면 번역가는 텍스트 특성에 대하여 직관적 감각을 기를 수 있다. 그러나 이러한 형태의 지식습득은 속도가 느리다. 번역학 교육의 목표 중 하나는 이러한 과정의 속도를 높이는 것이어야 한다. 2.2절에서 보게 되겠지만, 경험적 증거를 통해 알 수 있는 것은 텍스트적 특징에 관련된 번역교육의 또 다른 목표는 번역 과정에서 그 특징과의 관련성에 대한 인식을 높이는 것이라는 점이다. 게다가, 번역에서 텍스트적 특성과 그것의 역할을 아는 것은 전문가다운 행동의 발달과 습득을 위해 매우 중요한 일이다.

보기 2.5 번역 개요에서 나타나는 목표 텍스트의 상황 특성

· 목표 텍스트의 의도된 기능
· 목표 텍스트의 대상
· 목표 텍스트의 수용 시기
· 목표 텍스트의 수용 장소
· 목표 텍스트의 전달 매체
· 목표 텍스트의 제작 동기

1.2.3. 번역 개요

번역 개요는 목표 상황의 특성과 관련하여 번역 과제에 대한 지침들

로 이루어져있다. 이것은 번역가가 만들려고 하는 목표 텍스트의 상황적 특성에 관한 가장 중요한 정보 원천 중의 하나이다(보기 2.5).

예를 들어, 텍스트 견본 3(4장, 150쪽)과 아래의 개요를 다시 살펴보자. "이 텍스트는 전 세계에 퍼져있는 동문들이 예비 학생들에게 전달할 것을 기대하며 번역될 것이다. 이것은 또한 미래의 스페인 학과 학생들과 교사들에게 직접으로 우편으로 보내질 것이다. 또한 학교에서 제공하는 서비스의 견본으로 사용될 것이므로 번역은 반드시 양질이어야 한다." 개요에 있는 관련된 상황 특성은 보기 2.6에 열거되어 있다.

보기 2.6 텍스트 견본 3의 상황 특성

> · 목표 텍스트의 기능 : 정보를 알리고, 이를 통해 학교의 서비스를 잠재 고객에게 판매하는 것
> · 목표 텍스트의 대상 : 동문과 예비 입학생
> · 목표 텍스트의 수용 시기 : 1996년 이후 (기념일의 연대(관계)는 필수적이지 않음)
> · 목표 텍스트의 수용 장소 : 전 세계의 모든 영어 사용자
> · 원천 텍스트 텍스트의 전달 매체 : 문어
> · 원천 텍스트 텍스트의 제작 동기 : 주기적 회보 (특히 40주년 기념 특집호)를 통해서 샴페레(Sampere)를 홍보하기 위함

개요에 제공된 정보를 가지고, 원천 텍스트 텍스트와 목표 텍스트의 상황적 맥락을 비교할 수 있을 뿐만 아니라, 원천 텍스트의 어떠한 특징이 어떻게 번안되어야 하는지도 결정할 수 있다. 그 외에, 개요의 필요를 충족시키는 텍스트 샘플을 만들기 위하여 번역가가 주요 특징을 원천 텍스트에서 목표 텍스트로 전달할 수 있는 번역전략까지도 고안할 수 있다(보기 2.7, 2.8 참조).

보기 2.7

전이		
원천 텍스트		목표 텍스트
기능	------------>	의도된 기능
대상(addresses)	------------>	대상
수용 시기	------------>	수용 시기
수용 장소	------------>	수용 장소
전달 매체	------------>	전달 매체
제작 동기	------------>	제작 동기

보기 2.8

전이		
원천 텍스트		목표 텍스트
기능:	------------>	의도된 기능: 같음
정보제공과 판매	목표 텍스트가 상황적	
(작용적)	특징에 올바르게 들어맞도록	
	특징 적용	
대상	------------>	대상: 같음
동문과 예비 입학생들		
수용 시기: 1996	------------>	수용 시기:
		1996년 이후
수용 장소	------------>	수용 장소:
스페인어 사용 국가		영어 사용 국가
(주로 스페인)		

전달 매체:	-------------〉	전달 매체:
문어		문어
제작 동기	-------------〉	제작 동기
40주년을 기념하여		40주년을 기념하여
샴페레(Sampere)를		샴페레(Sampere)를
홍보하기 위함		홍보하기 위함

보기 2.8에서 볼 수 있듯이, 대부분의 상황적 요소들은 원천 텍스트와 목표 텍스트에서 같다. 이러한 특정 텍스트의 번역가는 전이 단계에서 작용적 기능을 유지하기 위해서 목표 텍스트 내에서 번안되어야만 하는 특질이 있는지 결정해야 한다. 다시 말하자면, 광고와 회보를 포함한 영어 작용적 텍스트가 스페인어 텍스트와 동일한 거시 구조와 텍스트 구성을 가지고 있는가? 예를 들어서, 동일한 말투로 독자들을 지칭할 것인가? 같은 유형의 정보를 사용할 것인가? 성공의 척도에 대한 동일한 가설을 만들 것인가? 만약 그렇지 않다면 어떠한 변화를 주어야 하는가?

여기 묘사된 상황은 이상적인 것이지 결코 일반적인 것이 아니다. 모든 과제에 공공연하거나 혹은 암묵적인 상황적 요인에 대한 언급이 들어있지는 않다. 그럴 경우, 전문 번역가는 의뢰인의 말을 듣거나, 전문적 번역 작업, 번역의 규범과 관습에 대한 자신의 지식에 의존함으로써 유실된 정보를 획득하고자한다(1.2.4절 참조). 다른 원천 텍스트와 목표 텍스트의 상황적 맥락에 관한 이전의 경험과 이미 나와 있는 번역물들은 번역가가 개요의 공백을 메우고 새로운 상황을 일반화하는 데 도움이 된다. 또한 번역가 스스로 전문적인 상황에서 용납 가능한 번역 행위와 그렇지 못한 행위를 경험하면서 번역 규범을 숙지하게 된다. 다시 말해, 번역가는 전문 번역 작업을 통해 사회화/문화적응의 과정을 겪게 된다. 그 결과 번역 위탁인이 번역 개요를 제공하지 않아도 번역 개요를 준비할 수 있게 된다.

그러나, 교육과정에 있는 학생들은 번역 과제의 알지 못하는 상황적 요소들을 채워나갈 수 있는 기술과 경험이 없다. 이러한 이유로, 번역교육의 시작단계에서 항상 실제 수업 과제에 번역 개요를 덧붙여야 한다. 더 나아가 개요의 존재는 전문 번역에서 화용론적/상황적 고려의 중요성을 강조해줄 것이다. (학생 번역가들이 그들의 작업에서 보통 화용론적 문제를 고려하지 않음을 보여주는 경험적 증거는 2.2절에 있다). 교실에서 개요 경험의 증가와 실제 번역 상황과 번역 상호작용(교실 안팎에서, 번역가 목록은 3장, 3.1 참조)에의 노출은 학생들로 하여금 개요가 없을 때에도 과제를 성공적으로 수행할 수 있는 내면화/일반화를 촉진시킬 것이다. 교육과정이 진행되면서, 완전한 번역 개요는 불완전하거나 함축적인 개요로 대체될 수 있다. 이는 학생 번역가가 번역 과정에서 일반화 기술을 발전시키고 화용론적 요소를 자동적으로 내면화하도록 만들기 위해서이다.

번역에서 화용론적 요소들의 관련성에 대한 인식은 번역 **규범과 관습**, 그리고 번역 활동에서 그들의 역할에 대한 지식으로 보완될 필요가 있다 (1.2.4절 참조). 그러나 규범과 관습에 대해 논의하기에 앞서, 그리고 기능주의에 대한 우리의 설명을 요약하는 하나의 방법으로써, 한 가지의 예를 더 생각해보자. 이것은 목표 텍스트의 상황적 요소를 결정하기 위해서, 또한 적절한 번역 스타일 결정을 내리기위해서, 어떻게 원천 텍스트 분석을 적용할지와 어떻게 번역 개요를 활용할지를 보여준다.

4장(92쪽)의 텍스트 견본 2에 다음과 같은 개요가 수반된다고 가정해보자. "이 텍스트는 미국 애리조나 챈들러에 살고 있는 라틴계 미국인들을 위해서 번역된다. 이것은 영어 텍스트와 함께 그 지역의 모든 거주자

들에게 발송될 것이다."(4장의 번역 활동 참조) 원천 텍스트 분석을 통해
서 다음과 같은 원천 텍스트의 상황적 요소들을 얻게 된다(보기 2.9). 이
개요에 기반하여 볼 때 대상을 제외하고 목표 텍스트의 상황적 요소들은
원천 텍스트의 요소들과 같다는 결론을 내릴 수 있다(보기 2.10).

보기 2.9

원천 텍스트의 기능	지역 설문 조사를 완성하기 위해서 거주자들에게 질문
원천 텍스트의 대상	영어 사용 고객들
원천 텍스트의 수용 시기	2000년 7월
원천 텍스트의 수용 장소	미국, 애리조나 주, 챈들러 시(市)
원천 텍스트의 전달 매체	문어
원천 텍스트의 제작 동기	적절한 쓰레기 수거 방식을 결정하기 위함

번역가는 라틴 아메리카 독자들이 스페인어 텍스트를 편지로 인식할
수 있도록 하기 위해서 특정한 텍스트 특질(구성, 언어학적 표지)을 채택
할 필요가 있는지, 또 목표 텍스트의 다른 화용론적 요소들이 번역 스타
일과 관련이 있는지 등도 고려해야 한다.

보기 2.10

원천 텍스트의 기능	지역 설문 조사를 완성하기 위해서 거주자들에게 질문
원천 텍스트의 대상	히스패닉계 고객들
원천 텍스트의 수용 시기	2000년 7월
원천 텍스트의 수용 장소	미국, 애리조나 주, 챈들러 시
원천 텍스트의 전달 매체	문어
원천 텍스트의 제작 동기	적절한 쓰레기 수거 방식을 결정하기 위함

예를 들어, "가치의 차이가 나타나는 곳(Where Values Make the Difference)"라는 이 도시 표어를 살펴보자. 번역가가 목표 언어에서 동등한 표현을 만들어야 하는가, 아닌가? 개요가 없다면 이러한 질문은 대답하기 어려울 것이다. 그러나 개요에 명시되어 있듯이 라틴계 거주자가 대상이라면, 번역가는 대부분의 경우에서 영어를 (그대로) 유지하는 것이 좋을 것이다. 왜냐하면 그 표어는 챈들러 주민이라면 대부분 이해할 수 있을 것이기 때문이다. 그렇지만, 더 정확한 결정을 내리기 위해 많은 상황적 데이터가 필요하다. 챈들러 시(市)에서도 시의 표어를 스페인어로도 공시하는가? 챈들러 시에는 스페인어로 된 서신/문서를 다루는 담당 부서가 있는가? 만약 이러한 질문들에 대한 대답이 긍정적이라면, 번역가가 스페인어 형식을 사용하면 사려있는 행동이 될 것이다. 이 조사를 수행하는 부서의 이름인 'Solid Waste Management'는 어떻게 바꾸어야 할까? 이것을 번역해야 하는가? 다시, 이 질문을 답하기 위해 개요를 볼 필요가 있다. 만약 챈들러 시에 거주하고 있는 사람들을 위해 작성한다면, 그 부서로 전화를 건 사람이 스페인어로 부서명을 들을 것 같지는 않기 때문에 영어 이름은 그대로 유지되어야 한다.

마지막으로, 개요의 변화가 목표 텍스트에 어떤 영향을 주게 되는지 알아보기 위해 예를 들어 보겠다. 이 서신이 미국 시 정부의 서비스와 사업 형태를 조사하고 있는 스페인의 빌랴프리아 시를 위해서 번역될 때 필요한 개요를 생각해보자. 이 경우, 이 편지의 핵심인 "장소", "우편 주소"등 뿐만 아니라 회사 슬로건, 부서명("Solid Waste Management")도 스페인어로 번역하는 것이 적절할 것이다

1.2.4 관습과 규범

관습(convention)과 규범(norm)의 개념은 번역 개요와 관련해서 간략히 소개하였다. 이 절에서는 이 개념들을 좀 더 설명하고 번역의 기능주의 가설(Nord 1991a, 1997; Toury 1995)에서 그 역할을 논의할 것이다. 관습이란 사회적 행위에서 일반적으로 인정된 관행이다. 관습은 명백하게 정식화된 것이 아니며, 사회화의 과정동안 그것을 획득한 집단의 구성원들에 의해서 공유된다. 예를 들어서, 손님이 가게로 들어올 때 미국의 가게 점원들이 인사하는 것은 관습이다. 거기에는 미국의 고객들과 판매원 사이에 공유되는 암시적인 동의 외에는 왜 그래야만 하는지에 대한 어떠한 논리적인 이유도 없다. 앞서서 텍스트 유형과 장르를 관습화된 형태라고 말한 바 있다. 언어와 소통 또한 관습과 규범으로 채워진다. 소통의 한 형식인 번역은 번역의 규범들뿐만 아니라 언어학과 의사소통의 규범에 영향을 받는다.

노르트(1991a, 99)는 번역 관습을 두 유형으로 분류할 것을 제안했다. 구성적 번역 관습(constitutive translation conventions)은 특정한 사회가 번역(의역, 번안, 개조 등에 반대되는 것으로서)이란 말을 어떻게 이해하는가를 기술한다. 규정적 번역 관습(regulative translation conventions)은 텍스트 층위 아래의 번역 문제(예를 들어, 고유명사, 인용어 등의 번역)를 다루는 방법을 결정한다. 몇몇 규정적 관습에는 특수한 번역 행위 유형이 있다. 예를 들어, 대부분의 서방세계에서 컴퓨터 매뉴얼은 보통 목표 문화에서 원천 텍스트를 대체하기 위해서 원천 텍스트와 같은 기능을 가진 목표 텍스트로 번역된다. 반면, 공문서는 주로 기록적 번역 과정을 따르게 되는데, 이는 그 목적이 원천 텍스트 발신자가 원천 문화 맥락에 있는 원천 텍스트 수신자와 행한 상호작용을 기록하는 것이기 때문이다. 전문 번역가는 자신의 번역 관습에 대한 지식을 통해 이것을 알고 있기 때문에 번역 개요에서 누락된 부분을 보충할 수 있다.

번역의 기능이 모든 번역을 지배하는 요소라는 기능주의적 접근에서, 관습과 규범의 역할은 무엇인가? 개요가 없을 때, 번역가는 번역 관습을 통해 목표 텍스트의 상황적 요인에서 빠진 정보를 얻게 된다. 개요가 있을 때는, 번역 관습에 대한 지식은 개요에 구체화된 어떤 기능이 과제의 이행에 영향을 끼치는지를 정하는 데 도움이 된다. 다시 말해, 관습은 번역에 적용할 수 있는 가능한 기능의 범위를 정하고 어떤 기능에 대한 요구가 과제를 불가능하게 만드는지 아닌지를 결정하는 데 도움이 된다. 예를 들어, 소송 합의서를 스페인어 사용권에서 상응하는 문서로 번역하도록 요구하는 번역 개요가 있다고 하자. 법률 번역 관습에 익숙한 번역가는 이 과제가 불가능하다는 것을 안다. 법률 번역의 규범에 의하면 법률 텍스트는 대부분 기록적 번역을 사용해 번역되어져야 한다(원천 문화에 특수한 형식과 법률 구조 반영/외현적 번역). 목표 텍스트는 단지 목표 언어 독자들이 이해하지 못하는 언어로 쓰여진 문서를 접근 가능하게 하기 위한 목적으로 만들어지는 것이다. 법적 효력을 가지고 있는 것은 원천 텍스트지 목표 텍스트가 아니다.

번역교육을 위한 이전의 개념들은 번역 규범이 번역가 양성에서 필수 요소가 된다는 함의를 띠고 있다(이러한 제안에 관한 경험적 증거는 2.2절 참조). 이러한 과정은 여러 가지 방식으로 실행된다. 예를 들어, 번역에서 규범의 존재와 역할로 학생들의 주의를 끌게 함으로써, 수업 중에 학생들의 규범의 내면화를 확인하기 위해 구체적인 질문을 함으로써, 그리고 규범과 관습의 습득을 위한 기회를 제공함으로써(번역가 포럼, 토론 목록, 학회 등 실제의 소통 번역 상황에 학생들을 노출시킴으로써, 구체적인 예는 3장 참조) 완성될 수 있다.

1.2.5. 마지막 소견: 등가와 기능주의

이 장을 결론짓기 전에, 등가의 개념에 관한 몇몇 의견을 살펴보자. 등가의 개념은 번역에서 오랫동안 연구되어왔다. 등가는 대부분의 번역 활동의 목표였고 모든 이론적 노력의 큰 몫을 포함하고 있는 원칙이었다. 라이스(K. Reiss 1976)가 제시한 번역에서의 텍스트 기능 모형은 의문의 여지가 없는 가정에 기초를 두고 있는데, 그 가정은 원천 텍스트와 목표 텍스트의 기능이 등가가 되어야 한다는 것이다. 그러나 기술론적 번역학의 출현으로 인해 규범주의자(prescriptivist)의 제한적 등가 개념을 번역의 유일한 적정 목표로 삼는 이해 영역(혹은 다른 규범주의적 가정)이 도전을 받게 된다. "제한적"이라고 말하는 이유는 번역 규범과 관습의 개념이 보여주는 것처럼, 등가가 특정한 시기, 문화나 목적을 위한 유효한 목표가 될 수 있을지라도 분명히 번역에서 보편적인 문제는 아니기 때문이다. 게다가, 등가는 역사를 통해 번역 행위의 기술적 연구의 결과로서 이상적 목표가 된 것이 아니라, 오히려 부과된 의무의 결과였다. 특히 목표 텍스트에서 기술론적 성향과 기능주의의 이점은 다른 최신의 개념을 위해 등가를 배제하지는 않는다는 것이다. 대신, 등가와 현존하는 다른 선택 사항 중에서 하나를 결정하는 데 대한 기준을 설명하려고 한다. 이러한 의미에서 이 이론들은 등가를 포함하면서도 그에 국한되지 않고, 번역 행위의 다양한 유형을 아우르는 포괄적인 모형을 제시한다고 볼 수 있다. 스코포스 이론에서, 기능주의의 기준 — 목표 중심의 의도된 소통적 기능 — 은 등가가 목적인지(예를 들어, 유럽에 수출되기 위한 TV세트의 조립 설명서) 혹은 그렇지 않은지(예를 들어, 아이들을 위한 고전 문학 번역)를 결정하는데 도움이 된다.

2. 번역교육론 연구

앞 절에서는 이러한 방법론이 기반하고 있는 번역 과정의 이론적 모형을 살펴보았다.[6] 이 절에서는 경험적 연구와 교육 모형에 대해 알아본다. 이 상적으로는 방법론적 원칙을 뒷받침하는 이론적인 증거와 경험적 증거 둘 다 원할 것이다. 몇몇 경우에는 이 두 가지를 모두 이용하여 당면한 제안에 대해 확고한 근거를 보여줄 수 있다. 그러나 경험적 증거가 부족한 상황에서 이론적 연구에서만 번역 스타일 결정의 근거를 찾아야 할 경우도 있다. 비록 이상적이진 못하지만 이러한 상황은 경험적 입증의 필요 속에서 모형이나 가정을 분리해내는 데 도움이 된다. 또한 이론 중심의 교수법을 수업에 적용함으로써 그 합당성과 교육적 효과를 평가할 수 있는 유용한 자료를 얻을 수 있다. 그래서 이러한 자료를 가지고 모형과 가설을 수정할 수도 있다.

2.1 번역교육의 이론적 모형과 연구 목표

이 책에서는 번역교육의 목표가 소통적 번역능력의 습득을 돕는 것이라고 제안한다. 그러면 소통적 번역능력이란 어떻게 이해될 수 있는가?

키랄리(Kiraly)는 소통적 번역능력은 "소통적 번역 과제에서 활발한 참여자로서 적절하게 상호작용을 할 수 있는 능력"(1990, 215)이라고 정의한다. 다시 말해, 과제와 목표 맥락의 필요에 적합한 목표 텍스트를 만들기 위해서 원천 텍스트와 그것의 맥락, 번역 과제의 요구사항, 그 과정에 함께하는 참여자들(번역의 위탁자, 작가, 예상 독자 등)과 상호 작용하는 능력을 말한다. 우리는 여기에 번역은 특별한 유형의 소통적 능력이라는 사실, 즉 L1과 L2로 나뉘는 소통적 능력 외에도, 보기 2.11에서 보이듯이 두 언어와 두 문화 사이의 소통적 능력을 필요로 한다(Wilss 1976의 슈퍼 능력 참조)는 점을 추가해야 할 것이다.

보기 2.11 소통적 번역 능력(최고 능력, 소통 능력의 특별 유형)

> L1 소통 능력 + L2 소통 능력 +언어간 문화간 소통 능력 =
> 소통적 번역 능력

벨(Bell 1991, 41)은 "번역가 소통능력" 모형을 제안하는데 그 정의는 다음과 같다.

문법적일 뿐만 아니라. . . 사회적으로도 용인되는 소통적 행위 − 담화 −를 창조할 수 있는 번역가가 가진 지식과 능력.

제2언어습득 이론에서는 소통적 능력이란 의미를 해석하고 표현하고 협상할 수 있는 능력이라고 정의된다. 사비뇽(Savignon 1983)에 따르면 소통능력은 네 가지로 구성되는데, 문법 능력(언어의 구조와 형태에 대한 지식), 담화 능력(문장과 발화의 응집과 일관성에 대한 지식), 사회 언어적 능력(상호 작용의 규칙에 관한 지식. 발언 순서(turn taking), 적절한 사과방법, 적절한 요구 등) 그리고 전략적 능력(특히 어휘가 부족할 때 알고 있는 단어를 최대한 활용하는 방법)이다. (또한 유사한 범주를 사용하는 Bochman 1990 참조. 번역학 분야에서는 Bell 1991, 41 참조) *왜 번역이 소통적 상호 작용의 한 유형이어야 하는가?* 의미의 해석, 표현, 절충은 번역 과제와 관련이 있는가? 번역가는 원천 텍스트에 충실해야하고 의미의 표현에는 책임이 없다고 우리는 알고 있다. 번역가가 원천 텍스트 안에서 의미를 표현하지 않는다는 사실에도 불구하고, 번역가는 번역 지침과, 번역 관습, 목표 언어의 관습에 따라서 원천 텍스트의 의미를 해석하고, 협상하고, 표현해야 할 책임이 있다. 다시 말해서, 번역의 목적을 달성하기 위해서는, 번역가는 번역 개요의 요구 사항에 맞추어 원천 텍스트의 의미를 해석하고, 목표 언어로 표현하며, 원천 텍스트와 목표 언어의 언어적·문화적 공동체 사이에서 절충해야 한다. 번역가의 작업은 여전히 소통이 주된 목적이다. 즉, 목표언어 독자로 하여금 번역의 소통적 목표를 달성하는 데 필요한 원천 텍스트의 부분에 접근할 수 있게 하는 것이다. 좀 더 사실적인 예가 이 점을 더 분명하게 보여줄 것이다. 제3자에게 어떤 메시지를 전달하도록 나에게 요구하는 사람이 있다고 생각해보자. 그러면 나는 메시지를 남긴 사람의 특정한 소통의 목적을 달성하려고 노력할 것이다. 내가 실제로 소통의 내용을 만들지 않았더라도, 그 상호작용을 소통의 예로 간주할 수 있다. 메시지 발신자의 문화와 언어를 공유하지 않는 사람에게 메시지를 전달해야하는 어려움이 부가된 채로 번역가는 번역 과제에서 유사한 소통적 역할을 한다.

이러한 관찰은 언어 간의 소통을 위한 실질적 필요에서 유래한 모든 번역 행위에서 유효하다. 그래서 이를 "소통적 번역"이라고 지칭한다. 여기에는, 언어 구조를 연구하거나(행간 번역), 문법 규칙의 이해를 평가하는 것(문법 번역) 등 소통의 목적에 부합하지 않는 번역행위는 포함되지 않는다. 소통적 번역 개념이 기능적으로 노르트의 도구적 번역과 같음을 주목하라(1.1절 참조). 강조점과 제시 방법이 다를 뿐이다. 그러나 '소통적'이라는 용어가 SLA와 같이 관련된 영역과 더 잘 부합하고 번역 행위 이면에 있는 목적으로 소통을 강조하기 때문에 더 적절하다고 생각한다.

쉬레브는 번역능력을 "문화적으로 결속된 형태-기능 집합을 재배치하기 위한 일련의 도식"(1997, 130)이라고 정의함으로써, 앞서 말했던 번역 능력에 대한 소통 위주의 정의에 인지적 차원을 추가하고 있다. 번역가의 머릿속에서 어떤 일이 발생하는가라는 관점에서 볼 때, 이 정의는 번역 능력이 일련의 지식구조들로 구성된다는 것을 의미한다. 즉, 관련 사실과 절차에 관한 지식을 말하는 바, 이는 번역가가 형태와 기능의 연합(원천 텍스트에서 제시된 의미 있는 언어 자료)을 다른 문화에서의 다른 형태와 기능의 연합으로 재창조할 수 있게 한다. 번역 능력에 대한 소통 위주의 정의는 번역 과제의 사회적 맥락과 외적 요인에 초점을 둔다. 그러나 인지적 정의는 개인으로서의 번역가의 내적요인에 초점을 둔다.[7] 사회적 차원과 인지적 차원 둘 다 번역 능력에는 필수적이며, 이 책에서 함께 다뤄질 것이다.

소통적 번역 능력의 습득을 이해하기 위하여 다음의 질문을 생각해보자.

(a) 소통적 번역능력을 가지고 있는 사람은 누구인가? 다시 말해, 번역 영역 내에서 원어민과 동등한 것은 무엇인가?
(b) 자신이 가지고 있는 하위능력은 무엇인가?
(c) 번역 능력의 습득/발전의 단계는 무엇인가?
(d) 번역가는 어떤 방식으로 단계적 발전을 이루는가?
(e) 어떤 요인이 번역 능력의 발전에 기여하는가?

모국어와 제2언어 습득에서, 완전한 소통능력은 원어민이 가지고 있다. 투리(Toury 1986b)는 번역학에서 토착(native) 번역가 개념을 제안한다. 언어 습득을 위한 선천적인 능력을 갖추고 있는 아이들이 특정한 언어적,

문화적 환경에 놓일 때 원어민으로 성장하듯이, 두 개 혹은 그 이상의 언어를 번역할 수 있는 선천적 기본 능력과 두 언어에서 소통적 능력을 갖추고 있는 번역가는 그가 번역의 행위를 수행할 수 있는 특정한 사회 문화적 환경에 놓일 때 토착 번역가로 성장한다는 것이다.

대부분의 언어 습득론자들은 "원어민 언어능력"이 다양한 하위 능력(예를 들어, 음운론, 문법, 담화적, 화용론적 능력)으로 이루어진다고 정의한다. 그러나 번역 능력 습득에 있어서는 토착 번역가의 인지체제를 구성하고 있는 잠재능력이 무엇인지에 대해 의견이 일치되지 않았다. 이론상의 층위에서, 번역 연구가들은 번역 능력의 다양한 모형을 제시해왔다(Cao 1996; Hatim과 Nason 1997, 205). 카오(Cao 1996)의 모형은 소통적 번역에 적절한데, 이유는 보흐만(Bochman 1990)이 말하듯이 소통적 언어의 구성요소를 분명하게 반영하기 때문이다(Savingnon과 아주 유사함). 언어 능력, 전략적 능력과 지식 구조는 소통적 언어 사용에 관련된 기본 요소들이다. 소통적 번역은 다음과 같은 하위능력, 즉 번역 언어 능력, 번역 지식 구조와 번역상의 전략적 능력(보기 2.12)으로 구성된다. 보기 2.13은 이러한 세 가지 단위(module) 중 번역 언어 능력의 하위구성요소를 열거한다. 번역 지식 구조는 상식과 전문 지식을 포함하는데 이것은 번역 업무 수행에 필요하다. 전략적 번역 능력은 소통적 번역 업무를 수행하기 위해 필요한 언어와 지식 능력을 실행한다. 또한 그것은 다른 두 가지 능력을 번역 문맥에 연결시켜 두 언어와 서로 다른 문화 사이의 소통을 가능하게 만든다.

보기 2.12 번역 숙달의 구성요소(Cao 1996, 328)

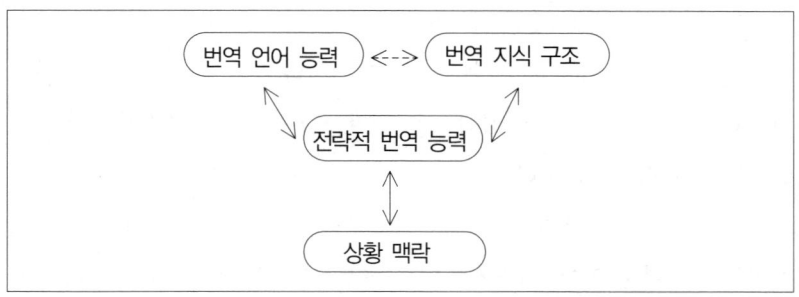

보기 2.13 번역 언어 능력의 구성요소(Cao 1996, 330)

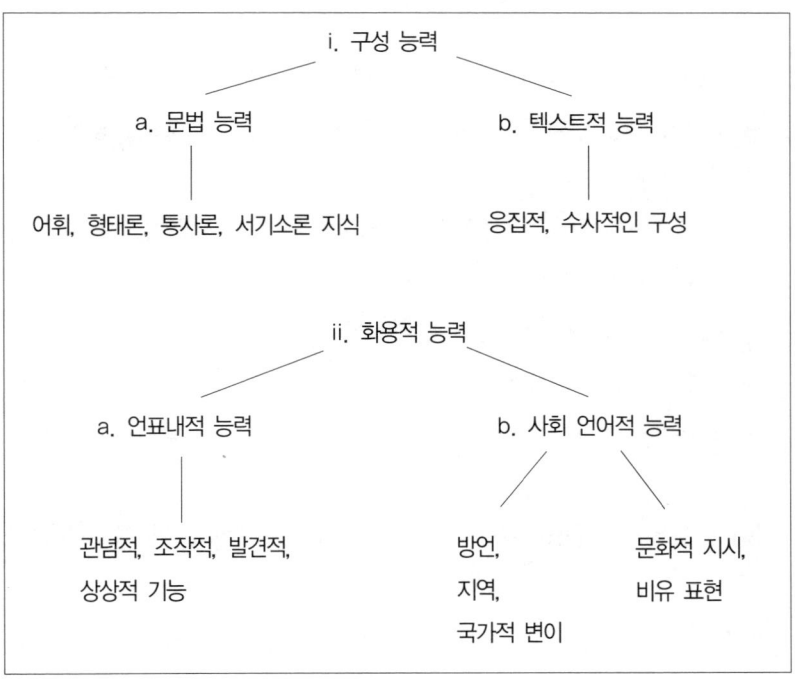

카오의 것과 같은 번역 능력의 이론적 모형은 경험적 증거를 통해 확인되고 수정될 필요가 있다. TAP연구나 오류 분석처럼 데이터에 기반한 연구는 이러한 목적을 위해 행해지는 노력이다. 2. 2절에서는 번역 능력과 관련된 경험적 연구의 결과들을 살펴볼 것이다. (지금까지 대부분의 연구는 전략적 번역 능력에 초점을 맞춘 것으로 보인다.)

다음으로 고려할 사항은 번역 능력 발달상의 습득 단계이다. 언어를 전공하거나 이중 언어가 가능한 학생들이 전문 번역가가 되기 전에 어떤 단계를 통과해야 하는가? 뢰르셔(Lörscher 1997, 80-82)가 제안하는 주요 세 단계는 다음과 같다.

(i) 이중 언어를 사용하는 어린이들에게서는 기본적 매개 능력: 이것은 실제의 소통 맥락에서 발휘되며 번역에 대한 의미(sense) 중심의 접근법이다.

(ii) 언어 학습자의 매개 능력: 형식 (기호) 지향적 접근법으로, 대부분 비소통적 상황(인위적 상황)에서 일어나며, 모국어와 외국어, 혹은 제2언어의 불완전한 능력과 관련된다.

(iii) 전문 번역가의 매개 능력: 주로, 의미 중심의 접근으로, 실제 소통 상황에서 발휘되며, 불완전한 이중 언어 사용 능력과 관련된다.

4절에서 보겠지만, (ii)는 부분적으로는 언어 교수 방법론의 결과일 것이다.

마지막으로, 번역 기술 개발에 도움이 되는 환경과 조건을 연구할 필요가 있다. 번역 능력과 그 하위 능력들은 어떻게 습득하게 되는가? 경험이나 이중 언어 능력이 단순히 증대되었다고 해서 자동적으로 소통적 번역 능력이나 토착 번역가의 길로 이어지는 것은 아니다. 그렇다면 어떤 변화가 이중 언어 사용자에서 토착 번역가가 되게 만드는 요소인가? 투리가 토착 번역가 양성을 위한 조건으로 언급한 "특정한 사회 문화적 환경"과 "번역 행위"란 무엇인가? 번역가는 자신의 번역 능력에 대한 동료의 충고나 혹은 번역 위탁자가 제공한 번역 수용자에 대한 정보를 받고 나서 그 결과 자신의 번역에 화용적 고려사항을 주입시키는가? 번역가는 목표 문화의 텍스트와 상호 작용한 결과, 혹은 어떤 구체적 번역물과 부정적 피드백을 한 결과 화용적 요소들을 자신의 인지 시스템에 주입시키는가?

내가 알기엔 이 주제에 관련된 경험적 증거는 없다. 원어민이 의사소통에 참여함으로써 소통 능력을 얻듯이, 번역가는 소통적 번역 작업을 통해 소통적 번역능력을 얻는다고 주장할 수 있다. 만약 그것이 타당하다면 이것은 그다지 나쁜 대답은 아니다. 그러나 모두가 알다시피, 제 2외국어를 말하는 방법이나 번역하는 방법을 이와 같은 시행착오를 통해 배우는 것은 매우 길고 느린 과정이 되리라는 것이다. 게다가, 충분한 번역 능력을 키우기 위해 행하는 실수들은 의욕적인 번역가와 그 고용주에게 – 비유적으로 그리고 말 그대로 – 많은 비용을 치르게 할 수 있다. 따라서 교육의 역할은 소통적 번역 작업에 참여할 기회를 제공함으로써 능력 습득을 고무하고 촉진해야 한다는 것이다.

번역교육의 목표
소통적 번역 작업에 참여할 수 있는 기회를 제공하고 습득의 자연스러운 과정에 따름으로써 소통적 번역 능력의 습득을 용이하게 하는 것

우리는 어떻게 교사로서 소통적 번역 과제에 참여할 기회를 제공하는가? 교실 환경이라는 제한과 한계 속에서 교사들은 교실에서 자신들의 행위 중 무엇이 습득을 용이하게 하는지 어떻게 아는가? 교사가 교실에서 가능한 모든 번역 능력을 북돋울 수 있고 습득 과정에 수반되는 방법론을 고민할 수 있도록, 번역 능력 습득을 용이하게 하는 조건들을 탐구하는 연구를 해 볼 수 있을 것이다.

쉬레브(Shreve 1997, 133-134)는 번역 지식 구조를 재구조화하고 습득을 유발하는 다양한 변화 요인들을 가정했다.

(a) 번역이 발생하는 소통적 환경의 범위 변화
(b) 감독자(monitoring agent)의 존재, 부재, 출현과 영향
(c) 작업 성격의 변화
(d) 다른 것보다는 과제순환의 특정한 측면에 초점을 두는 장려책(동기)의 유무
(e) 피드백의 성격과 양의 변화
(f) *아마 가장 중요한 것으로*, 번역가의 목표와 기대치의 변화

쉬레브에 의하면, 예를 들어, 문학에서 초심자가 텍스트적 표지, 응집적 표지 등 총체적 요소들을 고려하는 데 실패하는 것은 관련 단서(cue)에 집중하지 않기 때문이라고 한다. 단서는 초심자와 전문가 둘 다 활용가능하다. 그러나 전문가들은 전문 작업을 빈번히 하기 때문에 그 단서들을 유효하게 이용할 수 있게 된다. 전문 작업을 거의 하지 못한 초심자는 번역을 하면서 텍스트 단서의 중요성을 깨닫지 못한다.[8]

보기 2.14(Lee와 VanPatten 1995, 95)에서 보여주는 제2언어습득 모형

은 이것이 번역 능력 습득에 응용될 때 번역 능력의 습득이 어떻게 진행되는가에 대해 시사점을 던진다.

보기 2.14

입력	-----〉	흡수	-----〉	발전적 체계	-----〉	출력	
(a)		(b)		(c)		(d)	

언어 습득이 발생하려면, 우선 올바른 입력이 제공되고 두드러져야한다(학습자는 그것에 집중할 필요가 있다(a)). 예를 들어, 번역 작업에서 학생은 텍스트 표지를 작업을 위한 관련 특징으로 볼 필요가 있다. 두 번째로, 입력된 원 자료의 처리 후에 학습자는 흡수(b) 단계로 넘어 간다. 번역가는 이 흡수를 이용하여 그가 "소통적 번역 작업의 능동적인 참여자로 적절하게 상호작용"(Kiraly 1990, 215)하는 방식으로 자신의 번역구조를 재구성하고, "문화적으로 결속된 형태-기능 집합의 재배치를 위한 일련의 도식"(Shreve 1997, 130)을 얻게 된다. 다시 말하자면, 흡수는 번역의 이해구조를 재구성하고 그리하여 발전적 체계(c)를 창조하기 위해 사용된다. 이 체계는 그 다음의 생산(번역과제에 부응하는 번역텍스트의 제작)(d) 단계에서 이용될 것이다. 이제 우리는 번역능력의 습득을 위해서 주체가 '다량 습득' 입력(즉, 습득에 이르게 되는 입력 유형)에 노출되어 있어야 한다고, 쉬레브의 모형을 고쳐 말할 수 있겠다. 다량 학습(acquisition-rich) 입력 자료― 번역 학생들이 교실에서 노출되어 있는 자료― 는 반드시 아래를 포함해야한다(쉬레브의 변화 요인의 목록에 기초함).

(a) 다양한 범위의 소통상황

(b) 감독자

(c) 다양한 종류의 과제

(d) 다른 무엇보다 과제순환의 특정한 측면에 초점을 두는 장려책

(e) 다양하고 빈번한 피드백

(f) 전문 번역가의 목표와 기대치 표시

비록 이런 이론적 제안들을 확인하는 데 필요한 경험적 증거는 아직 없지만, 교육 방법론의 목표가 습득 과정에 대해 이와 같은 가설을 따르는 교재와 교수법을 생산하는 것이어야 한다고 제안해 본다.

지금까지의 논의를 요약해보자. 소통적 번역교육론의 기초를 세우는 첫 번째 단계는 번역가 능력을 데이터에 기반을 두고 실증적으로 기술할 수 있어야 한다. 오늘날 번역학 내의 교육론 분야에서 한 가지 중요한 부분은 TAP 연구로 이루어져있는데, TAP 연구는 번역을 배우는 학생과 전문가(혹은 다양한 발전적 단계에 있는 각 주체들)의 행동 비교에 초점을 맞춘다. 다음 절에서 이러한 연구를 살펴보기로 한다. 두 번째 단계는, 번역 능력이 습득되는 과정을 연구하는 것으로 이루어져 있는데, 어떻게 그리고 왜 다양한 발전 단계의 주체들이 전문 번역가의 특징적 자질들을 습득하는가에 대해 연구하는 것이다. 이미 말한 바와 같이, 우리가 아는 한 어떻게 번역 능력의 습득이 향상되는가에 대한 경험적 연구가 없으며, 이것이 번역교육론의 기반을 어느 정도 제한하고 있다(발달 단계에 대한 몇몇 증거들은 TAP 자료에서 추론 할 수 있다). 그러나 학문은 일직선의 형태로 발전하지 않는다. 그러므로 지금으로선 번역교육론이 유효한 경험적 증거에 기반하여 가능한 최고의 원칙적인 교육 기준들을 개발하도

록 해야 한다. 수업에 이 원칙들을 적용함으로써 습득 과정 자체에 관한 더욱 경험적인 증거를 얻을 수 있다.

위에서 기술한 연구 단계는 이 책에서 제시된 교육론의 기초에 상응한다. 학생과 전문번역가의 특징에 관한 경험적인 연구가 검토되고(2.2절), 또한 3장과 4장에서 논의될 방법론의 발달(수업설계, 교수 계획표, 수업계획, 활동)의 기초로 사용되게 된다. 번역 능력의 습득에 관한 이론적인 제안들(2장, 2.1절)은 학생들에게 제시된 방법론과 데이터 유형(수업 설계와 교수 계획표, 역시 3, 4장)에 대한 더 많은 정당성을 제공한다. 또한, 소통적 번역활동을 설명하고 토론해보기 위한 체계적인 틀로서 하나의 이론적 번역모형을 제시한다(2장, 1절). 교육 자료와 방법의 설계를 위해 제시하는 구체적인 방법은 다음과 같다. 교육적인 개입을 필요로 하는 분야를 분류하고(보기 2.15a), 이를 번역에서 화용적 요인에 관한 인식 등과 같이 경험적, 이론적 연구 발견을 통하여 정당화한다(보기 2.15b). 그 뒤에, 의도한 교육적 목적을 달성하기 위해 방법, 활동, 수업 실행이 설계된다. 예를 들어, 학생들에게 화용론적 요소들을 강조하고 이에 대해 질문함으로써 그것을 고려하도록 하는 활동지침을 내릴 수 있다(보기 2.15c). 선택된 방법의 형태와 유형은 습득의 과정에서 더 많은 정당성을 얻게 된다(예를 들어, 활동 지침은 학생들이 번역과정에서 관련된 측면과 단서에 집중하도록 도움을 준다).

보기 2.15 번역교육의 연구 기반 방법론의 발전 단계

a. 학습할 기술	b. 정당화/연구	c. 방법
소통적 번역의 개념	경험적 : 학생들은 외국어 학습자와 같이 행동한다. 그들은 번역을 단순한 코드변환 과정으로 본다.	번역과제에 다양한 소통적 필요조건을 제공한다.
	이론적 : 문법적 번역과 전문적인 소통적 번역의 차이	다량 학습 입력 자료: 많은 소통적 상황 제공
화용론적 요소	경험적 : 학생은 그것을 고려하지 않으나, 전문가들은 고려함	유도 활동
	이론적 : 기능주의 (즉, 스코포스 이론)	다량 학습 입력 자료: 관련된 자료, 단서에 초점을 맞추도록 도움을 줌
번역 문제 분리 능력	경험적 : 학생은 번역 문제를 분리하는 데 어려움을 겪는다.	수정 구성요소; 인식 향상을 위한 활동; 예를 들어, 강의

다음 절로 넘어가기 전에, 이 장의 2.1절과 2.2절이 번역 능력에 초점을 맞추고 있다는 사실을 상기하는 것이 중요하다. 비록 언어 능력(L1과 L2)이 전적으로 번역 능력의 필수적인 구성 요소로 여겨지지만, 이 책에서는 언어적 하위 능력을 상세히 다루지는 않는다. 비록 번역 능력이 언

어 능력을 대신할 수 있음이 분명하다 하더라도, 이 두 능력 사이의 관계 또는 그 상호 작용의 성격에 대해서는 거의 알려져 있지 않다. 오랫동안 번역학에서는 이 문제를 무시해 왔고, 그 결과 언어적 숙달은 번역가에게 필요하기 때문에 언어 습득은 항상 번역 능력 습득보다 앞서야 한다는 결론이 내려졌다. 분명, 번역이 가능하기 위해서는 이중 언어 사용이 어느 정도 필요하다. 하지만 언어 습득과 번역 능력 습득이 항상 분리되어 있다(즉, 언어 습득은 번역 능력의 습득 전에 완성된다)고 주장할 만한 경험적 증거는 없다. 게다가, 번역능력의 습득/발달을 연구할 때, 아무리 미미하다 해도 우리는 발달과정의 초기 단계를 무시할 수 없다.

결국, 명시적으로 번역능력을 다룰 방법론 이전에 언어적 능력과 번역적 능력 사이의 관계의 성격에 대해 더 많은 내용을 알 필요가 있다. 지금 우리는 이중 언어 사용 능력의 정도나 번역의 방향성에 대한 아무런 가정 없이 전반적으로 번역 능력에 대해 말한다. 하지만, 이러한 것들이 무시되어도 좋을 변수라고 주장하는 것이 아니라, 오히려 번역 능력과 언어 능력이 어떻게 상호작용 하는가에 대해 더 많은 자료를 이용할 수 있을 때까지 이 문제는 사례별/과정별로 다루어져야 한다는 것이다.

2.2 번역능력에 대하여: 경험적 증거

이 절에서는 번역가의 행위를 살펴보면서 발전적인 연속체의 다양한 단계에서 보이는 구체적인 특징에 관한 기술적, 경험적 연구를 검토할 것이다. 또한 이러한 특징들과 번역교육 방법론 사이의 관계도 살펴볼 것이다(3장과 4장). 오늘날까지 교육과 경험적인 연구에서 가장 포괄적인 쿠스마울의 프로토콜 연구가 논의의 시작점으로써 사용되어 왔다. 번역 결과물과 오류 분석에서 나온 근거를 사용하기는 하지만 이 연구 자료는 대부분은 번역하면서 떠오르는 생각들을 언어화하도록 번역가들에게 요구하는 TAP 실험[9]에서 도출되었다.

　대부분의 TAP 실험이 언어를 배우는 학생들을 실험 대상으로 이용하므로 번역 능력의 연구로는 타당하지 않다는 주장이 있어왔다. 비록 우리는 이것이 중요한 변수이고 학생과 전문적인 번역가의 TAP를 매우 주의해서 구별해야 한다는 점에 동의하지만, 번역 능력의 연속체적 성격(많은 번역가가 이중 언어 사용자가 아닌 언어 학습 학생으로 출발한다는 점을 상기하라) 때문에 언어를 배우는 학생의 TAP가 번역 능력 습득 연구와 매우 깊은 관련이 있다고 볼 수 있다

　간섭(interference)의 문제와 관련해서, 쿠스마울은 그의 연구에 참여한 학생들은 자신들의 번역에서 약점을 깨닫는 것과 더불어 문제를 분리하는 데 어려움을 겪었다고 말한다(1995, 17). 많은 경우에 그들은 직접적인 맥락에서 또 다른 문제를 풀기에 바빠서 간섭의 위험이나 관련 문제의 복잡성을 인지하지 못했다. 하나의 그럴싸한 이유로는 처리해야할 양이 너무 많아서 동시에 많은 일에 주의할 수 없다는 것이었다. 또 다른 설명은 그 분야의 경험과 이해의 부족이다. 즉, "초보자는 행복하게도 그들의 무지를 알지 못한다."(Jääkeläinen 1996, 67). 모든 훈련에서처럼 이전의 비슷한 사건에 대한 경험은 전문가로 하여금 어려움을 더 빠르게 인식하도록 도와주고 그리하여 다른 문제에 집중할 진행상의 여유를 확보하게 된다. 게다가 학생들은 언어 수업에서의 기대 패턴을 그대로 전이시켜 번역에 특유한 문제점을 파악하는 데 실패한 것 같다(최근까지 언어 수업에서는 언어의 소통적인 기능을 희생시키고 언어의 형식적인 구조를 강조하는 문법 번역과 다른 접근법이 우세했다.).

　TAP 연구에서, 티르코넨-콘디트(Tirkkonen-Condit 1992, 439)는 인식이

부족한 번역가들에 관해 유사한 결론을 내렸다. "전문가는 자신의 번역에서 검증이 필요한 부분을 알아차리는 데 더욱 겸손하고 민감하다. 반면에, 비전문가는 더 오만하여 자신의 번역이 검증 받을 필요가 없다고 말한다."

이러한 학생 번역가의 특징은 다음과 같은 요소들을 번역 수업에 도입하는 데 정당성을 제공한다.

- 해결책을 개선하는 것이 교정의 요소이지만 그러나 더욱 중요한 것은 (처리 능력의 한계 때문에) 초벌 번역에서 간과되었던 문제를 먼저 발견하고 인식하는 것이다. 비록 이러한 교정의 요소에 대한 동기화가 상급 과정/학생의 경우에는 강하지 않지만, 교정의 필요성은 여전히 전문적 번역 실행의 일부로 남는다.
- 학생들에게 처리 능력과 번역 경험의 정도에서 인간의 한계 때문에 문제를 간과할 가능성이 있음을 알게 할 필요가 있다. 이러한 문제들은 그들의 언어 수업에서 직면하는 문제들과는 다르다는 사실을 꼭 알려주어야 한다. 이를 위한 방법으로는 맥락화된 짧은 강의, 전적으로 특정 사안과 문제에 초점을 맞춘 활동, 커리큘럼 차원에서 전문적 번역을 위한 입문 과정을 포함시키는 것 등이 있다.

반전문가(semiprofessionals)의 경우, 전문 번역가들에게는 나타나지 않는 간섭에 대한 지나친 두려움을 나타난다고 쿠스마울(Kussmaul 1995, 18-19)은 말한다. 쿠스마울의 TAP 참여자들은 원천 텍스트단어에 형식적으로 대응하는 단어를 회피하고 필사적으로 형식적 유사성이 없는 해결책을 찾으려고 노력했다. 심지어 형식적 등가가 목표 언어에서 가장 적절한 번역일 경우에도 말이다. (1995, 18-19 참조, 여기서 주어진 학문적 맥락에서 참여자들이 선택한 구절보다 원천 텍스트의 "disillusionment"의 형식적 대응어인 "desillusionierung"가 더욱 좋은 번역일 것이다) 회니그 (Hönig 1988, 12)도 비슷한 행동을 보고하는데, 쿠스마울과 회니그 모두 이는 아마 "거짓친구(false friends; 즉 다른 뜻으로 쓰이는 외국어)"의 위험에 대한 경고를 반복적으로 받아 온 외국어 수업의 영향 때문이라고 본다.

수업 중에 이러한 문제를 함께 다루기 위한 가능성 있는 제안은 이 절 후반부와 3장과 4장에서 자세히 기술될 것이다. 여기에는 다음 사항도 포함된다. 전문가 의식과, 전문 번역과 어학수업 사이의 차이점을 가르치는 것, 다른 뜻으로 쓰이는 외국어의 특징과, 어떻게 이것이 언어 학습과는 다르게 번역에 영향을 주는가를 알려주는 것, 어떤 것이 번역에서 다른 뜻으로 쓰이는 외국어인지가 형식적인 유사성에 의해서가 아니라 문맥적이고 의미적인 요인들에 의해 결정된다는 것을 알려주는 것, 다른 뜻으로 쓰이는 외국어와 관련된 모든 실수가 번역에 있어 모두 심각한 것은 아니라는 사실을 알게 하는 것(5장, 오류의 평가) 등이다.

거짓친구(즉 다른 뜻으로 쓰이는 외국어)에 대한 과잉반응은 반전문가들의 불충분하거나 불균형적인 상향식 또는 하향식 과정 적용이 다양하게 나타난 한 경우라고 볼 수 있다. 특히 주위 맥락과 상황 맥락을 고려할 때 형식적으로 유사한 용어가 최상의 해결책임을 가리키는 상황에서는 더욱 그러하다. 이 같은 불균형은 티르코넨-콘디트도 감지하였다. 거짓친구(즉 다른 뜻으로 쓰이는 외국어)의 경우, 반전문가의 번역 과정은 보통 화용론적 특징들(예를 들어 장르, 청자, 기능)과 같은 하향식 전략을 희생시키면서 지나친 상향식 경향을 보인다.

쿠스마울(Kussmaul 1995)과 야스켈라이넨(Jääskeläinen 1993)은 지배적인 상향식(하향식의 오용)과정의 다른 형태들을 관찰하였는데, 이들은 전문 번역가와 상급 학생(연구생, 학자)들이 사용하는 전체적인 전략과 화용론적 고려를 학생들은 사용하지 않는다는 사실을 발견했다. 같은 맥락에서, 티르코넨-콘디트와 야스켈라이넨(1991)은 번역작업의 상황적 특징에 대한 학생들과 전문가의 반응이 다르다고 보고했다. 전문가들은 이러한 정보에 즉시 주목하고 그것을 특정한 번역 스타일 결정을 이끌어내는 전체적인 방법으로 사용하는 반면, 학생들은 그 정보를 무시하거나 아니면 번역 과정에서 문제에 부딪혔을 때만 그 정보를 회고한다. 뢰르셔(Lörscher 1992b)와 야스켈라이넨(1993)은 화용론적 고려와 텍스트 유형, 문체에 대한 고려를 하는 것이 전문가다운 행위라고 규정하는 근거를 더 추가한다. 그들은 전문가들이 그들의 작업을 텍스트 유형이나 독자, 문체상의 적절함과 같은 화용론적인 요인으로 점검한다는 것을 발견했다. 콜리나(Colina 1997) 또한, 그녀의 연구에 참여한 학생들은 텍스트 유형의 특징을 명백한 제시가 수업의 일부가 되기 전까지는, 비록 그들이 조리법이라는 텍스트 유형의 특징에 익숙하다 하더라도 그러한 지식을 그들의 번역 과정에서 이용하지는 않았다고 보고했다. 따라서 전체적이고 텍스트적이며 화용론적인 정보를 알맞게 이용하지 못하는 것은 학생들의 만연된 행태이며 그 자체가 성공적이지 못한 다양한 번역 과정에 속하는 것으로 보인다. 결론적으로, 경험적 연구는 수업의 필수 사항으로서 학생들에게 화용론적 요소의 이해와 이에 대한 활용을 훈련시켜야한다는 데 충분한 정당성을 제공한다.

또한 학생 번역가들은 번역과정의 전문적인 번역가에게서 발견되는 의미 지향적 전략 대신에 기호 지향적 번역(언어 학습자의 전형적 특징:

Kussmaul 1995; Lörscher 1991, 272-274, 1992a, 153; König 1987, 168ff; Krings 1987, 271)을 보여준다. 뢰르셔(1997, 78)는 비전문적인 번역가들은 주로 기호 지향적 접근법을 취하고, 전문적인 번역가들은 주로 의미 지향적 접근법을 취한다고 말한다. 야스켈라이넨도 비슷한 발견을 하는데, 그는 서투른 번역가들은 순전히 언어적 수준에서 번역 업무에 접근하고, 좀 더 숙련된 번역가들은 원천 텍스트의 사실적 내용과 잠재적 독자의 필요에 유의한다고 지적한다. 콜리나(1999) 또한 언어를 배우는 학생과 초보 번역가들은 전문가들보다 심지어는 전치사구와 같은 낮은 수준의 언어구조에서조차 그대로 옮기기, 즉 기호 지향에 더 큰 비율을 보인다고 보고한다.

번역 과정의 학생들은 언어 과정 학생들의 전형적인 행동을 보이기 때문에 쿠스마울(1995)은 제 2 언어나 외국어 실력의 개선이 필수적이라고 결론짓는다. 언어 능력의 숙달이 이러한 행동의 한 이유가 될지라도, 언어 능력의 부족이 문제가 되는 유일한 요인이 될 수는 없다. 언어 과정의 학생들에게 노출된 언어 교육 방법이 그들이 번역 작업에 임할 때 그들의 행동을 결정짓는 한 요인일 수도 있다고 가정하는 것이 적절하다. 상향식 처리방식에 지나치게 의존하는 이유 중 하나는, 번역을 의사소통 행위 대신 언어적 교체 작업으로 여기는 전통적인 번역교육에서 뿐만 아니라, 언어 교육의 전통적 문법 중심적 접근에서도 두드러지게 나타나는 상향식, 기호 지향적 접근에 기인한다(4절). 또한 학생들에게 제시된 작업의 종류(즉, 교육지도)가 학생들의 행동에 영향을 미칠 수 있다. 학생들에게 나타나는 기호 지향적 행동에 대한 또 다른 설명은, 윌리스(1993)가 지적하듯이, 번역가의 능력과 행동은 언어 과정 학생들의 능력과 행동과 본질적으로 다르다는 것이다(콜리나(1999)는 이러한 차이는 언어 능력에 속한다고 볼 수 없다고 말한다). 그러므로 경험적/기술론적 연구의 목표들 중의 하나는 번역-특유의 특수성을 분리하는 것이어야 하는데, 이렇게 함으로써 교수 방법론의 발전을 위한 기초를 세울 수 있을 것이다. 비전문 번역가들이 기호 중심 접근을 하는 경향에 대한 앞선 설명에 뢰르셔(1997, 78-79)는 문외한들 사이에서 널리 퍼져 있는 시각을 덧붙이고 있다. 그 시각이란 번역은 두 언어와 언어 수업 또는 비전문적 상황에 있는 학생들이 경험하는 중개적인 상황의 인위화라는 것이다.

번역작업과 기호 지향 번역의 상황적 특징에 대해 이렇게 관찰해 보면, 상황적 맥락에 관련된 번역개요와 정보를 번역 작업에 제공하는 것을 목표로 하는 교수법을 지지하게 된다. 또한 이러한 측면에 초점을 맞추는 활동을 설계하고, 전문번역의 소통적이고 전반적 본성을 학생들이 이해하도록 돕는 목표를 가진 교수법을 지지하게 된다.

과도한 하향식 과정의 사용을 나타내는 기록에서 보고된 학생들의 행동은 다음과 같은 특징을 보인다.

● 이중 언어 사전의 오용과 과도한 의존

크링스(Krings 1986a)는 "만약 관련된 모든 등가어가 사전에 있다면, 다른 것보다 먼저 나오는 것을 선택하라"고 말하는 원칙처럼 학생들이 사전검색에서 사용하는 몇몇 "특이한"전략들에 대해 기술한다. 회니그(Hönig 1988)는 그의 실험 참여자들 중 몇몇은 다음 원칙을 고수하면서 불합리한 전략을 사용한다고 말했다. "맨 먼저 나오는 단어는 사용하지 말라." 쿠스마울(1995, 22-25)과 회니그(1988, 1991)는 실험 참여자들이 맥락을 통해 단어의 올바른 의미를 추측할 수 있더라도 사전에 그 단어가 없으면 결국 그 표현을 제외한다는 사실을 발견했다. 이러한 행동은 번역을 공부하는 학생들이 보이는 전형적인 단어 고착성 행동을 나타내주는 증거가 된다. 피실험자는 종종 개별 단어의 의미와 사전을 마지막 권위로 생각했다. 또한, 쿠스마울과 회니그가 보고한 행동은 단어 의미를 맥락에서 활성화된 잠재적 의미로서가 아니라 원천 텍스트의 단어와 단어 목록으로서 결합된 것으로 보는 학생들의 선입견(이중 언어 사전에 의해 강화됨)을 나타낸다.

● 부적절한 일반 지식의 사용

세상에 대한 선입견이나 이전의 경험들(하향식 과정)은 만약 상향식 정보로 균형이 이루어지지 않으면 너무 우세해져서 원천 텍스트에 실제로 존재하는 정보를 없애버릴 수 있다. 쿠스마울의 연구 자료들은 학생들의 이러한 유형의 행동에 대한 증거를 제공한다(1995, 25-28). 이러한 유형의 불균형은 독해와 같은 다른 활동에서 발견되기도 하지만, 특히 번역에서는 더 큰 해를 끼친다. 일반 지식을 적절히 사용하게 하는 한 가지 방법은 학생들이 그들의 이해 과정을 인식하게 만들어 주고, 또한 그들이 이미 알고 있는 지식(하향식 과정) 그리고 원천 텍스트에 주어져 있는 지식(상향식 과정)에 너무 과도하게 의존하면 원천 텍스트에 대한 잘못된 이해와 부적절한 목표 텍스트가 어떻게 만들어지는지를 깨닫도록 만드는 것이다. 이러한 접근은 쿠스마울(1995)과 키랄리(1995, 113)에 의해 제안되었다. 일반 지식의 사용과 관련하여, 티르코넨-콘디트(1992)는 전문 번역가는 원천 텍스트에 관한 지식과 수사 구조에 더 주의를 기울이는 반면에 비전문 번역가는 원천 텍스트와 관계없고, 원천 텍스트에서 벗어난 지식에 더 의존한다는 것을 알아냈다.

- 불완전하고 성공적이지 못한 바꿔 쓰기(paraphrasing)

이 또한 하향식 과정과 전체적 전략의 부적절한 사용을 나타낼 뿐만 아니라 기호 지향 번역을 나타낸다. 바꿔 쓰기는 번역가가 목표 언어의 등가어를 생각해내기 위해 그 자신을 원천 텍스트 형식으로부터 자유롭도록 도와주는 보편적인 번역기술이다. 쿠스마울은 그의 피실험자들이 바꿔 쓰기에 대해 애매한 태도를 보이고 있음을 알아냈다. 비록 그들이 단어를 그것의 의미로부터 분리시키는 지적인 능력을 드러냈을지라도, 그러한 기술을 번역하는 데는 사용하지는 않았다. 그들은 바꿔 쓰기를 통해 발견되는 해결책을 신뢰할 수 없었고 단어에 충실한 것을 선호했다. 세귀뇨(Séguinot 1989)는 한 전문 번역가의 사례 연구에서 같은 행동을 발견했다. 학생들은 개별적인 단어에 초점을 맞추는 것으로 보이는데, 이는 소통적인 번역에 대한 이해의 부족을 드러낸다.

앞서 열거한 각 특징들(불완전한 바꿔쓰기, 사전에 대한 강한 의존, 간섭에 대한 과도한 두려움) 대부분은 무엇보다 자기 인식과 자신감의 부족을 가리킨다. 쿠스마울은 학생 혹은 번역가가 번역 과정(process)에 대해 더 많은 정보를 가지고 있고 번역에 대해 더 많이 알면 알수록(단지 어떻게 번역을 할지가 아니라) 자기 인식의 정도는 더 커진다고 한다. 일단 자기 인식이 높아지게 되면 자신감은 자연스런 결과로 따라오게 된다 (Kiraly 1995, 113 참조. 관련된 용어: '번역가의 자기개념'). 또 다른 연구에서, 라우카넨(Laukkanen 1993)은 자신감은 비판적인 태도로 이어지고 그것은 다시 더 양질의 번역으로 이어진다는 사실을 알게 되었다. 반대로, 방심은 원천 텍스트에 과도하게 의존하게 되는 결과를 낳고 이는 번역 결과물의 질을 낮추게 된다. 결국, 티르코넨-콘디트와 라우카넨은 번역가의 자아상에 대한 그들의 연구에서 자신감과 번역의 질 사이는 긍정적인 관계가 있는 것처럼 보인다고 말한다(1996, 56).

실험적 증거가 나타내는 것처럼 자신감과 자기인식(둘 다 전문가 기질로서 필수적인 요건)이 학생들에게는 부족한 것처럼 보이기 때문에 번역교육에서는 그러한 요소들이 교수 수업설계 내에 포함되어야 한다. 이러한 태도의 발달을 고무시키는 가능한 방법으로는 번역관련 처리과정에 관한 교육(이해, 상향식·하향식 과정, 의미와 원천 텍스트에서 알아낸 잠재적인 의미. 관련 모형은 5절 참조)과 텍스트 분석과 화용론 분석과 같은 분석 기술들에 관한 교육이 포함되어야 한다. 일단 학생 번역가가 이러한 도구들을 사용할 수 있게 되면 그들은 더 쉽게 전문적이고 세련된 방식으로 번역 스타일을 선택 하게 될 것이다. 이는 자기인식과 자신감을 기르는 또 다른 방법이기도 하다. 이러한 태도를 장려하기 위한 하나의 방법은 전문적 세계와 전문적 행위에 노출되는 것인데, 그래서 전문 번역가의 전자 우편 목록과 같은 전자 자료가 수업 설계에 포함될 필요가 있다(3절의 사회화 참조).

번역교육의 목표 중 하나로 전문가 행위를 넣을 필요가 있다. 만약 번역가를 문화 간 소통의 전문가라고 간주한다면, 번역교육은 그렇게 행동하기 위한 기술을 번역가들에게 제공해야 한다. 전문가 행위는 자신감과 자기인식, 번역을 객관적으로 토론하는 능력, 번역 과정과 기술에 대한 이해력에서 나온다. 자신감과 자기인식을 장려하기 위한 제안 외에도, 전문가 행위 확립에는 전통적인 교사 중심의 "지도 활동"(performance magistrale)에서 탈피하여 학생중심의 수업과 전자우편 토론, 번역 해결을 위한 번역 팀과 동료 간 토론과 같은 기술을 확보하는 것이 필수적이다 (Kiraly 1995; Ladmiral 1977).

현재까지 보고된 특징들은 대개 이상에 불과하거나 성공적이지 못했다. 하지만 이러한 특징들의 발전을 위한 교육 방법을 설계하기 위해서는 성공적인 과정을 고찰하는 것이 중요하다(Kussmaul 1995; Jääskeläinen 1990). TAP 연구는 두 가지 유형의 번역 과정, 즉 의식적인 과정과 자동화 된 과정을 보여준다. 전자가 프로토콜의 언어화(verbalization)를 통해 연구되는 것이라면, 후자는 언어화될 수 없기 때문에 연구 수행에 어려움이 있다(이는 티르코넨-콘디트와 야스켈라이넨이 전문가와 비전문가의 프로토콜 비교를 통해 고찰한 것으로, 비전문가는 동일한 과정들을 자동화할 수 없고 따라서 언어화할 것이라는 기본적인 가설을 제시한다). 비록 번역 활동의 본질이 무의식적인 과정에 있고, 번역 교수법과 방법론은 전문가의 일상적인 과정을 학생들이 자동화할 수 있도록 지원하는 방안을 강구해야만 하지만, 항상 모든 발전 단계에는 의식적인 노력을 요구하는 번역 활동이 존재한다. 쿠스마울의 프로토콜 자료(1995)는 창조성을 요구하는 의식적인 번역 전략을 연구한다("번역가 인식"의 창조성과 직관에 대해서는 윌리스(1997) 참조). 이제 우리는 그가 연구한 몇 가지 성공적인 과정들을 살펴보고 어떻게 그것들이 번역교육 방법론으로 통합될 수 있는지를 보여줄 것이다.

유창성은 문제를 해결하기 위한 수많은 사유나 아이디어, 해결책을 단기간에 산출하는 데 도움이 된다(Guilford 1975). 예를 들어, 쿠스마울의 자료에 따르면 "중얼거리는 사내들(murmuring machos)" 이라는 표현에 대한 번역을 생각해 내려고 노력하는 번역가들은 두운을 창조하는 수많은 독일식 형용사를 생산한다. 처음에 그들은 형식에 집중하고, 그 후에 의미에 집중한다(Kussmaul 1995,42). 브레인스토밍은 유창성을 기르는 기술이므로 번역 수업에 꼭 넣어야 한다. 휴식은 창조적 활동을 촉진하는 데 있어서 중요하다. 쿠스마울의 자료에서 학생들이 사용한 한 가지 기술은 그가 "병렬-활동 기술"(parallel-activity technique)이라 명명한 것인데, 즉 잠시 동안 긴장을 풀어서, 필요한 휴식을 취하게 되고, 그래서 다시 문제로 돌아갔을 때 그것을 해결할 수 있게 하는 기술이다(번역 수업에서 학생들에게 휴식시간을 주거나 음식과 음료를 제공하면서 리허설 분위기를 마련해줌으로써 이루어질 수 있다). 또한 쿠스마울의 프로토콜은 번역 과정의 확산적 사고와 변형, 즉 하나의 해결책에 집중하는 대신에 광범위한 해결책들을 고려하는 방식을 보여준다. 확산적 사고와 변형 또한 창의적인 행위와 관련된다.

번역하는 데 있어 이러한 과정들이 의식적일 필요는 없다. 하지만 교사들은 더욱 효율적인 활용을 위해 그것들에 대한 학생들의 관심을 촉구하고, 번역과 관련된 문제들이 제기될 때 이러한 창조적 과정을 진행할 수 있는 방법을 학생들이 습득할 수 있도록 지원해야 한다. 또한 쿠스마울이 제안하듯이, 프로토콜에서 고찰되는 유창성과 유연성(즉, 언어학적 형식에서 추상적인 의미로 변형을 수행하는 능력)은 팀워크의 결과이다. 쿠스마울의 프로토콜은 대화적 프로토콜이기 때문이다. 이것은 (성공적인 창조 과정의 확립을 촉진하고, 학생들이 그것의 사용에 익숙해지도록 하는) 소통적 번역교육에서 팀워크에 대해 소개할 필요가 있음을 상기시킨다.

3. 번역교육론에서 번역가의 사회적 차원

2절에서, 우리는 개인으로서 번역가에 대해 논의했다. 우리는 상이한 발전 단계(학생, 숙달되지 못한 전문가, 전문가)에서 나타나는 번역가의 특질과 번역가의 심리적 구조에 대해 밝혀진 특질에 관해 훑어보았다. 하지만 번역가는 단지 한 사람의 개인이 아니다. 전문가로서, 그는 하나의 직업군으로 정의되는 특정 그룹에 속한다. 만약 번역교육의 전반적 목적이, 번역 작업을 이해하고 수행할 뿐만 아니라 한 전문적 그룹 내에서 그 그룹의 규범과 기대치에 부합하여 기능하는 전문가 양성이라면, 번역가의 사회적 측면은 번역교육의 방법론에 있어서 중요한 일면을 차지하는 것이 틀림없다. 게다가 번역가와 번역의 사회적 역할에 대한 교육은 번역교육학에 있어서 필수적이다. 그것은 소통적 번역 능력, 즉 "소통적 번역 작업의 능동적인 참여자로서 서로 적절하고 적합하게 상호작용하는" 능력의 습득을 용이하게 하기 때문이다(Kiraly 1990, 215).

이론적 연구에서는 번역에 관한 **사회화**의 개념을 발전시켜왔다. 투리는 토착 번역가 능력이라고 부르는 문화화(inculturation)/사회화 과정을 통해 번역가는 번역 규범을 습득한다고 주장한다. 따라서 번역 능력의 습득은 선천적인 번역 능력과 번역된 텍스트에 대한 반응 작용이 서로 보완되는 본성과 교육의 혼합이라 할 수 있다. 이러한 텍스트에 대한 반응 작용은 감독 장치의 기능의 하며, 번역가로 하여금 자신의 결과물과 번역 과정을 적절하게 수정토록 한다. 마침내 번역가는 자신의 행위에 대한 반응을 수긍하는 법을 배우게 되고, 그리하여 번역 능력의 일부가 되는 내부의 감시기제를 만들어낸다. 이러한 "번역에 관련된 사회화"의 과정을 통해 번역가는 "특정한 사회 집단에 적절한 텍스트 제작 양식의 개념을 준수하는 번역"이라는 구체적인 작업("번역"의 추상적인 개념이 아니라)을 처리할 수 있는 절차를 습득하게 될 것이다(Toury 1995, 250). 여기서 투리는 우리가 이전에 "구성적 규범들"이라 명명했던 규범의 습득에 대해 언급하는데, 분명 그것들은 시대, 문화, 사회에 따라 변한다.

요약하자면, 규범들과 사회적 피드백은 번역 능력의 습득에 있어서 본질적인 부분이며 교육 방법론 내로 통합되어야 한다. "사실 이것이 말하고자 하는 바는 번역 과정에 대한 사회화의 기본적 원리들을 교육적 맥락에서 부분적으로 실행할 필요가 있다는 것이다"(Toury 1995, 256).

이러한 개념들은 감독자와 피드백의 성격과 양의 변화를 포함하는 쉬레브의 변화 요인 이론을 통해 습득 모형에 통합될 수 있다. 달리 말해서, 번역가는 번역 능력을 습득하기 위해서는 올바른 유형의 입력을 받아야 한다. 이러한 입력의 특징들 가운데에는 사회적 피드백과 관련된 것들이 있다.

키랄리(1995, 100)는 번역가의 자기개념(self-concept)에 대해 논의한다. 이것은 번역가의 인지적/심리적 세계와 사회적 세계를 통합하는 기능을 하는 정신적 구성물이다. 번역가의 자기개념은 번역 작업의 정보적 요구, 번역 작업의 목적, 번역 작업의 상황적 맥락에 놓인 기타 참여자(위탁자, 원천 텍스트 작가, 목표 텍스트 독자, 번역가 등), 번역 작업 완수 능력을 평가하는 역량, 적절성과 적합성에 따라 번역 과정과 결과를 점검하는 능력을 인식하는 것과 관련 된다(1.2.4절의 규범과 관습 참조). 번역가는 자신의 전문적인 사회적 역할과 전문적인 의무와 책임을 자각해야 한다. 번역가는 번역작업에 착수할 때 다른 사람들이 자신에게 기대하는 바를 알고 있어야 한다(Kiraly 1995, 113).

하지만 여기서 즉시 떠오르는 문제는 번역 교과과정의 일부로서 미리 준비된 "번역가의 자기개념"을 학생들에게 주입하는 것이 불가능하다는 점이다. 그렇다면 우리는 어떻게 학생들에게 번역가의 자기개념을 교육할 수 있을까? 규범과 사회적 피드백은 어떻게 번역 수업과 병합되어야 할까? 우리는 분명 사회적 피드백에 대해 강의할 수 없으며, 따라서 학생들이 번역 규범들의 작용에 부합하도록 하기 위해 자신의 번역 능력을 자율적으로 수정할 것이라고 기대할 수는 없다. 우리가 할 수 있는 일은 번역가의 자기개념의 습득을 용이하게 하고 번역에 관한 사회화 과정을 전수하는 상황을 현재의 교육 방법론에 통합시키는 것이다. 달리 말해서, 학생들에게 소통적 번역 능력의 습득을 용이하게 하는 입력, 특히 피드백이 풍부하고 다양한 감독자를 포함하는 입력을 제공할 필요가 있다. 번역가의 자기개념 습득을 촉진시키는 상황/활동들의 예로서는 믿을 만한 맥락에서 번역 공동체에 노출되는 것이다. 이러한 노출은 전문적인 전자우편 목록, 회의 참여, 전문적인 출판물 구독, 그리고 전문적 논제에 대한 수업 토론, 교사의 피드백 외에도 별도의 다양한 피드백에의 노출(예컨대, 상담자/방문자로 일하는 전문가들의 피드백, 동료 간 평가), 번역이 문화간 소통 노력의 일부가 되는, 믿을 만한 소통적 번역 과업의 기회 제공(1.2.3절의 번역 개요, 실제 번역 작업, 인턴쉽 참조) 등을 통해서 가능하다. 학생들은 이러한 과정과 더불어 각각의 번역 활동 사례가 발생하는 상황의 소통적 맥락에 관심을 기울임으로써 번역에 관한 규범들과 사회화의 역할을 인식할 수 있게 된다.

키랄리(2000)는 지금까지 논의된 개념을 뒷받침하는 이론적 모형을 제안한다. 그는 번역가 교육에 대한 사회구성주의적 접근과 사회조건적인 접근의 맥락 내에서 다음과 같은 의견을 제시한다.

. . . 번역가 교육의 일차적인 목표에는 번역과 관련된 요인들에 대한 학생들의 인식을 향상시키는 것, 그들이 번역가의 자기개념을 발전시키는 것을 돕는 것, 점차 학생들이 언어 매개 공동체 내에서 기능하게 돕는 개인적으로 꼭 맞는 도구들을 갖추도록 집단적으로 보조하는 것이 포함될 것이다(2000, 49). [이탤릭체는 강조를 위한 것]

지금까지의 이론적인 제안뿐만 아니라, 번역교육의 사회화 구성 요소가 필요하다는 경험적인 증거들이 나와 있다. TAP 연구 자료에 따르면, 전문 번역가와 달리 번역 학생들은 자신감과 자기인식이 부족하다(2.2절)(Kussmaul 1995). 자신감과 자기인식은 전문적 환경에 대한 인식의 향상을 통해, 그리고 학생들을 사회화 과정을 시작할 수 있는 상황에 위치시킴으로써 얻어질 수 있다. 학습자들을 이러한 상황에 노출시키는 것은 소통적 번역 능력을 용이하게 해 줄, 실제 소통적 번역 작업 생성에서 본질적인 한 측면이다.

4. 언어 교수법과 번역교육[10)]

번역 과정 학생들과 교사들은 대부분 일찍이 외국어/제2언어 교육의 영향권 내에 종속된 경험이 있다. 따라서 언어 교육(LT)과 번역의 연관성, 그리고 그것이 번역교육에 미치는 영향을 간단히 언급하는 것도 적절해 보인다. 게다가 수업에 대해 학생들이 가지는 기대치에 대한 어느 정도의 인식은 어떠한 교육 맥락에서라도 매우 유익하고, 많은 학생 번역가들이 번역 훈련 이전에 외국어/제2언어 수업을 거치기 때문에, 번역 방법론에 있어서 외국어 교육(FLT)을 논의하는 것은 필수적이다. 경험적 증거(2.2절 참조) 또한 전문 번역가보다는 언어 전공 학생들이 전형적으로 갖고 있는 많은 자질들을 번역 학생들이 가지고 있다는 것을 알 수 있다.

전통적인 외국어 교육(FLT) 방법론(예컨대, 청화식 교수법(ALM), 문법 번역)은 언어 체계를 가르칠 뿐 그것을 사용하는 방법을 가르치지는 않는다. 그 결과, 언어가 소통적 연습과는 분리되고 언어학습은 언어에 대한 언어학적 구조에 대한 지식을 얻는 것으로 이루어졌다. (미국 주요 대학의 학생이던) 한 10대 소녀의 어머니가 학과 환영회에서 말한 내용은 이러한 관점의 좋은 사례가 된다. 그녀는 딸이 스페인어가 실제 사람들이 실제 생활에서 사용하는 언어라는 사실을 유학 경험에서 처음으로 깨달았다고 말했다. ("글쎄요. 수업 중에 딸애는 스페인어에 노출되어 있을 뿐이었어요. 그것이 학문적인 요구사항 그 이상이라는 것은 결코 알지 못했지요.") 그녀의 말은 많은 언어 수업의 교육 방식에 대해 시사하는 바가 크다는 점에서 의미심장하다.

또한 전통적인 방법론은 언어 간의 구조적인 차이를 설명하고 학생들이 그 언어의 문법적 구조와 어휘를 익혔다는 것을 제시해 주는 교육학적 도구로서 번역을 활용했다. 이러한 맥락에서 볼 때, 번역은 찾아 바꾸기(search-and-replace) 작업(Catford(1965)의 "코드변환(transcoding)" 참조), 즉 전혀 소통적 목적이 없는 언어적 구조의 교체이다. 언어 수업의 유물인 이러한 구조적이고 비소통적인 번역 개념(1.2.4절의 구성적 규범 참조)은 이제 미국의 사회적 맥락에서는 반론이 없다. 왜냐하면 대부분의 미국인들은 단일한 언어를 사용하고, 자료들 또한 보통은 번역이 필요치 않기 때문이다. 달리 말해서, 전통적인 언어 수업에서 비롯되는 번역 개념은 사회적 환경을 통해서 만들어지는 대안적인 개념들에 의해 도전받을 것 같지 않다. 게다가, 청화식 교수법(ALM), 문법번역, 그리고 언어교육에 대한 여러 비소통적인 접근법 등의 언어학적 가정을 계승하고 있는 "전통적인 번역 수업"이 여러 세대의 학생들과 학자들에 끼쳐온 영향력으로 인해, 전통적인 번역 개념은 영원히 지속되고 있다.

지금까지 설명한 상황에 비추어볼 때, 일반적인 학생들의 번역 개념과 소통적 번역 수업에서 제시되는 개념 사이에는 커다란 불일치가 있을 것이라는 것을 예상하기란 그리 어렵지 않다. 하지만 그러한 상황을 고려하는 교사의 인식과 방법론을 통해 잠재적 난관을 피할 수 있다. 이러한 맥락에서 볼 때, 교사의 인식으로 인해 학생들의 분명한 번역 무능력의 원인을 이해할 수 있게 된다는 점에서 이러한 인식은 중요하다. 학생들의 지적 기술과 준비의 부족 탓으로 돌려졌던 번역의 무능력이 이제는 서로 상반되는 "번역" 개념의 결과임을 알게 된다. 즉, 번역이 학생들에게는 구조주의적/행동주의적 개념이고, 교사들에게는 소통적 개념이다. 이제 교사들은 기호 지향 번역, 원천 텍스트(ST)와 구조에 대한 숭배, 기능적 고려의 경시 등의 특징들을, 언어 교육 방법론, 언어적 관점들, 그리고 이 두 가지가 번역 과정 학생과 번역교육 모두에 대해 미치는 효과 등의 보다 광의의 맥락 속에 위치시켜 볼 수 있게 된다. 또한 교사의 인식은 새로운 목표와 이에 도달하는 방법의 형성으로 귀결되는데, 여기서 목표는 학생들이 소통적 번역을 이해하도록 만들어 준다. 이를 달성할 방법은 다음과 같다.

- 소통을 주목표로 하고(번역 개요, 참여자의 상술, 상황의 맥락, 목적), 가능하면 언제나 신뢰할 수 있는 과제(예컨대, 전문 번역가의 파일에서 나옴)인, 오직 의미 있는 번역 작업만 제공한다.
- 소통적 전문 번역의 이해를 용이하게 하는 입문 과정을 커리큘럼에 설계하여 실행한다. 이는 번역 수업에서 학생과 교사가 번역 개념을 공유할 수 있도록 해줄 것이다(즉, 구성적 번역 규범의 공유)

소통적 언어 교육(CLT)과 번역교육

마지막으로, 소통적 언어 교육이 언어 교육 현장에 이미 큰 영향력을 미쳐왔다는 것을 언급하는 것은 중요하다. 이것은 소통적 번역교육에 있어서 대단히 중요하다. 하지만 지면과 적절성을 고려해서, 여기서는 오로지 대략적인 개요만 제시한다.

- 소통적 언어 교육(CLT)이 주장하는 언어의 실제 사용과 언어의 소통적 기능을 강조함으로써, 전문적인 소통적 번역과 더욱 조화로운 번역 개념을 세우는 데 도움이 될 것이다. 그러나 이것은 계속 지켜볼 필요가 있는 장기적 효과이다.
- 소통적 번역 작업을 통한 소통적 번역 능력의 향상을 목표로 하는 번역 수업으로 옮겨가는 일은 외국어/제2언어에서 소통적 능력을 어느 정도 습득한 학생들에게는 훨씬 쉽게 이루어진다. 달리 말해서, 일단 학생들의 번역 개념과 교사의 번역 개념 사이에 격차가 좁혀지면, 번역교육의 초점은 소통 능력으로 이동될 수 있다. 하지만 심각한 장애물들이 여전히 남아있을 수 있다는 사실에 유의하라. 많은 학생들은 번역 수업에 직접 참여할 때까지 그들의 언어에서 소통적 능력을 획득하지 못하기 때문이다. 소통 능력이 없이는 성공적인 번역을 수행하기 위해 필요한 언어 간 혹은 문화 간 소통 능력을 습득하기란 불가능할 것이다.
- 과거의 언어학과 언어 교육의 방향이 번역교육에 영향을 미친 것처럼, 새로운 방법론(CLT)과 언어를 소통 수단으로 보는 그것의 관점은 번역 방법론에 큰 영향을 미칠 것이다.
- 다소 부정적인 면에서 볼 때, 소통 기술을 위해 정확성을 등한시하게 되면, 정확성이 성공적인 소통만큼이나 중요한 활동으로서의 번역에 대해 어떤 영향을 미치게 될 것인지에 대해 신중한 태도를 취할 필요가 있다.

5. 비번역 특정 이론 모형

번역교육은 관련 학문 분야의 이론적이고 경험적인 연구를 통해 대단한 혜택을 얻을 수 있다. 기능주의에 대해 논의하면서 우리는 텍스트 분석과 상황적/화용론적 분석의 모형을 소개했다. 이 절에서 우리는 번역 과정 학생들과 교사들에게 도움을 줄 또 다른 이론 모형을 간단히 살펴본다. 이것은 한 모형을 완전히 숙달하기위한 것이라기보다 번역 수업에서 강조될 필요가 있는 과정들을 이해하기 위한 것임을 유의하라.

독해와 이해 모형에 대한 연구를 통해 읽기가 독자와 텍스트 사이의 상호작용 과정임을 알 수 있다. 독자는 그의 도식을 투여하고 텍스트는 새로운 정보를 제공하여 그 도식을 수정한다. 도식이란 독자의 배경 지식과 경험을 포함하는 하나의 단위이다.[11] 상이한 도식은 결과적으로 상이한 이해 과정을 낳는다. 예를 들어, 두 학생의 경우를 살펴보자. 한명은 언어학을, 다른 한명은 화학을 전공한다. 언어학을 전공하는 학생은 영어를 쓰는 원어민이고, 화학을 전공하는 학생은 그렇지 않다. 두 학생은 평균적인 사람들과 차이를 보일뿐만 아니라, 서로 간에도 차이를 보이는 훈련과 배경 지식의 결과로 각자 자신의 특수한 도식을 지니고 있다. 이로 인한 중요한 결과는 언어학적 정체성을 다룬 논문에 대한 화학 전공자의 이해가 그와 동일한 텍스트일지라도 언어학 전공자의 이해와 크게 다르다는 것이다. 도식은 또한 부족한 언어 능력을 보완하는 데 도움이 된다. 화학에 관한 논문을 읽을 때 화학 전공 학생은 부족한 언어학적 능력을 전문화된 내용 지식으로 보완할 수 있고, 그럼으로써 언어학 전공 학생이 본래 영어 사용자라 하더라도 그 언어학 전공 학생보다 오히려 이해하는데 어려움이 적을 것이다.

이해는 입력 페이지(Lee와 VanPatten 1995, 191)에서 상호작용하는 다양한 지식 구조(통사적, 어휘적, 의미론적, 글자 분석, 자질 분석, 일반지식)로부터 상향식 자질 분석(글자 분석, 글자 다발 분석, 어휘적, 통사론적, 의미론적 지식, 세상지식)과 하향식 (반대 순서) 과정의 조합을 통해 구축된다. 그것은 도식에 이미 존재하는 정보에 새로운 관련 정보를 추가하는 것이다. 즉, 텍스트를 이해하는데 있어서 독자의 목표는 새로운 정보를 자신의 지식 기반에 추가하는 것이다. 이와 유사하게, 텍스트를 창조하는 작가들도 자신의 도식과 함께 특정한 독자를 염두에 둔다. 그들은 그러한 독자를 토대로 어떤 사실이 독자들에게 알려져야 할지 안 알려져야 할지 결정한다. 하지만 어려움은 독자가 작가에 의해 기대되었던 것에 반응하지 않을 때, 즉 독자의 도식(낡은 정보)과 새로운 정보가 글쓴이가 구상한 도식이나 새로운 정보와 일치되지 않을 때 발생한다. 그 결과, 이해가 실패한다. 부적절한 도식은 기술 텍스트가 관련 전문 지식이 없는 번역가들에게 매번 어려울 수밖에 없는 이유가 된다.

번역 작업에서는 자주 원천 텍스트 작가의 상상적 독자와 실제 독자인 번역가 사이의 불일치를 경험하게 된다. 대부분의 경우 번역가는 원천 텍스트의 의도된 독자가 아니기 때문이다. 따라서 번역 과정과 그 결과물은 번역가가 조정하지 않은 원천 텍스트보다 이해 과정에 있어서 실패할 위험이 훨씬 크다.

요약하자면, 텍스트는 의미를 포함하지 않으며 오로지 의미를 구성하기 위한 방향을 제시할 뿐이다. 그것이 어떤 특정한 유형의 독자에게 적합할 경우, 그 독자가 텍스트적 상호작용을 통해 그것에 의미를 부여할 것이다. 하지만 부적합할 경우, 즉 독자가 텍스트적 상호작용을 그의 도식에 연결시킬 수 없을 경우, 이해는 언어학적 능력과는 상관없이 실패하고 만다. 언어 교육에서, 부족한 언어 지식은 종종 도식의 구축을 통해 보완된다. 번역에서, 적절한 도식의 소유 혹은 그것을 목표 텍스트의 제작에 맞추어 구성할 수 있는 능력은 성공적인 번역 과업을 위한 필수적인 조건이다.

텍스트 이해를 위한 또 다른 중요한 이론 모형은 장면과 틀 의미론(Fillmore 1976, 1977)이다. 그것은 인간의 일반 경험과 지식을 토대로 한다는 의미에서 도식 이론과 유사하다. 단어들은 과거 일반 경험, 지식과 관련되는 마음속의 그림들, 혹은 "장면들"을 활성화하는 "틀들"이다. 이러한 맥락에서 볼 때, 단어의 의미는 새로운 차원을 획득한다. 단어들(틀들)은 의미를 가지지 않고, 오직 의미(맥락) 활성화를 통해 실현되는 잠재적 의미들(장면들)만 가진다. 맥락은 특정한 장면에 맞추기 위해 단어의 적절한 의미를 활성화한다. 그러면 이 자질이 전면에 부각되고 다른 것들은 억압된다(혹은 활성화되지 않는다). L2(모국어로 번역하는 번역가 혹은 언어 학습자)로 된 텍스트를 읽는 번역가들은 종종 자신들이 특정한 틀에 맞는 장면을 가지고 있지 않다는 사실을 깨닫는다. 사전은 보통 아무런 도움이 되지 못한다. 독자는 사전이 제공하는 어떤 틀이 텍스트가 창조하는 장면과 일치하는지를 결정할 만한 지식을 가지고 있지 않기 때문이다.

이제 잘못된 이해과정이 번역에 어떤 영향을 주는지에 대한 사례들을 살펴보자(보기 2.16). 이 자료는 수년간 수집한 입문 과정 학생들의 번역에 기초하고 있다. 보기 2.16을 보면 비원어민 스페인어 화자로서 원천 텍스트를 번역한 학생들의 공통적 오류는 *comprendido*를 '알려진(known)'으로 번역했다는 것이다. 오류 분석은, 원어민의 이해과정과 비교해서 학생들의 이해과정이 어떻게 다른지를 보여준다. 원어민에게 "comprendido"에 의해 연상되는 유일한 장면은 두 시점 사이의 기간이다. 이해나 지식의 획득 같은 의미는 활성화되지는 않았는데 이는 원천 텍스트에 의해 만들어지는 장면과 관계가 없기 때문이다. 이에 반해 학생들의 이해 과정은 매우 다르다. 그들에게는 "comprendido"와 연관된 특징이나 장면의 전경화나 억압이 전혀 없다. 대신에 학생들은 스페인어 "comprendido"와 관련되는 영어 구조의 목록을 상기하는데, 우연히도 "알려진(known)"이 가장 두드러진 것 같다. 이는 아마도 그들이 그렇게 학습되었기 때문일 것이다. 이것으로 우리도 학생들이 텍스트를 통과해가는 이해 과정에서 도식(schemata)을 만들고 재구성하는 과정을 거치지 않는다는 것을 알 수 있다. 그들은 단지 언어 기호를 교체하기만 한다. 정상적인 과정을 거쳐 이해를 했다면 "comprendido"가 모르는 용어라는 사실은 번역(즉, 적절한 장면의 선택)을 하는데 장애물이 되지 않았을 것이다. 왜냐하면 전후에 날짜가 있으므로 어느 기간에 관한 것일 거라는 생각을 충분히 할 수 있었을 것이기 때문이다.

보기 2.16

Dos piezas que datan del   periodo <u>comprendido</u> entre 300AC y   800 son
Two pieces that date from the period enclosed between 330BC and 800 are

especialmente notables, y   cada una representa un simbolo mitico.
especially   noteworthy, and each one represents one symbol mythic.

[Saboia 1990, 59]

"Especially valuable are two pieces[dating] from the period between 330BC and 800, each representing a mythic symbol."

(특별한 가치를 지니는 것은 기원 330년부터 세기 800년 사이의 것으로 추정되는 두 조각들로서, 그들은 각각 신화적 상징을 나타낸다.)

2.2절에서 언급했듯이 경험적 증거를 보면, 학생 번역가들이 전문가들과 같은 방식으로 텍스트와 상호 작용하지 않는다는 사실을 알 수 있다. 단어의 의미에 대한 그들의 관점과 하향식·상향식 과정의 적용 등으로 인해 성공적이지 못한 번역 과정이 생기게 된다. 보다 나은 결과를 얻기 위해서는 쿠스마울이 제안했듯이 여기에 제시된 보기들을 간략히 설명함으로써 학생이 그러한 과정을 깨닫게 하는 것이다. 3장과 4장에서는 교수 계획표와 수업 계획에 이것이 통합되는 방법을 제시할 것이다. 예를 들어 CLT와 같은 언어 교육에 관한 많은 새로운 접근법은 독해 연구와 심리언어학적 연구 결과들을 광범위하게 이용하고 있으며, 이로 인해 언어 과정상에서 학생들이 이러한 과정에 익숙해지게 함으로써 장차 번역 교사를 위한 교육에 도움이 될 것이다.[12]

핵심어 ● ● ●

청화식 교수법(ALM)
배경지식
언어 교육에 대한
　행동주의적 접근
브레인스토밍
소통능력
소통적 번역 능력
소통적 번역 능력의 구성요소:
　문법적, 담화적,
　사회언어학적, 전략적
구성적 번역 관습
기록적 번역
등가
표현적, 참고적/정보적,
　작용적 기능
장르
문법 번역
도구적 번역
지식 구조
언어 기능

의미의 활성화
규범과 관습
병렬 텍스트 분석
바꿔쓰기
잠재적 의미
독해
규정적 번역 관습
장면과 틀
도식
의미지향 번역
기호지향 번역
상황 특성
사회화
원천 텍스트 분석
습득 단계
텍스트 유형
텍스트 특징
텍스트 기능
하향식/상향식 과정
번역가의 자기개념
번역 개요
일반 지식

요약 ● ● ●

　스코포스이론은 원천 텍스트(ST)과 목표 텍스트(TT) 그리고 번역가가 번역 스타일 결정을 할 때 사용하는 기준 사이에 작용하는 다양한 유형의 관계를 설명하는 번역과 정의 이론적 모형이다. 번역가가 자신의 번역 스타일 결정의 지도적 요소로서 목표 텍스트의 소통적 기능을 이용해야한다는 스코포스이론의 주요 원리가 다양한 종류의 경험적 증거뿐 아니라 직업적 번역 활동의 현실에 대해서도 타당하다는 사실은 이 책에서 제시되는 방법론의 이론적 토대로서 스코포스이론을 사용하는 데 대한 뒷받침이 된다. 기능주의 원리를 어떻게 적용하는지 알기위해서 학생 번역가는 다음 사항을 결정할 필요가 있다. (1)원천 텍스트의 기능과 상황 자질, (2)목표 텍스트의 기능과 상황 자질, (3)기능과 상황 특성의 일치가 바람직한 목표인지의 여부, (4)텍스트 내에서 상황 자질을 정하는 방법. 이에 앞서 텍스트의 유형, 장르 그리고 텍스트 표지와 같은 상황분석의 원리들을 이해하는 것이 중요하다. 원천 텍스트의 상황 자질은 원천 텍스트 분석을 통해 알 수 있다. 그러나 아직 실재하지 않는 목표 텍스트의 상황 자질은 목표 언어와 문화, 번역 관습에 관한 번역가의 지식, 번역 개요를 통해 알아낼 수 있다. 텍스트의 자질과 이러한 자질이 어떻게 특정한 텍스트의 유형과 장르를 반영하는지에 관한 정보는 주로 병렬 텍스트 분석을 통해 알 수 있다.

번역능력 습득에 관한 경험적 증거뿐만 아니라, 번역교육과 학습의 이론적 모형에 대한 개관도 번역교육 방법론을 만들기 위한 필수적 예비단계이다. 번역교육의 목표는 소통적 번역 능력의 습득을 용이하게 하는 것이다. 키랄리(Kiraly 1995)는 소통적 번역 능력을 "소통적 번역 작업에 능동적으로 참가해서 적절하게 상호 작용할 수 있는 능력"이라고 정의한다. 번역능력은 특수한 유형의 소통 능력이기 때문이다. 소통적 번역능력의 습득과 관련하여 토착 번역가, 번역 능력의 구성 요소(또는 원어민 번역 능력의 하위능력), 습득 단계, 그리고 습득에 도움이 되는 요소에 대해 고려해보아야 한다. 번역 능력의 특징(전문 번역가의 특징)에 관한 대부분의 경험적 증거는 TAP를 통해 얻어진 것이다. 다음은 강력한 경험적 증거가 있는 몇몇 특징들이다. 학생 번역가들은 문제 분리의 어려움, 간섭에 대한 과도한 두려움, 그리고 상향식, 하향식 적용의 불완전함을 경험한다. 그들은 또한 번역 작업의 상황 특징을 무시하고 기호 지향적 번역에 중점을 두며, 지나치게 사전에 의존하는 경향이 있다. 초보자들은 또한 일반 지식(상식)을 부적절하게 사용하며, 적절하지 못한 바꿔 쓰기를 하고, 자신감과 자기인식의 결핍 현상을 보인다. 쿠스마울(1995)은 유창성, 브레인스토밍, 긴장 완화, 발산적 사유, 변형 등 창조성을 증진시키며 성공적인 번역행위로 이끄는 과정/특징에 관한 증거들을 알아냈다.

번역교육은 개인적 기술뿐 아니라, 집단의 규범과 기대에 따라 역할을 해내는 전문가로서의 번역 훈련에도 중점을 두어야한다. 번역의 사회화는 번역되어 출판된 텍스트에 대한 반응 작용을 통해 번역의 기초적 능력이 보완되고 바꾸어지는 과정을 거치면서 이루어진다(Toury 1995). 쉬레브(Shreve 1997)의 변화 요인(감독자, 피드백)은 교실에서 이 원리들을 실행하는 수단이 된다. 번역가의 자기 개념(Kiraly 1995)에는 작업에 필요한 정보, 번역의 목적, 참여자, 작업 완수에 필요한 능력을 측정하고 번역과정을 감독할 수 있는 능력에 대한 자각이 포함된다. 번역가의 자기개념은 예를 들어 번역 공동체를 체험하고, 전문적 문제를 검토하며, 다양한 피드백을 받는 등 번역가의 습득을 촉진시키는 상황을 통해 교실에서 구체화될 수 있다. 경험적 증거(2.2절)는 또한 번역교육에 있어서 사회화의 요소가 필요함을 입증해준다.

언어 교육과 번역교육의 관계를 검토하는 것이 중요한데, 이는 번역교사와 학생은 어떤 식으로든 언어 교육의 영향을 받아 왔고, 종종 그 언어 교육의 영향으로 그들의 목표가 형성되어 왔기 때문이다. 수년 동안 언어 교육에서는 소통 연습이 등한시되어왔다. 전통적인 방법론은 구조의 교체나 형식 연습에 초점을 두었는데, 여기에는 언어의 소통적 기능에 대한 고려가 없었다. 그 결과 번역을 배우기 시작하는 학생들은 종종 번역을 '찾아 바꾸기' 작업으로 생각한다. 교사의 인식은 이러한 오해를 바로잡을 수 있는 효과적인 수단이 되며, 문맥 속에서 교사가 기호지향 번역, 원천 텍스트와 구조에 대한 숭배, 기능과 소통성의 무시 등과 같은 문제점들을 적절하게 해결할 수 있게 도와준다. 또한 이러한 인식은 교사로 하여금 목표("번역을 소통적 행위로 이해하는 것")를 설정하고, (오로지 의미 있는 작업에 소통적 기능을 부여하면서) 그것을 달성하는 방법으로 안내해줄 것이다. 언어수업에서 새로운 소통적 방법론의 실행은 번역 훈련에 매우 중요하고 유익한 효과를 주게 된다.

현재의 독해 모형에 의하면, 독서는 독자와 텍스트사이의 상호작용 과정이다. 독자는 그의 지식 구조(도식)를 투여하고 텍스트는 그러한 구조를 수정하는데 사용될 수 있는 새로운 정보를 제공한다. 성공적인 이해를 위하여, 독자의 도식은 텍스트의 글쓴이가 계획했던 것과 조화를 이루어야한다. 그렇지 않으면 새로운 정보의 결합을 기대하기는 어렵다. 장면과 틀 의미론은 단어를 다양한 상황과 관련되는 체제로 보게 해 준다. 의미는 특수한 장면을 만들어내기 위하여 단어가 지닌 잠재력이 되는 것이며, 따라서 단어는 본래부터 의미가 있는 것이 아니라 단지 문맥 속에서 만들어질 의미에 대한 가능성을 지니고 있을 뿐이다. 단어의 의미와 독해과정을 이해하는 것은 번역가와 이들을 지도하는 사람들에게 중요하다. 번역은 보통 제 2의 독자(번역가)를 수반하는데, 이는 원천 텍스트의 저자가 계획했던 바는 아니기 때문이다.

생각해 볼 문제 ● ● ●

1. "과정으로서의 글쓰기"가 의미하는 바를 설명하라.

2. 번역과 저술의 공통점은 무엇인가? 차이점은 무엇인가?

주석● ● ●

1) 하팀(Hatim)과 메이슨(Mason)(1990, 142)은 수사학의 목적을 "상호 관련된 소통 의 도"라고 정의 한다.
2) 노르트(Nord)는 또한 지시적(directive) 하위기능(예를 들어, 용기의 개봉에 관한 설명 서처럼 어떤 것을 하는 방법에 대한 지도)을 지시적 기능(referential function)의 일부 로 포함시킨다. 여기서는 지시(directive) 기능을 작용적 기능에 포함시킨다는 점에서 다른 분류법(Reiss 1976)을 따른다(아래 참조).
3) 이것은 번역가는 두 문화, 이중 언어에 능통해야한다는 잘 알려진 가정에 대한 이론 적 정당성을 제공한다.
4) 번역가는 자국어를 공부할 필요가 없다고 주장하는 사람도 있을 것이다. 우리가 텍 스트의 특징을 습득하는 것에 관해 자세히는 모른다 할지라도 그것이 음운론, 형태 론, 통사론 그리고 어휘목록을 아는 것과는 매우 다른 것이라고 생각하는 것이 합리 적이다. 문어체 텍스트(책)를 읽었는지 또는 정규교육을 받았는지와는 상관없이 음 운론과 같은 언어 구성요소들을 원어민이라면 누구나 획득할 것이다. 그러나 텍스트 의 특징을 습득하기 위해서는 반드시 문어체 텍스트(책)를 접해야한다. 바꾸어 말하 면, 특정 언어의 원어민이라고 해서 당연히 번역 작업에서 요구되는 텍스트의 유형 과 장르규칙에 관한 지식이 있다고 볼 수는 없다.
5) 우리가 드는 예에 대한 병렬 텍스트 분석으로 알 수 있는 것은 목적어와 관사의 생 략이 스페인어 조리법의 표지(marker)가 아니라는 점이다.
6) 또한 이는 다양한 방법론적 결정의 정당성을 부여한다. 번역수업에서는 번역 개요, 원천 텍스트, 병렬 텍스트 분석, 화용론적 요소, 그리고 규범과 관습의 통합이 이루 어지기 때문이다.
7) 언어학 내에서 사회 언어학과 심리 언어학 분야는 유사점이 있다.
8) 쉬레브 가설은, 예를 들어, 학생들이 관련된 정보(단서)에 집중하고, 다양한 소통적 상황 과 전문적 작업(작업의 본성에서의 변화)을 경험하게 함으로써 교실에서 검증될 수 있다.
9) 본 절에서는 번역학에 관한 모든 경험론적 이론의 철저한 검토가 아니라, 단지 주요 한 연구와 결과에 대해서만 개관해볼 예정이다.
10) 언어 교육과 번역에 관한 더 자세한 검토는 콜리나(2002)를 참조하라.
11) 도식은 또한 텍스트의 특징, 텍스트의 유형, 장르 그리고 병렬 텍스트의 이해를 요 구한다. 도식은 내용의 이해에 국한된 것이 아니기 때문이다.
12) 다음의 예를 참조하라. 이해 방법의 역할, 독서의 상호작용, 배경 지식의 개념, 도식 이론, 그리고 리(Lee)와 반 패튼(Van Patten)에서 언어 교육 중 독해 교육의 하향식 과 상향식 과정(1995).

3.

교과목 설계

번역교육이 진정 효과를 발휘하기 위해서는 번역에 관한 경험적 연구 결과들을 변경된 교육과정, 교수계획표, 방법, 그리고 목표 속에 통합하고 해석해야 할 것이다(Kiraly 1995, 11).

1. 서문

다음 장들의 목표는 2장에서 제시되었던 이론과 연구의 토대에 부응하는 소통적 번역의 교과목을 만들도록 교사들을 지도하는 것이다. 연구 결과, 패러다임, 도구가 진화함에 따라 번역 수업도 변화해 갈 것이다. 그러므로 제 3장과 4장은 딱딱한 형식이 아닌 실례를 제시함으로써 교사가 소통적 번역교육의 필요와 특수한 지도 상황, 그리고 충실한 연구와 방법론적 기초에 부합하는 교과목을 만드는 방법을 이해하는 데 도움이 될 것이다.

제시된 여러 활동과 교수 계획표의 실례는 어느 번역교실에나 통합될 수 있게 만들어진 자료는 아니다. 이러한 예는 소통적 교육을 위한 청사진으로서 또는 방법론적 원리의 구체적인 실현이라고 말하는 것이 더 적절할 것이다. 사실상 이 자료들의 동기와 목적에 대한 이해가 없다면(비록 혼란에 빠진 교사에게 수업시간을 허비할 수 있게 할지언정) 그것들의 교육적 가치는 최소에 그칠 수밖에 없다.

재료 및 교과목 설계를 예시하기 위해 일반적 입문 교과목을 선택하였다. 이러한 선택을 한 데는 여러 가지 이유가 있다. 입문 교과목부터 시작함으로써(교육배경에 따라 많은 차이가 나는) 학생들의 번역능력 숙달의 정도/유창도 수준과 관련한 가정들을 할 필요가 없다. 또한 입문 과목은 그 일반적, 비전문화된 성격과는 상관없이 교과목에서 아마 가장 중요한 과목일 것이다. 왜냐하면 그 과목이 학생들에게 소통적 번역을 소개하는 기능을 하며, 상급의 전문화된 과목에서 필요한 번역능력(학생 및 전문적 행위)의 일반적 특징에 관한 내용이기 때문이다. 마지막으로, 입문 과목은 그 일반적인 성격으로 인해 폭넓은 독자층의 요구를 충족시켜 준다.

우리가 예로 선택한 교과목의 목표는 학생들에게 소통적 과업으로서의 번역을 소개하고, 언어 과정의 학생을 번역의 전문가나 상급 과정 학생과 구별 짓는 몇몇 특징들에 관한 연구를 시작하고, 번역 직업에서 가장 일반적으로 대하게 되는 과제와 텍스트 유형에 관한 개관을 학생에게 제공하는 것이다(보기 3.1). 상급 과정 또는 전문 과정의 교육은 여기 제시된 교과목의 구성 요소들과 목표들의 비중을 조정하는 일이다. 예를 들면, 상급 과정에서는 번역의 소통적 성격이 명시적으로 강조될 필요는 없다. 또한 전문 과정에서는 텍스트 유형에 관한 개관을 전문화된 유형, 즉 그 규범, 특징, 관행(여기에는 종종 다양한 장르/유형이 관련되지만, 그 범위가 좀 더 제한적으로 예를 들면, 컴퓨터 과학, 서비스 매뉴얼, 교재, 학술 논문, 판매 자료, 광고 등이다)으로 대체한다. 입문과정은 상이한 텍스트와 장르에 적용할 수 있는 다수의 번역과정의 양상을 제시하지만, 전문 과정은 예를 들면, 법률 텍스트의 번역 규범, 법률 과제의 전형적 개요, 법률관계에서의 상황과 관련자들의 맥락 등과 같은 특정 텍스트 유형과 분야의 사례에 나타나는 특수한 양상에 집중한다.

보기 3.1 소통적 번역에서 입문과목의 목표

- 학생에게 소통적 작업으로서의 번역을 소개함
- 전문 번역가와 상급 과정 학생을 언어를 배우는 학생과 구별 짓는 특징에 대한 연구
- 번역에 종사하면서 가장 일반적으로 대하게 되는 과제와 텍스트 유형의 개관

제 3장과 4장에서는 논의의 중심을 교수 계획표, 교과목 구성요소, 수업 활동, 교사와 학생의 역할과 같은 전반적인 면에서부터, 수업 계획, 활동 범위 등과 같은 구체적인 면으로 옮겨갈 것이다. 그 구성은 이 책의 대부분의 장에서와 같은 방식을 따라 이론적 토대에서 시작하여 그 다음에는 교수 분야를, 그리고 그것들을 가르치는데 사용될 교수 기법까지 다룰 것이다(보기 3.2). 차이점은 어느 부분에 중점을 두느냐에 있다. 2장은 [1](연구 토대)에 중점을 두면서 [2] 및 [3]을 간략히 참고한 반면에, 이 장과 다음 장은 [2] 및 [3](교수 목표 및 방법)에 중점을 두면서 연구의 정

당성/토대(2장)를 참고한다. 3장과 4장은 전반적인 면(교수 계획표, 교과목 구성요소)에서 구체적인 면(번역 연습과 수업)으로 옮겨갈 것이다. 요컨대, 각 절은 전체의 그림을 염두에 두면서 보기 3.2의 연구 분야 중 1개 이상에 대해 논의를 전개할 것이다. 모든 절을 합치면 연구에서부터 수업에 이르기까지 번역교육의 전체 과정에 대한 자세한 설명을 제공해 줄 것이다.

보기 3.2

```
조사와 이론적 연구--〉 교수 분야--〉 교수 방법
        [1]              [2]              [3]
```

본 장은 교수 분야를 점검하고 그것들이 교과목 설계와 교과목 구성요소 차원에서 어떻게 통합될 수 있는지를 보여준다. 교과목에 전반적으로 영향을 끼치는 일반적인 성격의 교육론적 쟁점들도 다룬다(예를 들어, 교사와 학생의 역할 등).

2. 교사와 학생의 역할

전반적인 차원에서, 교수계획표 설계와 교과목 구성요소에 들어가기 전에 소통적 번역교실에서의 참여자의 역할과 상호작용의 성격을 확립할 필요가 있다. 키라리(Kiraly)가 인용한 다음 단락은 전통적 번역교실에서의 그런 역할들을 기술하는 데 매우 중요하다. 하우제(House 1980, 7-8)는 번역교실을 다음과 같이 기술하고 있다(Kiraly 1995, 7에서 간접인용).

목표 언어의 원어민 화자이자 번역과목의 교사가 텍스트를 나누어준다
(이 텍스트는 교사가 우연히 "발견한" 문학 에세이이기 때문에 보통 채택
이유는 설명되지 않는다). 이런 텍스트는 함정으로 가득 차 있는데, 이는
교사가 복잡하고 어려운 번역 기술을 학생들에게 교육하려 하는 게 아니
라 그들을 함정에 빠뜨려서 실수하도록 한다는 것을 의미한다. 이어 텍스
트는 다음 수업을 위해 구두나 서면의 형태로 준비되고 이를 다른 학생이
개개의 문장을 낭독하는 가운데 전체 그룹은 텍스트를 문장별로 연구한
다. 교사는 대안이 될 만한 번역 해결책이 있는지 물어보고, 제안된 번역
문을 수정하여, 마지막으로 "정확한" 최종본 형태로 그 문장을 제시한다.
. . 이러한 절차는 당연히 학생들에게는 큰 좌절감을 안겨준다.

엔스-코놀리(Enns-Conolly 1986, 2-3)는 이러한 교육이 학생들에게 미치
는 영향을 다음과 같이 이야기 한다.

이러한 수업에서는 교수들은 학생들에게 특정 문장에 대한 번역을 요구
하고 나서 *자신들의 원본과 학생들의 번역 간의 차이점을 늘어놓는다.* 이
것은 내 번역이 *올바름과 그름에 대한 분명한 기준에 들어맞지 않다는* 이
유로 부적합한 것으로 *분류된다는* 점에서 큰 좌절감을 주는 경험이었으
며, 학생으로서의 나의 본분은 최대한 올바름에 접근하는 것이었다. 그러
한 상황에서는 원본과 다른 번역을 한 학생이 *자신의 번역에 자신감을 얻
기는* 힘들었다. 내 번역이 교수가 부정확하다고 생각하는 번역으로 채택
된 이후로 나는 *더 이상 토의에 참여하는 것을 망설이게 되었다.* 내 번역
물에 대한 옳고 그름의 잣대를 대하고서, 수업 토의에 대한 나의 열린 마
음은 좌절되었다. 번역작업을 할 때의 내 기저의 추론은 고려되지 않았으
며, 오직 눈에 보이는 번역과 그것이 교수가 설정한 기준에 얼마나 잘 부
합하는지만 고려되었다[여기서 이태릭체는 강조를 표시하기 위해 첨가되
었음].

뢸(Röhl 1983, 6-7)은 한 번역교육생이 모 대학 프로그램에서 보낸 전형적인 하루 일과를 다음과 같이 기술하고 있다.

> 내가 이 주제[번역교육]에 처음으로 관심을 갖게 된 것은, 하루 종일을 번역 수업에 참여한 뒤, 토의에 참여하는 대신 완전히 입을 다물고 있음을 깨달았던 그날이었다. 그 때 내 자신의 인격(이런 상황에서 분명 불필요한 것이다)은 다시 한번 교실 밖을 맴돌았다.
>
> 처음에, 난 번역 실습수업에서 묵묵히 앉아 교수의 지시 사항을 듣고 가끔 내 번역물을 수정했다. 그리고 교수님이 큰 소리로 읽어 내리시는 강의를 조용히 경청했다. 그런 뒤, 다른 세미나에 가서는 어떤 학생이 큰 소리로 읽고 있는 논문을 가만히 경청했다. 그 뒤에는 오후 수업 준비를 위한 신선한 에너지 충전을 위해 학교 식당에 조용히 앉아 커피를 마셨다. 그리고 오후 수업 시간이 되어 참석자가 단 세 명뿐인 최종 학기 학생들을 위한 수업만 제외하고, 나머지 수업에서도 침묵을 지켰다.
>
> 그리고 난 저녁을 먹으러 집으로 와서 스페인어 뉴스를 조용히 청취했고 외국어 신문을 읽었다. 마지막으로 저녁 이후의 시간을 방에서 보내며 내 번역물에 조용히 몰두했다. 이러한 나의 일과 요약은 약간 과장되었을지 모르지만 다른 번역과정 학생의 하루 일과도 별반 다르지 않을 것이라고 생각한다.

전통적 번역교실은 교육학 및 외국어/제2언어 문헌에서 **아틀라스 콤플렉스**(Atlas Complex, Finkel and Monk 1983; Lee and VanPatten 1995, 4-6)로 일컫는 것의 적절한 예가 된다. 아틀라스 콤플렉스에 시달리는 교사는 교실에서 진행되는 모든 것에 대한 전적인 책임을 자기 어깨에 떠맡는다. 교사는 지식 전달자이며 학생들은 교사의 지식과 수행을 가능한 한 가깝게 모방하는 것이 임무인 수동적인 수용자이다. 앞에 나오는 인용문들이 나타내는 바와 같이, 전통적 번역교실은 아틀라스 콤플렉스의 존재를 나타내는 다양한 특징들을 보여준다.

- 수업은 교사 중심적이다.
- 교사는 지식/진리의 보고로 간주된다.
- 학생 토론은 최소한이며, 설사 있다 하더라도 항상 교사를 통해서 이루어진다. 즉, 학생은 교사가 하는 질문에만 대답하고 이어 교사는 학생이 발표한 것에 대해 평을 한 후에 다음 학생으로 넘어간다. 그래서 보통 학생들 간에는 토의가 없는 데다, 상호작용은 일방적이며, 대화는 참여자 중 한 사람이 늘 똑같은 사람, 즉 교사인 경우로 한정된다.
- 학생들의 역할은 수동적이다. 즉, 학생들은 교사가 가지고 있는 전문지식에 노출됨으로써 학습한다.

이러한 특징들이 번역에만 국한된 것이 아닐지라도 그것들은 매우 특수한 방식으로 번역교육에 영향을 끼친다. 학생들이 교사의 지식에 노출됨으로써 그것을 흡수할 수 있다고 기대하는 것과 같은 교육적으로 불건전한 관행 이외에도, 교사 중심 교실은 실세계 경험과 직접적으로 모순되는 번역 직업에 대한 관점을 조장한다. 첫째로, 교사 중심 교실은 "하나의" 정확한 번역이 있고 교사가 바로 그것을 소유하고 있음을 암시한다. 둘째로, 모든 해답을 가진 "한 사람"의 전문가가 존재한다[1]는 것을 암시한다. 더구나, 전통적 교실에서 지배적인 교사와 학생의 역할은 학생의 자신감 발달을 저해하고, 어떤 번역 해결책을 옹호하고 그에 대한 객관적인 주장을 펴는 도구를 학생에게 주지 않는다. 유일한 적합성의 척도는 번역물이 교사의 것을 얼마나 잘 모방하느냐이다. 모방할 모델인 교사와 같은 전문가가 더 이상 없다면(예를 들어, 전문적인 상황에서) 초보 번역가는 평가 기준을 잃고는 필사적으로 다른 모델을 찾으려고 시도한다. 그러한 행위는 종종 불안과 자신감, 전문성 결여로 비춰진다(엔즈코놀리의 기술에서 이탤릭체로 된 부분을 참조). 여기서 번역교실을 위해 제안된 특징들에 대한 더 많은 근거는, (Kiraly 2000의 번역교육에 적용된) 학습과 교육에 대한 사회적-구성주의(socio-constructivist) 모델에서도 찾아 볼 수 있다.

그러면 교사중심 교실의 대안은 무엇인가? 소통적 번역 교실에서 교사와 학생들을 위해 제안된 역할은 무엇인가? 새로운 역할들이 번역을 소통적 활동으로 보는 관점의 직접적인 결과로 생겨나며, 번역의 소통적 맥락에서 그리고 교실 과업에서 포착되는 번역활동의 상호 작용적 측면으로부터 발전한다.

교사들은 수업에 대한 모든 책임을 어깨에 짊어지는 "아틀라스(Atlases)"가 아니다. 왜냐하면 학생들은 학습 과정에서 더 이상 지식의 수동적 수용자가 아닌 능동적 참여자이기 때문이다. 교사들은 학생들이 학습 과정을 가장 효과적인 방법으로 이행하도록 충분한 자료를 제공하는 공급원이자 설계자가 된다(언어 교육 맥락에서 이러한 개념을 알고자 한다면 Lee와 VanPatten 1995를 참조). 교사는 또한 교실에서 번역의 상호작용을 안내, 지도하는 방법을 알고 있는 공급원이다. 즉, 번역의 사회적 측면을 발전시키고, 번역을 소통적 활동으로 육성하고, 번역기법의 습득을 위한 올바른 환경과 조건을 만들어내는 전문가인 셈이다. 또한 학생들이 자신의 번역 작업과 과제를 수행하는 데 필요한 정보와 자료를 제공해 줄 수 있는 전문가이기도 하다.

이러한 교실에서 학생의 역할은 교사가 수행하는 일을 수동적으로 관찰하는 것이 아니라, 교사의 지도, 상호작용과 제시된 번역 상황에서 얻은 정보, 교사와 다른 학생들의 반응, 번역능력을 발전시키기 위한 적절한 자료를 적절하게 이용하는 것이다. 학생 중심 교실에서는, 학생들은 교사가 전 학습과정을 통해 자신들을 지도해주는 전문가라는 사실을 이해할 필요가 있다. 즉, 교사는 높은 수준의 번역 전문성을 갖추고 있지만 모든 진리의 보고는 아닐 뿐더러, 모든 질문에 대한 정답을 가지고 있지도 않다. 가령, 토목공학이나 최신 복사기에 관한 기술서의 번역을 지도할 때 교사의 역할이란 요청할 때마다 각각의 전문용어에 대응되는 완벽한 목표언어의 등가어를 제공하는 것이 아니라(이는 "아틀라스" 교사에게 요구되어질 것이다), 학생들이 연구 중인 특정 텍스트에 대해 좋은 번역을 할 수 있게 필요한 정보(전문 기술용어를 포함해서)를 찾고 배울 수 있도록 지도하는 것이다. 번역능력은 가능한 모든 전문 텍스트와 영역에 관하여 모든 용어의 등가어를 알고 있는 것이 아니라 적절한 소통적 번역행위를 수행하는 데 필요한 기술을 가지는 데에 있다. 요컨대, 소통적 번역 교실에서 교사와 학생들이 맡고 있는 임무와 역할에는 다음 사항들이 포함된다(사회적-구성주의 접근방식에서의 유사한 제안들을 보려면 Kiraly 2000 참조).

- 수업은 학생 중심이며, 교사는 안내자이다.
- 교사는 자료 공급원으로 간주된다.
- (짧은 강의를 제외하고) 학생토론이 수업의 기초이다. 학생들은 다른 학생들과 교사를 상호작용의 다른 참여자로서 대화한다. 교사는 사회를 보며 의견충돌을 해결한다. 즉, 교사는 토론을 관찰하고 지도하며 전문가다운 행동의 본보기를 제공한다. 상호작용은 다면적이다.

● 학생들의 역할은 능동적이다. 즉, 학생들은 자료, 참여자, 학습맥락과 상호작용함으로써 학습해야 한다.

교사로서 우리는 어떻게 하여 확실히 이러한 조건들이 교실에서 상호작용을 조절하게 할 수 있을까? 먼저, 교사는 자신이 떠맡는 지위와 자신이 설계하는 번역과제들이 학생역할에 영향을 끼친다는 점을 인식할 필요가 있다. 그러나 학생들은 자신의 역할을 교사의 행위와 교사가 설정한 교실 역학에 순응시키는 경우가 더 많다. 다음 예는 교사가 맡은 역할과 교실 과제가 교실 역학에 미치는 영향을 분명히 보여준다. 번역 과목을 맡고 있는 교사로서 내가 수업 목적으로 만들어 놓은 전자우편 목록에 가입하도록 요청한다고 가정해보자. 이제, 부과된 과제와 내가 떠맡은 역할에 따라 이런 행위는 학생들에게 각각 다른 유형의 반응을 일으킬 수 있다. 만약 내가 학생들의 문의사항에 대해 그들의 실수를 지적한다거나, 가능한 경우 정답을 제공하면서 답신을 한다면, 결국 그런 참여는, 만약 참여가 있더라도, 나와 특정 학생간의 일련의 대화로 국한될 가능성이 크다. 학생들은 또한 질문들을 지켜보다가 교사의 승인을 받을 수 있다고 생각하는 질문들만 골라서하려는 경향이 생길 것이다. 그러나 전문적인 번역 포럼/토론광장은 그러한 방식으로 운영되지 않는다. 반면에, 내가 관찰자의 역할을 떠맡아 내 자신이 토론에 참여하지 않을 거라고 학생들에게 알렸다고 가정해보자. 이 경우에 채택된 관찰자 입장은 결과적으로 의미 있는 질문들(학생들이 번역프로젝트를 위해 해답을 알아둘 필요가 있기 때문에 묻는 질문들)과 학생들 간의 상호작용이 존재하는 더욱 능동적인 학생참여를 얻게 된다. 이 후자의 시나리오가, 비록 학생들의 숙달정도가 전문 번역가와 동일하지 않더라도, 전문가적 현실을 더 잘 반영한다. 말없는 관찰자의 역할 외에도, 두 번째 상황에서 교사는 사회자로서 전자우편 동아리를 이용하여 학습과정을 지켜보고, 수업에서 제시된 개념에 대한 이해와 교육의 효율성을 평가할 수 있다. 즉, 교사는 전자우편을 눈에 띄지 않는 교육평가도구로 적극적으로 활용할 수 있다. 만약 학생들이 무언가를 잘못 이해했다면, 교사는 문제점을 교정하기 위해 특정 수업을 재설계할 수 있다.

교사는 앞서 기술된 교실 질서에서 생길 수 있는 다양한 결과를 알고 있을 필요가 있다. 첫째, 학생들은 보다 수동적 역할에 익숙해 있기 때문에 교사가 새로운 지위에서 단호한 입장을 보이지 않으면 학생들은 수동적 역할에 다시 빠져들 수가 있다. 예를 들어, 학생들이 서로 토의를 해야 하지만 질문을 자기 그룹에 묻지 않고 모든 답을 해주는 사람으로 생각되는 교사에게 돌아가려고 고집할 때, 전통적 수업 역학이 다시 힘을 발휘할 것이다. 학생들은 무의식적으로 새로운 교실 "질서"에 저항할 수 있지만 교사는 이것을 인지하고 관련 조치를 취해야 한다. 두 번째로, 학생들 사이의 교류가 얼마간 다소 자유스러운 방식으로 진행되도록 하는 것이 어떤 학생들에겐 교사의 통제력 상실로 느껴질 수도 있다. 교사가 교실에서 진행되는 모든 것에 완전히 책임져야한다는 전통적인 기대를 감안한다면 이러한 반응은 놀라운 일이 아니다. 겉으로는 그렇게 보이지만, 소통적 교실에서는 교사는 올바른 방향(즉, 번역능력의 습득을 원활히 하기 위한 방향)으로 토의를 이끌어가는 책임을 맡고 있기 때문에 여전히 학습과정을 통제한다. 학생들에게 교사의 역할과 왜 이것이 소통적 활동으로서의 번역에 필요한지 인식시키는(필요하다면, 분명히) 것은 다른 기대에서 야기되는 오해를 제거하는 데 도움이 될 것이다. 마지막으로, 교사는, 예를 들어 "내 의견도 누구의 의견 못지않은 가치가 있다"는

식의, 학생 중심 수업의 몰이해에서 생길 수 있는 그러한 종류의 잘못된 상대론에 학생들이 빠져들지 않도록 해야 한다.

3. 교과목 구성요소

본 절에서는 입문 교과목의 몇 가지 가능한 구성요소들을 검토하고 그 필요성에 대한 이유를 제시할 것이다. 이러한 구성요소들은 학생들에게, 예를 들면, 교수계획표에서 설명되어야 한다. 또한 학점이 있는 과목들에서는 각 구성요소에 대한 최종성적의 배점을 부여하고 각각에 대한 일정한 유형의 채점 기준을 설정하는 것이 바람직하다. 이는 전자우편 토론의 경우에는(수업과 관련해서 논평과 질문을 해야 한다는 조건 말고는 별다른) 질적 평가가 없는, 단순한 참여요건 만큼 간단할 수도 있고, 교실수업 참여 기준의 경우에서처럼 좀 더 복잡할 수도 있다(3.2절 참조).

3.1 전자우편 목록 및 토론 그룹

교육 주제: 번역의 사회적 측면, 번역과 관련된 사회화, 전문가 행동, 번역 기준, 자신감, 자기인식

연구의 정당성: 자신감과 자기인식의 결여(Kussmaul 1995), 사회화에 대한 이론적 연구, 번역가의 자기개념과 번역능력 습득과정에서의 모니터링과 피드백의 필요성 (Toury 1995; Kiraly 1995; Shreve 1997).

진행 방법: 전자우편, 토론그룹

불과 몇 년 전만 해도 교실이 가진 한계 때문에 대규모의 번역가 집단에 접근하는 것이 불가능했을지 모르지만(주기적인 접근은 더욱 어려웠을 것이다) 요즘은 인터넷, 온라인 서비스, 월드와이드웹과 가상공간의 증가로 전문 번역직종의 사회적 측면에 학생과 교사가 쉽게 접근할 수 있게 되었다. 가상집단의 보기로는 구독목록, 토론그룹, 뉴스그룹 등이 있다.

이 주제는 이 책의 범위를 벗어나지만, 지나가면서 강조하고 싶은 것은 전자 자료가 사회의 구성 항목으로서의 번역 직종을 실질적으로 변화시킬 잠재력을 지니고 있다는 점이다. 전형적인 번역가의 모습은 종종 다른 번역가와 사회적인 연계를 거의 갖지 못한 채 사무실에서 고독하게 일하는 고립된 개인으로 특징지어져 왔다. 그러한 상황은 당연히 자신의 주변 환경, 그리고 전 세계에 퍼져있는 동료들과의 연계 수립 불가능에서 비롯되었을 것이다. 일단 지리적, 기술적 경계가 무너지기 시작함에 따라 완전히 새로운 그림이 나타난다. 이미 현재의 가상 토론 그룹 및 가상 회의는 보통은 번역가들과 관련이 없다고 생각되던 공동체 의식을 만들어 냈다. 대중의 이해, 자기인식, 지금까지는 매우 분산돼 있던 전문직에 대한 자기 정의에 대한 결과는 전망이 있어 보인다.

더 나아가기 전에, 그리고 우리가 기술적 자료에 대해 이야기하고 있기 때문에, "기술에 대한 열광(technology frenzy)"과 관련된 위험성에 대해 경고의 한 마디가 필요할 것 같다. 현재의 혁신적인 기술만으로 수업을 개선시킬 수 없다. 전자 자료는 전자 자료일 뿐이다. 교육적 가치는 본질적으로 내재되어 있는 것이 아니라 어떻게 사용하느냐에 달려 있다. 교사는 특정 도구가 교과목의 목적과 번역 능력 습득에 어떻게 관련되는지 뿐만 아니라 그 도구의 교육적 목적 또한 알고 있어야 한다.

이 점을 설명하기 위해서 우선 자기인식과 번역의 사회적 측면을 가르쳐야 하는 정당성을 간략히 살펴보자.

- TAP 연구에 의하면, 학생들이 자기인식과 자신감이 부족하기 때문에 전문가처럼 행동하지 않는다(2장 2.2절 참조).
- 이론적 연구(Toury 1995; Kiraly 1995; Shreve 1997)에 의하면, 번역 규범과 전문가 행동의 다른 측면들은 문화적 적응 과정에서 습득되며, 번역가가 자신의 심리적, 사회적 현실을 통합하는데 도움이 되는 번역가의 자기 개념도 또한 번역의 사회적 세계에 노출되면서 습득된다(2장, 3절 참조).

교실에서 번역과 관련된 사회화를 수행하기 위해 필요한 자료는 다음과 같다.
  (i) 전문번역가의 전자우편 목록 가입
  (ii) 전자우편을 통한 수업토론 참여(보기 3.3과 3.4의 실제 토론 표본 참조)

(여기에 제시된 수행 형태들은 지금으로서 행해질 수 있는 방법들의 예시에 불과하다는 점을 유의하라. 즉, 교사는 다른 가능성에 대해서도 생각할 수 있으며 기술 분야와 우리의 세계에 변화가 일어남에 따라 새롭고 보다 적절한 도구가 나타날 가능성이 매우 크다.)

제안된 자료들이 우리의 목적 달성에 어떻게 기여하는가? (i)의 경우, 다음 사항들을 충족시킴으로써 달성할 수 있다.

- 번역규범에 노출(따라서 그것들의 습득이 용이해진다)
- 실제의 소통적 번역 활동과 맥락에 노출(그 결과 소통적 번역 능력의 습득이 용이해진다)
- 전문가 세계와 전문적 행위에 노출
- 감독자와 다양한 피드백에 노출,[2] 그리고 학생들이 다음 사항들을 수행하는데 도움을 제공함으로써 달성 가능
- 전문적인 방식으로 논쟁하는 방법 학습
- 자신감과 자기인식 습득
- 기타 번역능력의 "사회적" 특질 습득

학생들은 (ii)를 활용함으로써 위험부담이 없고 의미 있는 맥락인 자신의 동급생과 과제물의 맥락에서 (i)을 통해 관찰된 특질들을 자신의 번역 행위에 결합시킬 기회를 가지게 될 것이다.

그러나 학생들이 전자 토론 목록에 가입하고 학급 전자우편 목록을 통하여 서로의 질문을 보내도록 하는 교과목 구성요소를 갖추는 것만으로는 충분치 않다는 점에 유의하라. 교육의 성공은 입력, 즉 (i)에 대한 목록을 통한 교류와의 상호작용, 그리고 (ii)를 위한 동료들과의 의미 있는 상호작용이 생성되느냐의 여부에 달려 있을 것이다. 앞서 언급한 바와 같이, 학생들은 쉽게 전문 전자포럼에 가입하고/하거나 학급 전자우편 목록에 메시지를 보내 과목의 요구사항을 충족하고도 어떠한 교육적인 혜택을 얻지 못할 수도 있다. 바람직한 결과를 얻고자 한다면 전자 도구가 적절히 사용되어야 한다.[3] 일반적으로, 전자우편 목록을 통해 교류된 정보는 상호 관련성을 가질 필요가 있고 학생들이 전자우편 토론에서 몰두하게 되는 정보교류는 의미 있고 실제적인 것이어야 한다. 이것이 의미

하는 바는 다음과 같다. 첫째, 학생은 정보를 자신의 세계(축적된 지식체계를 포함하여)와 학습과정(소통과 교육에서 관련성이론 참조 정보가 관련성이 있을 때만이 그 정보가 처리되어 번역능력의 발전체계 속에 통합될 수 있다)에 관련시킬 수 있어야 한다. 둘째, 전자우편을 통한 질문은 학생들의 능력상의 공백을 채워줄 필요성뿐 아니라 더 나은 과제 수행에 필요한 정보를 얻으려는 학생들 자신의 욕구에 맞아야 한다. 참여목적이 단순히 전자우편의 요건을 충족시키는 데에만 있다면("질문을 좀 해야 하는데", "무슨 질문을 해야 하나?") 거의 모든 교육적인 혜택은 사라져 버릴 것이다.

교육적 적합성의 요건들은 어떻게 충족될 수 있을까? 여기에 몇 가지 제안이 있다.

(i)의 전문가의 전자우편 목록에 대해서는 후속토론이 필수적이다. 교사는 특정 주제에 대한 관련성이 확립될 수 있도록 토론을 지도할 필요가 있고, 또한 전자우편 목록으로 예시되는 번역가의 사회와 학생들의 세계를 이어주는 가교로서의 역할도 해야 할 것이다. 반면 학생들은 학생들 간의 상호작용, 지속적 토론, 다른 학생들이 찾지 못한 실마리를 알리는 일에 책임이 있다. 이용자가 많아 붐비는 목록에 대해서, 논의된 모든 주제와 이미 시작된 모든 교류를 따라가지 못하는 것은 시간의 제한에서 오는 불가피한 결과이다. 그러나(다른 학생들의 부족을 채움으로써) 중요한 상호작용의 기회와 학생들에게 전문가의 역할을 맡는 기회를 제공함으로써 학생중심의 수업 확립을 용이하게 하기 때문에 또한 바람직한 결과이기도하다. 달리 말하면, 여기서 기술된 전자우편 자료의 수행유형은(번역에 대한 사회화 과정을 시작함으로써) 번역능력의 습득을 용이하게 할 뿐 만 아니라, 번역능력 습득에 유익한 교실에서의 역할과 임

무를 강화하는 데도 기여한다(전자우편 목록을 성공적인 교수기법으로 정착시키기 위해서는 학생의 역할과 임무가 중요하다는 점을 기억할 것).

번역 교실에 전문적 전자포럼을 실시함으로써 얻을 수 있는 한 가지 추가적인 이점에 대해서도 언급해야 될 것 같다. 교육학 분야의 연구는 학습과정에서 동기와 태도의 중요성을 충분히 보여주었다. 예를 들어 LANTRA와 FLEFO와 같은 목록은 번역 능력에 대한 습득을 촉진시키는 역할을 하기 때문만이 아니라, 실제적이고 생동감이 넘치는 인간적인 면이 학생들의 관심과 동기를 유발하기 때문에도 학습에 도움이 된다. 그리고 목록에서 언급된 쟁점이 수업 시간에 제시되면, 그것은 하나의 단순한 쟁점일 뿐만 아니라 또한 개인적 인성을 가진 한 개인의 발언이기도하다(온라인 토론에서는 종종 이야기의 주인공이나 유명 인사들이 등장함을 주목하자). 따라서 목록상의 정보는 종종 사회적이고 주관적이며 잡담 같은 어조를 띄고 다가오기 때문에 내용과 개념을 더 인간적이고, 더 구미에 맞으며 현실적인 것이 되게 만든다. 이는 사회화 맥락에서 볼 때 번역가들의 사회와 유사하기 때문에 적절한 제시 양식이다.

(ii)의 전자우편을 통한 학급 토론에 대해서는 수업 중에 어떠한 후속 조치도 권장되지 않는다. 교사의 개입 없이 학생들만의 공개 포럼이 되도록 함이 필수라는 점을 기억하라. 그러나 교사는 사전에 진술된 요구 사항들에 대한 상호작용의 특성을 관찰할 필요가 있다. 그래서 만약 상호작용이 의미 없고 진정성이 없다면, 교사는 교실의 상호작용뿐만 아니라 교사와 학생의 역할까지도 점검하여 시정하는 게 좋을 것이다. 만약 학생들이 소통적 교실의 성격을 이해하고, 학생들에게 적절한 교사의 역할이 제시되고, 전자우편을 자신의 연구 과제를 수행하기 위해 필요한 정보를 얻는 방법으로 간주한다면, 모든 것이 예상대로 잘 진행될 것이

다. 또한 학생들이 다른 학생들을 동료 번역가와 정보의 출처로 간주하고 그들의 생각도 교사가 소중히 여겨지는 그러한 교실 분위기는 전자우편 토론에 요구되는 의미성을 강화하는 데 도움이 된다.

결론적으로, 실제 교과목의 전자우편 구성요소의 일부로 진행되었던 실제 토론의 표본을 아래에(보기 3.3과 3.4) 제시한다. 상단의 주소와 개인정보는 생략했다. 메시지의 원전 텍스트는 변경하거나 편집하지 않았다. 상호작용은 오로지 학생들 사이에서만 진행되었음을 주목하라.

보기 3.3 토론 1

날짜 : 1996년 9월 25일 수요일 19 : 33 : 14-0500 (EST)

발신 :

X-발신자:

수신 :

참조:

제목 : 답산: 응결(Congelacion)

발신자 :

마임버전: 1.0

발송 : 대량

1996년 9월 25일 수요일, 메건 머피 씀 :

>이번에 번역중인 작품의 제목인 '결빙(Freezing)'에 어울리는 번역어가 떠오르지 않습니다.

>'Freezing'은 전문 용어는 아닌듯합니다. 영국 작가가 에세이 제목을 아무 이유 없이 'Freezing'이라고 명명했다고 생각하지 않습니다.

>그 에세이의 제목으로 어울릴만한 번역어를 알고 계신 분 있나요?

>

> 감사합니다.
> 머피가
>

메건에게

　그 책의 출판사에 대한 정보를 주셔서 감사합니다. 그 작품이 어떤 장르에 포함되는지 알아보려고 Border사에 전화했었습니다. 전화를 받은 여직원이 "법률 소설" 또는 "추리 소설" 항목이라고 말해 주더군요. 제가 본 영문학 작품에서는 "Freezing"이 보통 의미의 "결빙"의 뜻으로 쓰였습니다. 저의 작업은 설명 단락 상단의 기사 제목까지 포함하고 있습니다. 그렇게 하니까 좀 더 멋있게 보이는군요.

그럼 다음에 또,
니나가

　보기 3.3의 토론 1은 동일한 메시지 속에 포함되어 있는 "메건"의 질문에 대한 답신이다. 답신의 첫 두 문장은 서평 번역 과제에 대하여 언급하고 있다. 서평은 원전 텍스트에서는 장르에 따라 분류되었다. 학생들은 이러한 도입("추리 소설")을 어떻게 처리해야 할 지 논의하고 있었다. 단락의 두 번째 부분, 즉 "결빙"에 관한 부분은 어떤 과학 텍스트[4]의 제목에 대한 "메건"의 질문을 직접적으로 언급하고 있다. 보기 3.4의 메시지들은 과학 텍스트 과제에 대한 다른 질문들을 논의한다. 그것들을 시간 순서대로 제시하며, 있는 그대로(오식을 포함) 나타낸다.

보기 3.4 토론 2

날짜 : 1996년 9월 27일 금요일 16 : 48 : 10-0500 (EST)
발신 : 메건
X-발신쟈:
수신 :
제목 : 추신- 번역 #2
마임버전: 1.0
발신자 :
발송 : 대량

추신

우리는 수업 중 연습문제 5번을 풀지 못했습니다. 화요일에 그 문제를 검토할 의향이
있으신 분 계신가요?

없다면, 여기 저, 니나, 브리트니가 해결한 방식을 한번 말해 볼게요.
그래요, 문장을 나누기에 좋은 곳이 있습니다. 우리는 번역원본 상에서 나눠봤습니다.
그 스페인어 문장은 "Una de las principales razones del interes que
suscita el proceso de congelacion para conversion de agua salada
es que el calor de fusion del agua es menor de 1/6 parte del calor de
evaporacion y, admes, los problemas de corrosion e incrustaciones
deaparecen casi por completo"라고 읽습니다(정말로 발음하기 어려운 말입니
다). 우리는 문장을 "y, ademas"에서 나누고 "결빙을 통한 염분 제거의 장점 중 하
나는 물의 열 용해가 증발열의 6분의 1도 안 된다는 것입니다. (중략) 더욱이 부식과
퇴적물의 문제는 거의 완전히 사라집니다."라고 번역했습니다.
여러분의 생각은 어떻습니까? 우리가 바르게 번역을 했나요? 여러분 모두 어떻게 번
역했나요? 그리고, 문장이 논의하는 것이 물의 열 용해와 증발열 용해 또는 열 증발
간의 관계에 대해 논의하고 있습니까? 차이점이 있나요? 이 문장은 어떤 두 요소를
비교하고 있습니까?

어떻게 생각하세요? 느낌이 오나요?
감사합니다, 머피가

날짜 : 1996년 9월 27일 금요일 17 : 55 : 51-0500(EST)
발신 : 니나
X-발신자:
수신 : 메건
사본:
제목 : 답신: 추신-번역 #2
마임버전 : 1.0
발신자 :
발송 : 대량

메건에게,
5번 문항에 대해, 제가 백과사전에서 발견한 용어는 "증발열"이 아니라 "기화열"이
었습니다. 저는 그 문장 끊기가 마음에 들어요. 더군다나, 당신의 '더욱이'는 참 훌륭
하네요. :). 니나가

날짜 : 1996년 9월 29일 일요일 22 : 42 : 06-0500(EST)
발신 :
X-sender :
수신 :
참조 :
제목 : 답신: 추신- 번역 #2
마임버전 : 1.0
발신자:
발송 : 대량

저는 당신이 했던 것과 같은 방식으로 문장을 나누었어요. 나머지 질문에는 답할 게
없군요. 랜디가

3.2 교실 토론과 참여

> **교육 주제**: 자신감, 자기인식, 전문가 정신, 전문가적 행동, 번역 결정을 객관적으로
>   정당화하는 방법
> **연구의 정당성**: 학생들은 자신감과 자기인식이 결여되어 있다. 즉, 학생들은 번역 결
>   정을 정당화하기 위해 객관적이고 전문적인 지식을 사용하는 능력과
>   전문가적 행동이 부족하다(Kussmaul 1995).
> **방법**: 교실 토론과 참여

경험적, 이론적 연구는 자신감과, 자기인식, 전문가적 행동, 번역 결정을 정당화하는 능력과 같은 중요한 전문적 번역능력의 측면이 번역 학생들에게 부족함을 보여준다. 교실 토론은 이러한 능력의 습득을 쉽게 해주는 실용적인 방법이다.

토론이 바람직한 결과를 내도록 하기 위해서, 최소한 몇 가지 요건이 충족되어야 한다. 참여는 학생 대 학생으로 이루어지며, 교사는 갈등해소를 책임지는 중재자의 역할을 수행해야 한다. 교사는 주제들이 관련성이 있는지, 또는 능력 수준에 적합한 지를 확인할 책임이 있다. 참여가 학생 중심적이 되기 위해서는, 부담스럽지 않은 편안한 분위기 뿐 만 아니라 학생/교사 역할이 명확히 정립되어야 한다. 게다가, 학생들은 상호작용의 필요성에 대한 타당한 이유를 인지해야 한다. 즉, 참여는 과제 중심이 되어야 한다(특정 과제를 완수하는 것이 필수). 사용가능한 과제는 아래와 같다.

- 전자우편 포럼의 주제에 대한 토론
- 번역 과제를 수행할 때 발생하는 번역 문제에 대한 해결책/설명/질문의 제시

소통적인 전문 번역 과목에서는, 과제는 실제 소통의 목적을 가져야 하고, 실제의 상황 맥락 속에 들어가야 한다. 이상적으로는 학생들이 실제 번역거리를 가지고 작업할 기회를 가져야 한다. 그러나 교실의 한계 때문에 그러한 상황이 언제나 가능한 것은 아니다. 한 가지 대안은 상황 맥락에 대한 정보를 포함하고 있는 이전에 전문적인 맥락에서 수행되었던 과제를 가지고 학생들이 작업하게 하는 것이다. 그리고 참여자(예를 들어, 번역 의뢰자, 번역가, 편집자, 프로젝트 관리자) 간의 상호작용은 참여 요소의 일부로서 역할 놀이의 형태로 재현될 수 있다. 방금 말한 과제에 대한 요구사항들은 번역 교과목에 참여 요소를 포함해야 할 또 다른 이유를 제시해준다. 전문 번역가들은 소통적 맥락과 상황 맥락에 참여하여 우수한 번역물을 성공적으로 이뤄내기 위해 다른 참여자들과 상호작용해야 한다. 학생들이 번역 과제와 관련하여 다른 사람들과 상호작용을 얼마나 잘 하는지는 참여요소 안에서 평가될 수 있다(번역가가 관련된 사회적 상황맥락에 대한 이론적 설명을 보려면 Kiraly 1995, 52-63 참조).

일관성을 기하기 위해, 번역 능력 개발에서 상호작용의 중요성은 교과목 참여에 배정된 비중에 반영되어야 한다. 또한, 참여 요소에서 학생의 수행은 어떤 방식으로든 평가되어야 한다. 그런 취지로, 우리는 학생의 약점과 장점뿐만 아니라 학생에게 요구되는 것이 무엇인가를 알려주는 평가기준을 개발해야 한다. 보기 3.5는 참여 기준의 예를 포함하고 있다. 이 책에 제시된 수업모형에서는 수업 밖의 토론(전자우편)도 참여요소 내에서 평가될 수 있음을 기억하라.

보기 3.5

A 학생 :
1. 항상 수업 준비가 되어 있다.
2. 논의된 번역 문제를 매우 잘 이해하고 있으며, 이런 문제에 대해 많은 생각을 했음을 보여주는 질문(또는 대답)을 하고 논평을 한다.
3. 동료 학생 및 교사와의 상호작용을 시작하고 지속한다.
4. 번역 팀에서 지도력을 보여준다.
5. 번역 해결책을 옹호/비판할 때 전문가적 행동을 보여준다.

B 학생 :
1. 보통 수업 준비가 되어 있다.
2. 번역 문제에 대한 적절한 지식을 보여주고 수업 중에 논의된 주제에 대해 어느 정도 생각을 했음을 보여주는 질문과 대답을 한다.
3. 동료 학생 및 교사와의 상호작용을 시작하고 지속한다.
4. 선도자가 아니라도 토론과 팀 활동에 완전히 협력한다.
5. 번역 해결책을 옹호/비판할 때 전문가적 행동과 유사한 행동을 보여준다.

C 학생 :
1. 가끔 수업 준비가 되어 있지 않다.
2. 수업 중 논의된 번역 문제에 대해 생각을 거의 해보지 않았음을 보여주는 피상적인 질문을 한다.
3. 동료 학생 및 교사와 상호작용을 때로는 지속하지만 먼저 시작하지는 않는다.
4. 일반적으로 토론과 팀 활동을 할 때 완전히 참여하거나 협동하는 것은 아니다.
5. 번역 해결책을 옹호/비판할 때 항상 전문가적 행동과 유사한 행동을 보이는 것은 아니다.

D 학생 :
1. 보통 수업 준비가 되어 있지 않다.
2. 마지못해 참여하거나 대체로 그룹 활동에 협력하지 않는다.

> 3. 주도력을 전혀 보이지 않는다.
> 4. 번역 해결책을 옹호/비판할 때 참여하지 않거나 전문가적 행동을 보여 주지 않
>   는다.

이 절을 결론짓기에 앞서, 보기 3.5에 대한 몇 가지 설명을 하는 것이 적절할 것 같다. 독자는 이러한 기준의 몇 가지 측면들이 특정한 문화나 교육제도에 특정적인 특징을 반영하고 있음을 발견할 것이다. 구체적 세부사항을 보여 줄 수 있으면서 동시에 모든 독자들에 관련성이 있을 정도로 일반적인 예를 들기란 불가능하지는 않다 하더라도 분명히 어려운 일이다. 교사는 자신이 가르치고 있는 상황의 요구에 적합한 평가기준을 개발하기 위해서, 자신이 배운 원칙과 자신의 창조성을 적용시켜야 함은 여기서도 마찬가지이다. 구체적으로 말하자면, B와 C 등급의 2번 항목은 개념에 대한 불완전한 이해를 허용하고 있음을 주목하라. 항상 완벽한 이해와 학습을 요구하는 것은 상호작용뿐만 아니라 학습과정 전반을 억제하는 불건전한 교육관행이다. 또한, 학생들의 피드백을 억제함으로써, 능력 개발에 대한 관찰은 방해받게 될 것이다.

3.3 이론

> **교육 주제**: 자신감, 자기인식, 전문가 정신과 전문가적 행동, 번역 결정을 객관적으로
>   정당화하는 능력
> **연구의 정당성**: 학생들은 자신감과 자기인식이 부족하고, 전문가적 행동과 그리고 객
>   관적 전문적 지식을 이용하여 번역 결정을 정당화할 수 있는 능력이
>   결여되어 있다(Kussmaul 1995).
> **방법**: 간략한 맥락 정보 제시

번역교육에서 이론의 가치에 대한 논쟁은 오랫동안 지속되어 온 것이다. 여기서 상세하게 다루지는 않겠지만, 꼭 지적하고 싶은 것은 오늘날까지 번역가 양성에서 이론의 비효율성의 대부분이 교육방법 수행의 문제, 즉 그것의 부재, 예를 들어, 교육 목적과의 비관련성, 교과목의 이론적 요소에 대한 원칙성 있는 기준의 부재 등과 관련되어 있다는 점이다. 다시 말해, 이론을 가르치는 것은 종종 교사가 결과적으로는 학생들이 일종의 설명하기 힘든 과정을 통해서 더 나은 번역가가 되기를 희망하면서 자신이 선호하는 이론과 성향이 무엇인가에 강의하는 것을 의미한다. 비록 이론적인 요소들이 번역 능력 습득을 원활하게 할 수 있는지 결정하기 위해 경험적인 증거가 여전히 필요지만, 우리는 잘못된 적용에서 기인하는 실패에 대해 그 이론을 탓하는 실수를 저질러서는 안 된다. 교육적으로 무효하다는 이유로 이론을 퇴출하기 전에 원칙성 있는 교수법의 적용이 개발될 필요가 있다. 2장에서 보았듯이, 번역학의 연구와 이론적 작업은 번역학도들에게서 자기인식, 자신감, 그리고 번역가의 자아 개념을 개발할 필요성을 보여준다. 우리는 쿠스마울(Kussmaul 1995)의 의견에 동조하여 이론적인 요소가 이러한 노력에 도움이 될 수 있다고 주장한다. 그러나 그것이 체계적이고 교육학적으로 건전한 것이 되어야 한다.

어떻게 이론적 요소가 소통적 번역과목의 전제적인 설계에 결합될 수 있을까? 자기인식을 통해서 그리고 번역 과정의 이해를 통해서 자신감을 개발하는 것이 그 목적이기 때문에, 이론과 실습의 관련성 뿐 만 아니라 이론과 실습간의 관계가 항상 분명하다는 점이 매우 중요하다. 이론은 그 자체만으로 하나의 구성요소가 될 수 없기 때문에, 그것은 "맥락화된 (contextualized)" 정보로 구성될 필요가 있다. "맥락화된" 정보란 당면 과제에 의해 요구될 때 제시되는 정보를 의미한다. 예를 들어, 표본 텍스트

4와 같은 전문 텍스트에 대한 번역은 이해와 번역과정에서 함축적 정보와 배경 지식의 역할을 맥락화하는 역할을 한다(4장, 표본 텍스트 4와 4.2절에 있는 독해 부분 참조). 작가들이 독자들의 특정 지식을 가정하고 이러한 기대에 따라 텍스트를 썼기 때문에 학생들은 텍스트를 이해하는데 어려움을 겪는다. 독자가 이러한 지식을 가지고 있지 않아 그 기대가 충족되지 않을 때 의사소통은 실패한다. 교사는 이것을 몇몇 학생들이 과제에 어려움을 겪는 이유로서 지적할 수 있다. 교사는 중요한 정보(작가는 가정하지만 학생은 배경지식 속에 가지고 있지 않는 정보)를 점진적으로 드러내어, 그러한 정보가 이해에 미치는 효과에 대해 숙고해 볼 것을 학생들에게 요청할 수 있다. 그 정보가 설명하는 과정의 맥락 속에서 제시되며, 그리고 그 정보는 과제를 보다 잘 이해하는데 필요하기 때문에, 그 정보는 "맥락화된" 것이다. 특정한 이론적 측면과 그것의 소통적 번역 과제와의 관련성이 도입된 후에는, 교과목의 나머지 부분 전체를 통해 간략한 주의 환기 정도면 충분할 것이다.

그러나 다소 긴 설명이나 소강의가 적절한 때가 있는데, 소통적 번역의 입문이나 기초 과목(즉, 예를 들면, 소통적 번역교육 형태에 덜 노출된 학생들을 위한 기술번역 과목)의 경우가 이에 해당된다. 이러한 과목의 시작부분에서 교실에서의 상호작용을 위한 역학이 확립되어야 한다. 학생들은 자신들의 역할과 임무, 어떤 유형의 번역 활동이 이 과목의 중심이 되는지, 그리고 번역에서 이해해야 하는 것은 무엇인지 등에 대하여 알고 있어야 한다. 다시 말하면, 우리는 그 교과목을 위한 일반적인 참조틀을 설정할 필요가 있다. 그래서 이러한 주제에 대한 간략한 강의가 필요할 수 있다. 학생들에게 소통적 전문 번역을 소개하는 것을 주요 목표로 하는 번역 입문과정 또한 수업의 초기에 소통적 활동으로서의 번역에 대한 전반적인 개요를 제시하는데 정당화될 수 있다. 요약하면, 입문과정의 필요사항들은 수업 시작 후 가능한 빠른 시일 내에 일련의(15분을 초과하지 않는) 소강의가 제공되는 것을 정당화하고 있다. 몇 가지 가능한 주제로는, 다른 번역 유형(행간 번역, 문법 번역)과 대비된 전문 소통 번역의 특성, 번역과 번역가와 관련된 일반적인 오해와 통념 (Labrum 1991 참조), 그리고 과정으로서의 번역 등을 들 수 있다. 이러한 소강의의 맥락화는 교과목설계와 교과목 구성요소의 선택을 통해 이루어진다(Colina 1996 참조). 예를 들면, 일련의 단계(연구, 분석, 번역, 수정)로서의 번역 과정은 과제에 대한 수정 요건에서 뿐만 아니라 번역 업무에 동반하는 번역 전 활동, 번역 활동, 번역 후 활동에 반영된다. "하나의" 완벽한 번역이 존재하지 않는다는 것은 그룹 토론, 학생중심 교실, 안내자로서의 교사의 역할에서 포착된다.

요약하자면, 번역교육에 대한 전통적인 접근 방식은 보통 이론을 별개의 구성요소로 간주하며, 이론적 개념을 설명하는 데 도움을 주는 사례들이 수반된다. 반면에, 소통적 번역 교실을 위해 여기에 제시된 맥락화된, 통합적인 접근 방식에서는 이론은 번역 과제의 필요와 진도에 종속된다. 즉, 이론은 실습과 자료에 종속되며, 그 역은 성립하지 않는다. "맥락화된 접근 방식"은 전문적 경험과 상식뿐 만 아니라 능동적이고 의미있는 학습을 선호하는 교육연구에 의해서도 뒷받침을 받는다. 관련된 이론적 개념들과 전문적인 소통적 번역 간의 관계를 확립하는 것이 번역교육의 일부가 될 필요가 있다. 이러한 관련성을 확립하지 않거나 학습을 원활히 해주는 이론을 이용하지 않는 접근 방식은 손쉽게 제거될 수 있는데, 학생들은 스스로 관련 문헌을 읽고 동일한 결과를 얻을 수 있기 때문이다.

끝으로, 우리는 번역 교과목을 위한 이론적인 주제들의 개요와 그것들을 제시하기 위한맥락을 아래에 제시한다(보기 3.6).

보기 3.6

주제	제시 맥락
세계에 대한 지식	문화적 참조
이해 과정	전문화된 텍스트
배경 지식	전문화된 텍스트
상향식/하향식 과정	번역 전 활동
의미론, 단어의 의미 잠재성	단어 의미의 오해로 인한 사전 찾기 실패
텍스트 유형	특정 번역 과제

3.4 번역 도구

교육 주제: 자신감, 자기인식, 직업의식, 전문가 정신, 비언어적 · 비문화적 기술
연구의 정당성: 자기인식 결여, 사전 찾기 기술의 부족, 궁극적 권위로서의 사전에 대한 믿음, 단어 의미에 대한 오해(Kussmaul 1995), 시장과 고용주의 요건
방법: 능동적 학생참여를 통한 통합적이고 의미 있는 발표

번역 교과목의 설계에서 이론적인 개념 외에도 전문적 도구를 소개하는 것이 중요하다. 명백히 실용적인 이유 외에도, 전문 도구의 도입은 인식, 번역가의 자기개념, 단순한 언어 교환 이상의 직업의식을 고취시키기 위해서도 필요하다. 월드 와이드 웹(www)이나 온라인 서비스, 기계 번역(machine translation, MT), 컴퓨터 보조 번역(computer-aided translation, CAT)을 포함해서 번역가를 위한 전자도구 자료를 보려면 아우스터밀

(Austermühl, 2001)을 참고하라.

입문과목에서 언급될 수 있는 몇 가지 표본 주제들은 MT와 CAT, 사전과 병렬 텍스트, 인터넷 자료, 그리고 컴퓨터 도구들이다. 또한 이것들이 어떻게 그 교과목에 통합될 수 있는지를 간략하게 언급할 것이다.

기계번역(MT)과 컴퓨터 보조 번역(CAT)

MT는 문외한들은 물론 일부 전문가들도 상당히 오해하고 있는 번역 요소이다. 생산성의 이유로 인해, 전문 지식의 문제로서 그리고 전문성의 상징으로서, 번역가가 MT의 역할과 목적을 이해하는 것은 필수적이다.

프리랜서 번역가들은 사후 편집 작업을 위한 기계 번역의 결과물을 종종 받게 된다(기계 번역을 사용하는 회사들은 스스로 처리할 수 없는 번역 업무는 빈번히 번역 사무소를 통해 외주로 맡겨진다). 이 번역가들이 그런 유형의 결과물과 그것이 제시하는 문제에 익숙하지 못하면, 대행업체, 의뢰 고객, 번역 업계에 대한 결과는 참담할 수도 있다. 예를 들어, 기계 번역의 결과물을 잘 알지 못하는 프리랜서 번역가들의 첫 반응은 그 텍스트를 대충 읽는 것이다. 결과적으로 편집에서 누락되는 부분이 발생할지도 모른다. 만약 그 부분이 기계 번역에서 적절하지 못한 번역이 이루어진 부분이라면, 목표 텍스트는 심각하게 손상을 입을 수 있다. 관련 번역가와 대행업체의 자질에 대해 비난이 높아질 수 있을 뿐만 아니라, 그들과 번역직종 전체에 대한 이미지에 타격을 줄 수 있다(재정적, 법적인 문제의 발생 가능성은 물론이고). 부주의로 인한 원전 부분의 누락은 드문 일일뿐만 아니라 단순한 누락이나 사람의 실수로 쉽게 확인될 수도 있다. 대부분의 고객들은 그것을 돌려보내 누락된 부분에 대한 번역을 요청할 것이다. 그러나 기계 번역된 결과물의 잘못된 부분들을 편집하지 못한다면 훨씬 더 심각한 결과를 초래할 것이다. 왜냐하면 그것은 보통은 형편없는(종종 끔찍한) 번역 능력의 결과로 인식되기 때문이다. 요컨대, 기계 번역과 기계 번역된 결과물에 정통하지 못한 것은 가끔 번역능력의 부족을 나타내는 것으로 이해될 수 있기 때문에 학생들에게 기계 번역된 결과물에 익숙해지도록 하는 것은 번역교육에 있어서 중요한 일이다.

입문 과목에서 소강의는 기계번역의 도움을 받아 텍스트를 산출하는 것과 관련된 역할, 목적, 그리고 문제점을 제시하는 데 사용될 수 있다. 학생들이 후반 편집을 할 기계 번역 결과물의 표본도 유용한 자료가 된다. 그러나 이런 수준에서 가르칠 필요가 있는 것은 기계 번역 시스템의 전문적 사항이 아니라 그것들이 번역과정과 번역가의 작업에 어떻게 영향을 미치는가이다. 특정 유형의 전문화된 교과목에 대해서는 기계번역 결과물에 대한 좀 더 포괄적인 작업이 요구된다(Wältermann 1993참조).

컴퓨터 보조 번역(CAT)도 많은 전문가들에게 유용한 자료이다. 전문화된 교과목(예를 들면, 기술적 번역)에서는 그것을 이용한 포괄적인 작업이 더 적합하겠지만, 간략한 설명만 하더라도 학생들이 이러한 전문적 측면에 익숙해지는 데 도움을 줄 것이다. 참여와 능동적인 학습을 독려하기 위해, 학생들이 CAT 소프트웨어의 도움으로 작업을 수행할 수 있는 소과제들이 고안될 수 있다. 예를 들면, 교과목에서 한 특정 과제물을 지정하여 CAT 프로그램을 사용하여 수행하도록 할 수 있다. 더 적은 시간 투자를 요구하는 다른 방법으로는 번역에서 CAT의 역할과 목적을 보여주기 위해 소프트웨어 시연을 사용하는 것이다. 그러나 학생들은 중앙 컴퓨터 화면에서 표본을 보기 보다는 자료와 상호 작용할 기회를 얻는 것이 좋다.

사전과 병렬 텍스트

사전과 병렬 텍스트의 이용에 관한 실제 시연과 정보는 소강의나 이론적인 설명과 번역 과제에 관련된 활동으로서 교과목에 포함될 수 있다.

입문 단계에서는, 사전을 언제, 어떻게 사용하는지와 그것의 한계를 아는 것은 전문적이고 일반적인 사전의 목록을 아는 것보다 훨씬 더 중요하다. 연구에 따르면 실패한 많은 번역과정들은 단어 의미를 (맥락에서 추론되는 잠재적 의미가 아닌[Kussmaul 1995, 22-25 참조]) 원전 용어와 관련된 단어 목록이라는 잘못된 관념과 관련이 있음을 알 수 있다. 그러므로 이 문제는 교육적 맥락 속에서 다루어지는 것이 바람직하다. 앞서 제안된 바와 같이, 이를 위한 좋은 방법은 단어 의미의 성격을 과제에서 나타나는 특정 번역 문제들과 결합하여 간략히 설명하는 것이다. 직접 사전을 찾아보는 것도 가능하다. 또 다른 실패한 번역 행위의 원인으로 사전에 지나치게 의존하는 것을 꼽을 수 있다. 학생들은 사전이 모든 번역 문제를 해결하는 열쇠를 가지고 있으며 그것이 단어의미를 파악하는 문제 해결의 최종적 권위라고 생각하는 경향이 있다(Kussmaul 1995, 22-25 참조). 사전에 최종적 권위를 부여하는 생각은 단어의 의미를 결정할 때 사전보다 문맥이 더 중요한 역할을 하는 사전의 한계성에 의해 좌절된다. 최근의 연구 결과는 병렬 텍스트가 사전보다 더 큰 확실성을 제공한다는 점을 보여준다(Williams 1996). 그러므로 학생들은 사전을 맹목적으로 따르는 것보다 그것을 제대로 쓰도록 지도 받아야 한다. 이를 위한 한 가지 가능한 방법은 사전의 한계를 강조하는 연습문제를 만드는 것이다. 예를 들면, 번역 과제로부터 전문적인 용어를 추려내고, 학생들에게 가장 적합한 전문용어사전을 제안하며, 또한 학생들의 조사 결과를 분석한 후, 이것을 바탕으로 학생들이 조사한 것에서 미해결 문제와 사전의 한계를 지적하는 것이다.

사전의 한계는 병렬 텍스트의 사용을 통해서도 제시될 수 있다. 학생들이 자신의 과제를 위해 그것들을 참고하도록 요구해야 한다. 그러한 요구는 병렬 텍스트를 사용하는 방법과 이유에 대한 교사의 시범자료를 포함시키고, 교과목 전체를 통해 병렬 텍스트의 사용을 번역사전 활동에 접목시키며(교과목의 번역 활동 구성요소에 대해서는 3.6절 참조, 활동의 예문은 4장 참조), 표본을 활용하여 번역 수업을 위한 공동 병렬 텍스트 자료 풀을 만듦으로써 수업의 일부로 만들어질 필요가 있다(이렇게 함으로써 작업 중의 협동심도 길러준다). 전문번역에서 사전 찾기의 한계를 강조하고 병렬 텍스트 사용의 중요성을 강조하는 것 이외에도 번역교육에 있어 병렬 텍스트를 편입시키는 것은 다음과 같은 교육적인 이점이 있다. 즉, 전문 텍스트 번역과 관련된 복잡성을 드러내고, 이런 복잡성을 전적으로 용어적 문제로만 축소하기는 불가능하다는 점과 그리고 사전과 병렬 텍스트 모두 한계가 있다는 점을 부각시켜준다. 또한 배경 지식의 역할을 분명히 해준다. 다시 말하면, 병렬 텍스트는 학생들이 이해 및 번역 과정을 더 잘 이해할 수 있도록 하는데 도움을 준다.

인터넷 자료

궁극적으로는 인터넷 자료가 번역 과제를 수행하는데 필요한 정보 내용을 제공해주지만, 인터넷 자료를 번역 입문 과목의 구성요소가 되게 만드는 이유는 자기인식과 직업의식을 고취시키기 위한 수단으로서의 유용성 때문이다. 보기 3.7은 이러한 목적을 염두에 두고 설계된 작은 수업을 기술하고 있다. 수업 외에 진행되는 작업이 학습 과정 및 교실 상호작용과 관련되도록 하는 것이 중요하다는 점을 주목하라. 웹 검색을 통

해 얻어진 정보와 번역 작업/과정 사이의 연계가 확실하게 이루어져야
한다. 이에 더하여, 학생들의 작업결과에 대한 후속 조치(교실 토론, 발
표)는 필수적이다.

보기 3.7 번역 입문 과목을 위한 인터넷 자료 교과 수업

교사의 준수사항: 예를 들어, 용어 자료와 같은 번역과 관련된 주제에 관한 웹사이트들
을 선정하라. 이 사이트들의 목록을 만들고 각각의 학생들에게 한,
두 개의 주소를 나누어 주라. 수업은 각 그룹에게 그 주소들을 나누
어줌으로써 그룹 활동으로도 진행될 수 있다.

인터넷 자료 활동

1단계: 이 수업의 목적은 전문용어에 관한 웹 자료상의 정보를 얻는 것이다. 작업을 수
업 구성원들에게 분담시키고 모든 정보를 취합할 것이다.

2단계: 여러분은 교사로부터 웹사이트 주소를 받을 것이다. 그 사이트로 가서 메모를
하라(3단계에서 설명된 과제를 수행하는 데 필요한 정보를 기록할 필요가 있다).

3단계: 그 사이트에 관한 보고서를 작성하라. 보고서는 다음과 같은 사항을 포함해야
한다.

- 사이트의 명칭과, 주소, 설립 목적
- 포함된 정보의 유형
- 이용자
- 평가

보고서 형식은 에세이나 보고서 카드일 수 있다. 여러분은 수업 중에 다른 학생들에게
그 정보를 발표하고 설명할 수 있도록 준비해야 한다.

후속조치: 학생들에게 다른 사람들이 제시한 정보에 대하여 책임이 있다는 것과 퀴즈를
볼 수도 있음을 일러준다.

컴퓨터 도구

컴퓨터 도구들에 관한 지식은 실용적인 이유 때문에 번역교육에 포함되어야 하지만, 더 중요한 이유는 번역의 전문직에 관한 감을 키우는 데 컴퓨터가 하는 역할 때문이다. 다시 말하면, 오늘날 번역가가 된다는 것은 언어학적, 문화적 지식뿐만 아니라 컴퓨터 기술과 같은 다른 많은 지식도 알고 있음을 의미한다. 대부분의 학생들이 오로지 언어적 숙련(예를 들면, 찾아 바꾸기 작업으로서의 번역)만을 중요하게 생각하고 있더라도, 입문 수준의 번역교육에서는 학생들에게 컴퓨터에 관한 일반 지식 역시 중요하다는 사실을 잘 전달해야 한다. 그러한 비언어적이고 비문화적인 (세속적이긴 하지만) 컴퓨터 기술교육은 교과 수업에 포함될 수 있다. 전문화된 교과목은 그 과정의 후반부에 가서 특정 컴퓨터 기술을 교육할 수 있다.

컴퓨터 기술 지식을 가르치는 한 가지 방법은, 보기 3.8에 제시되어 있는 바와 같이, 파일 형식, 전송 수단(전자 우편, 디스크, 하드카피) 등의, 번역 과제물에 대한 전송요건을 통해서도 가능하다.

보기 3.8 번역 과제 #5

전송 세부사항

목표 텍스트의 하드카피 2부, 전자우편을 통해 전송된 전자파일 1부, ASCII 텍스트

게다가, 전자 우편과 전자 토론을 자발적으로 이용하는 것은 학생들로 하여금 이러한 중요한 자료에 익숙하게 한다.

번역 도구 요소에 대한 기술을 끝내기 전에, 이 모든 것들이 그 과목의 물리적 진행 과정 중 어디에 적합한지 뿐만이 아니라 그 교과목의 다른

부분들과 비교하여 이것들에 얼마나 많은 비중을 두어야 하는지에 관한 개요를 제시할 필요가 있다.

(i) 배치 : MT, CAT, 사전 사용 시범, 인터넷 자료 찾기 활동의 측면들은 과목 전체 기간을 통해 제한된 횟수로 개최된다는 점에서 시간을 엄수해야 할 사항이라고 말할 수 있다. 교사는 교실의 진행 과정을 고려하여 이러한 활동의 도입에 가장 적절한 시점을 결정해야 한다. 사전 사용 시범은 사전이 자주 사용되는 점을 감안해볼 때 강좌 초반에 권장된다.

다른 요소, 즉 컴퓨터 도구나 병렬 텍스트는 교과목에서 보다 지속적으로 사용된다. 컴퓨터 사용법은 모든 과제에 포함되며 병렬 텍스트는 번역과제를 준비할 때마다 다루고, 전자우편 또한 매일 사용한다.

(ii) 비중 및 채점 : 개념이 잘 전달되었는지를 확인하기 위해, 필요하다면 퀴즈를 볼 수도 있다. 다른 대안으로는 특정 쟁점에 관한 짧은 문구 물어보기(특정 질문에 대한 답을 물어보거나 종이에 써서 제출하기), 전자우편을 통해 짧은 문구 물어보기, 전자우편을 통한 상호작용 관찰하기가 포함될 수 있다. 이렇게 획득한 점수는 참여요소에 더해질 수도 있고, 과제요소 또는 다른 새로운 요소의 일부로 포함될 수 있다.

3.5 번역 과제: 포트폴리오

교육 주제: 과정으로서의 번역, 화용론적 · 텍스트적 · 전체적 고려 사항들의 중요성, 수정, 피드백 사용

연구의 정당성: 학생들은 자신의 번역에서 텍스트적 화용론적 요소를 고려하지 않는다 (Tirkkonen-Condit과 Jääkeläinen 1991; Kussmaul 1995; Jääkeläinen 1993; Colina 1997, 1999). 그들은 번역을 하나의 과정으로 보지 않고 단지 하나의 결과물로 본다.

방법: 번역 과제, 번역 활동, 최종 포트폴리오

입문과목의 또 다른 제안된 요소는 번역 포트폴리오를 구성하는 일련의 번역과제를 이용하는 것인데, 번역 포트폴리오의 목적은 학생들에게 전문 번역가들이 참여하는 과제와 텍스트의 다양성과 함께 번역 과정에서 이러한 텍스트에 의해 부여되는 여러 가지 제약들을 소개하는 것이다. 원전 텍스트는 텍스트의 여러 유형과 장르(예를 들면, 광고, 기술, 과학, 일반, 유머, 금융, 법률, 문학)의 개관을 목적으로 선정된다. 번역 과제는 일상적인 번역작업과 토론에 대한 기초가 되며, 다음의 방식으로 구성된다. 각각의 과제에는 번역 과정 속에서 학생들의 안내자 역할을 하는 일련의 활동과 작업이 포함된다(5절 참조). 번역 전단계 작업은 번역에 대한 교실토론이 시작되기 전에 가정에서 이루어진다. 번역에 대한 교실토론이 끝나면 교사의 논평을 듣기 위해 제출하기 전에 학생들은 전자우편을 통해 그것에 대해 토론하고 생각들을 목표 텍스트로 구체화시킬 약간의 시간이 주어진다. 때때로 동료의 의견은 서로의 과제물을 읽고 비평을 주고받게 함으로써 얻어질 수도 있다. 번역된 텍스트는 교사의 의견을 담아 학생들에게 돌려주어 수정하여 번역 포트폴리오에 올리도록 하고, 그 번역 포트폴리오는 학기말에 다시 제출되도록 한다.

하나의 과정으로서의 번역(학생들은 종종 번역을 결과물로만 생각한다)의 성격을 강조하기 위해, 번역에는 주석이 필요하다. 주석은 번역 과제에 대한 의견과 생각을 포함한다. 주석이 달린 번역은 번역의 절차적 측면을 보여주며, 단지 결과물에 대한 평가라기보다는 학습 및 번역 과정에 대한 평가를 용이하게 해 준다(제 5장의 평가와 오류 참조).

앞에서 언급한 바와 같이, 번역 포트폴리오는 번역 입문 과목의 중심축을 구성한다. 그러한 방법론적 결정의 이면에 있는 동기는 학생들이 텍스트의 유형이나 장르에는 관심이 없으며 그런 요인들에 의해 번역가와 번역 과정에 부과되는 절차상의 차이점들을 또한 알지 못한다는 연구결과에 기초하고 있다. 교과목의 토대를 텍스트 유형이나 장르에 관한 개관에 두는 것은 학생들이 텍스트적 화용론적 요인들의 역할을 이해하는데 도움이 된다. 교과 과정 후반부에서, 더욱 전문화된 교과목들이 텍스트 영역의 구체적 부분들을 세부적으로 다룰 수 있을 것이다.

3.6 번역 활동

> **교육 주제:** 과정으로서의 번역, 화용론적 · 텍스트적 · 전반적 고려사항들의 중요성
> **연구의 정당성:** 학생들은 번역에 있어서 화용론적, 텍스트적 요인들을 고려하지 않는다(Tirkkonen-Condit and Jääkel inen 1991; Kussmaul 1995; Jääkeläinen 1993; Colina 1997, 1999). 그들은 번역을 단지 결과물로 본다. 비록 과제의 성공적인 완수를 위해 적절한 정보는 있을지 모르지만, 학생들은 그것에 초점을 맞추는 데 어려움을 겪는다(Shreve 1997).
> **방법:** 과제에 수반하는 다양한 유형의 번역 활동

번역의 절차적 측면을 강조하고 초보자들이 등한시하는 측면들 (즉, 화용론적, 기능적, 텍스트적 고려사항들, Tirkkonen-Condit과 Jääkeläinen [1991]; Kussmaul [1995]; Jääkeläinen [1993]; Colina [1997, 1999] 제 2장의 2.2절 참조)을 전면으로 끌어내고, ("X를 번역하라"라는 전통적 지시를 학생들에게 제시하기보다는) 학생들에게 번역의 전체 과정을 안내하고, 학생들이 관련 정보에 주목하도록 돕기 위해(Shreve 1997), 각 번역 포트폴리오 과제를 둘러싸고 일련의 활동이 개발된다. 또한 번역 과제를 둘

러싸고 활동을 설계하는 것은 번역가 능력의 습득이 교사의 수행을 관찰하고 그것을 일종의 "흡수"에 의해 모방함으로써 일어나는 것이 아니라, 번역 능력의 습득은 점진적이고 느린 지도과정이라는 가정에 기초를 두고 있다. 더구나, 번역 활동은 교수법적 개입이 필요하다고 연구결과 밝혀진 번역능력의 특정한 측면에 교사가 집중할 수 있게 해준다. 예를 들면, 교사들은 텍스트적 특징들이 번역 스타일 결정에 어떻게 관련되어 있는지에 관해(예컨대, 영어에서는 조리법을 기술할 때 목적어를 생략하지만, 스페인어에서는 생략하지 않는다) 학생들의 관심을 이끌어내기 위해서 그 특징들에 초점을 맞춘 질문을 할 수 있다. 또는, 교사는 문제가 발생할 가능성이 있는 구체적인 사례들을(그 가능성은 이전에 학생들이 수업 중에 수행한 번역에서 수집한 자료에 기초한다), 예를 들면, 기호지향이나 부정어 전이 등을, 발췌할 수 있다. 마지막으로, 활동과정 접근법에서는 "언어중심" 절을 이용하여 이전 방법론의 언어학적 기초와 그리고 번역 후단계 부분을 이용하여 이론적 쟁점들을 결합시키는 것도 가능하다. 이 마지막 부분은 이론을 맥락화하는 장점을 지니고 있다.

요약하자면, 번역 활동은 최소한 다음 사항들로 구성된다.

- 번역 전단계
- 번역
- 번역 후단계
- 언어 중심

번역 활동에 대해서는 다음 장에서 더 자세히 검토할 것이다.

3.7 수정

교육 주제: 번역과정 일부로서의 수정, 전문적 영역의 일부로서 타인의 번역에 대한
수정 및 편집

연구의 정당성: 학생들은 번역의 절차적인 성격과 이 과정의 자연스러운 측면으로서
의 수정의 필요성을 인식하지 못한다. 학생들은 자기인식이 결여되어
있다.

방법: 요청된 모든 과제에 대한 수정. 최초본과 최종본은 교사의 논평을 위해 반드시
제출되어야 한다.

번역과제들은 포트폴리오를 최종적으로 제출하기 전에 수정을 위해
교사의 논평과 함께 학생에게 돌려보내진다고 이미 3.5절에서 언급한 바
있다. 방법론적으로 그렇게 하는 동기는 다음과 같다.

- 과정으로서의 번역을 강조할 필요성: 수정은 학생들이 좋은 점수를
  받고 실수를 피하기 위한 것일 뿐만 아니라 번역작업의 필수 구성
  요소이다.
- 학생들의 자기의식과 자기개념 계발을 위한 필요성: 수정은 전문적
  인 영역의 한 부분이며 전문가들은 종종 다른 사람의 번역을 수정
  해 달라는 요청을 받는다.
- 연구결과(Kussmaul[1995,17] 2장, 2.2절)가 보여주듯이, 학생 번역가
  들은 문제를 인식하고 자신들의 번역의 약한 부분을 알아내는 데
  어려움을 겪는다. 아마도 이러한 원인들 중의 하나(주제에 대한
  인식 부족은 제쳐두고라도) 자료처리 능력의 부족과 관련이 있을
  것이다(한꺼번에 너무 많은 새로운 사항을 다뤄야하는 경우). 수정

과정은 학생들이 자료를 처리하느라 혹은 주의력의 제한으로 인해 처음에 발견하지 못한 번역상의 문제들에 집중할 수 있게 해준다.

3.8 번역 과제: 번역 프로젝트

> **교육 주제:** 전문화의 필요성, 장기 프로젝트에서 번역기법의 사용, 장기 프로젝트의 관리 및 조직
>
> **목적:** 입문과목에서 포트폴리오의 전반적 성격을 보충하기 위함, 학생들이 안내가 없는 맥락에서 숙련도를(활동 대비) 보여줄 수 있도록 함
>
> **방법:** 최종 프로젝트

여기에서 예시로 사용하고 있는 교과목은 학생들에게 소통적 번역 실습에 대한 개요를 제공하는 일반적인 것이다. 이러한 구상은 연구를 통해 입증된 많은 교육적 필요에 부응한다(예를 들어, 학생들은 번역을 언어 연습, 즉 언어 교체 과정으로 생각한다). 그러나 언급할 필요가 있는 한 가지 결함이 있을 수 있다. 즉, 교과목 설계가 전문번역이 매우 다양한 텍스트와 주제영역을 내포하는 폭넓고 일반적인 활동이라는 인식을 심어줄 수 있다는 점이다. 이 영역 전체를 볼 때는 이 말이 사실이지만, 종종 특정 분야를 전문으로 다뤄야 하는 개인에게는 그렇지 않음이 분명하다. 학생들에게 이러한 현실을 상기시키고 오해를 피하기 위해서는, 번역의 한 유형을 전문적으로 다룰 수 있는 기회가 제공되어야 한다. 번역 프로젝트는 이 목적을 충족시킨다. 또한 이것은 번역 실무와 한층 더 유사한, 더욱 유연성을 지닌 독립적인 맥락을 제공한다.

번역 프로젝트는 학기 내내 진행되어야 한다. 교사는 학생들에게 도움을 주고 번역 과정과 학생들의 번역능력 습득을 지켜보기 위해 정기적으

로 지도한다. 학생들과의 첫 모임은 프로젝트와 접근방법의 적절성을 점
검하고 전반적인 전략(화용론적, 텍스트적 요소 등)이 고려되고 있도록
확실히 하도록(예를 들면, 번역작업에서 간결하거나 함축적인 또는 명확
한 것은 무엇인가?) 계획될 수 있다.

　"프로젝트"라는 용어는 교과목 내내 계속 부과되는 보통 한 페이지 분
량의 과제물과 비교하여 좀 더 통합적이고 포괄적인 성격의 과제를 지칭
한다. "통합적"이라는 표현은 목표 텍스트를 만들 때 하나의 공통된 목
표와 독자층이 있음을 의미한다. 그와 같은 통합된 목표는 시작과 끝이
있는 연속적 텍스트로 구성된 전통적 원전에서부터, 특정 언어사용 집단
에 배포되는 수많은 팸플릿이나 광고 등의 상품 홍보물처럼 동일한 기능
에 의해 결속된 덜 전통적인 텍스트의 모음에 이르기까지, 다양한 텍스
트의 형태로 존재할 수 있다. 번역 교실에 이와 같은 프로젝트를 소개함
으로써 학생들에게 교육현실에서 일반적으로 접하기 힘든 전문 번역의
양상과, 그리고 문화 간 소통으로서의 번역처럼 덜 전통적이지만 오늘날
세계에서 더 현실적인 번역의 개념들에 숙지시킬 수 있다. 진행 중인 작
업에 대한 개념이 중요함을 유의하고, 교사는 그것을 실행하는 방법을
고안해야 한다. 앞서 제시한 회의 방식은 그와 같은 목적을 달성하는 데
효과적인 방법이다.

4. 표본 교수계획표

실용적인 목표를 염두에 두고서 보기 3.9는 앞서 기술한 이론적, 경험적,
방법론적 원리들에 기초를 둔 교수계획표의 한 예를 보여 준다. 이것은
그 원리들과(학생, 교육 제도 및 환경, 교과과정 상의 배치 등의) 특정한

맥락적 요인들의 결합에서 나온 결과물이다. 이것은 교육적 환경이 다른 곳에 이식할 의도로 만들어진 것은 아니며,[5] 지금까지 이 책에서 나타난 원리 및 개념에 대한 예를 소개하기 위한 것이다.

보기 3.9 표본 교수계획표 및 교과목 소개

S555 전문번역 입문

교수 목적 및 내용

이 과목은 전문번역 분야의 실제적인 입문과목이다. 주요 목표는 문학, 기술, 그리고 일반적인 분야를 망라하는 모든 형태로 전문적인 소통적 행위로서의 번역에 종사하는 사람들에게 요구되는 기술들뿐만 아니라 전문번역 분야에 대해 학생들이 이해하고 익숙해지도록 돕는 것이다.

이 과목의 목적은 명시적인 언어교육이 **아니다**. 언어적 쟁점은 번역상의 문제와 관련될 때만 다루어질 것이다. S555를 성공적으로 이수하기 위해서는 학생들이 스페인어를 유창하게 사용할 수 있어야 한다. S555가 언어과목은 아니지만 언어 간 작문에 관련된 문제에 학생들의 주의를 환기시킴으로써 스페인어의 독해 및 작문 기술을 향상시키는 데 도움을 줄 것이다.

수업 중 사용할 언어는 토론하는 주제에 따라 영어나 스페인어가 될 것이다. 대부분의 과제는 스페인어를 영어로 번역하는 것이 될 것이다. 즉, 스페인어로 된 원전 텍스트를 읽은 후에 특정한 영어 사용 독자들을 위해 그것을 다시 쓰게 될 것이다.

요구 사항

이 과목은 실습에 높은 비중을 두고 있지만, 이론에 대한 소강의도 몇 차례 있을 것이다. 학생들은(있다면) 과제로 제시된 발췌문을 읽고, 토론에 참여하며, 필요한 경우에는 질문을 하는 것으로 수업에 임해야 한다. 가능할 때는 언제나 이론적 쟁점을 설명하기 위해서 번역물 표본들이 제시될 것이다. 이렇게 함으로써 학생들은 실제 텍스트에 이론적 개념을 적용할 수 있게 된다. 수업 중에 다룬 이론의 개념을 이해하고 응용할 수 있는지 알아보기 위해 예고 없이 퀴즈들이 시행될 것이다. 또한, 번역가들이 관심을 가지는 다양한 주제, 즉 사전, 전문 용어, 컴퓨터 보조 번역, 기계번역, 전문 협회, 번역가 교육, 번역 사무소/부서 등에 대하여 많은 발표나 시범이 있을 것이다. 발표 내용에 대하여 예고 없이 퀴즈들을 시행할 수도 있다.

뉴스기사, 조리법, 광고, 연재만화, 비즈니스 서류, 재무 보고서, 법률 문서 등 다양한 텍스트 유형과 장르를 대표하는 많은 **번역과제**가 있을 것이다. 수업에 참여하고 토론하기 위하여 각 번역과제의 초안을 준비해야 한다(때로는 제출해야 하며, 참여도 점수에 반영된다). 수업 중의 토론이 끝나면 학생들은 번역을 수정하기 위해 일주일 정도의 시간을 가진 후, 평가받기 위해 제출해야 한다. 번역에는 주석을 달아야하고(번역의 결과물과 과정 모두 평가될 것임), 전자우편, 디스크, 하드카피와 같은 특정 형식에 따라 제출해야 한다. 모든 과제물은 포트폴리오의 형태로 학기말에 제출해야 한다. 포트폴리오는 마지막 수업 후 일주일 내에 제출해야 한다.

학생들은 **<u>주석이 달린 학기말 프로젝트</u>**를 위해 짧은 텍스트를 선택해야 한다. 이 학기말 프로젝트는 번역된 텍스트로 4–5페이지 분량이어야 한다. 그것은 자체적으로 완전성을 지니거나 거의 완전한 것에 가까워야 한다(긴 글에서 여러 단락을 단순히 발췌한 것은 안 된다). 단편소설, 논문, 연극의 한 막, 팸플릿 등 학생 자신이 관심 있는 분야이면 어느 것이라도 괜찮다. 교사와 상의하여 10월 15일까지 프로젝트를 정해야 한다. 학기의 마지막 3주 동안은 학생들이 자신의 학기말 프로젝트에 대해 교사와 개별적으로 작업할 수 있도록 수업이 면담형식으로 진행된다. 학기말 프로젝트는 기말고사가 있는 주 동안에 제출해야 한다(날짜는 수업시간에 고지될 것이다). 기말시험은 없다.

학생들은 또한 전문번역가를 위한 전자포럼인 LANTRA-L에 가입해야 한다. 토론에 적극적으로 참여할 필요는 없다. 이 요구사항의 목적은 전문번역 사회를 관찰하고, 이 분야의 쟁점들을 익히고, 또한 전문번역가가 이중 언어 사용자와 어떻게 다른지 알 수 있는 기회를 제공하는 것이다. 매주 학생들은 LANGRA-L의 토론에 바탕을 둔 20–30분 정도의 수업토론을 시작하거나 참여해야 한다.

컴퓨터 요구사항

오늘날의 전문번역가는 컴퓨터 기술에 대한 업무지식이 있어야 하며 소프트웨어와 하드웨어를 소유하거나 접근할 수 있어야 한다. 이러한 현실을 소개하기 위하여 컴퓨터의 사용은 이 과목의 중요한 일부가 될 것이다. 대부분의 번역 사무소/부서와 의뢰인들처럼, 학생들의 번역물이 충족해야 할 번역문의 전달 방식(플랫폼, 소프트웨어, 전자우편, 모뎀)을 지정해 줄 것이다.

S555의 성공적인 완수를 위해서는 전자우편을 이용하여 다른 학생들과 피드백을 주고받아야 한다(학기말 점수에 10% 반영). 학생들의 참여여부는 정기적으로 확인 될 것이다. 학생들은 교사에게 전자우편 주소를 제출해야 한다.

점수 배점

A. 학기말 성적: 적용 요소 및 비중

번역과제(10)와 포트폴리오: 30%

학기말 프로젝트: 25%

수업 참여 및 토론(독해 및 과제): 15%

퀴즈 및 숙제: 10%

전자우편: 10%

LANTRA-L 토론: 10%

B. 학기말 성적 계산

번역과제 및 포트폴리오	____ X .30 =	_____
학기말 프로젝트	____ X .25 =	_____
수업참여도	____ X .15 =	_____
퀴즈 및 숙제	____ X .10 =	_____
전자우편	____ X .10 =	_____
LANTRA-L 토론	____ X .10 =	_____
학기말 성적 합계		_____

교수계획표[6]

이 교수계획표는 **잠정적인** 것이다. 필요하다면 수업시간에 보완된 내용이 제시될 것이다.

주	날 짜	주 제
1	1	교과소개. 번역의 유형, 소통적 번역, 번역의 허구 및 기본개념
	9월 5일	번역의 정의. 번역의 형태, 번역에 대한 오해 및 기본개념
2	9월 10일	번역과정의 단계. 전자우편 및 LANTRA-L 시연(전산실) 번역과제 1
	9월 12일	번역과제 1
3	9월 17일	기록화: 번역가용 자료, 기술번역 자료(전산실)
	9월 19일	기술번역. 번역과제 2
4	9월 24일	기술번역. 번역과제 2. 상황 맥락. 텍스트 및 텍스트 유형
	9월 26일	번역과제 3: 조리법
5	10월 1일	교실 실습: 광고 번역. 번역과제 4: 안내서
	10월 3일	번역과제 4
6	10월 8일	의미와 의미 유형. 텍스트 단위. 번역과제 5: 유머
	10월 10일	번역과제 5: 유머
7	10월 15일	유머 텍스트 번역: 교실 활동. 구술 매체
	10월 17일	번역직업 추가 교육, 중재단체
8	10월 22일	번역과제 6: 비즈니스 서류
	10월 27일	번역과제 6: 비즈니스 서류
9	10월 29일	번역과제 7: 재무 보고서
	10월 31일	번역과제 7: 재무 보고서
10	11월 5일	번역과제 8: 법률 문서
	11월 7일	번역과제 8: 법률 문서
11	11월 12일	번역과제 9: 설명문 텍스트
	11월 14일	번역과제 9: 설명문 텍스트
12	11월 19일	번역과제 10: 문학
	11월 21일	번역과제 10: 문학(토론-강의 형식 마지막 날)
13	11월 26일	번역 프로젝트
	11월 28일	추수 감사절
14	12월 3일	번역 프로젝트
	12월 5일	번역 프로젝트
15	12월 10일	번역 프로젝트
	12월 12일	번역 프로젝트
16	12월16-21일	기말고사 주일

핵심어 ● ● ●

아틀라스 콤플렉스
이론에 대한 맥락화된 접근 방식
기계 번역(MT) 대 컴퓨터 보조 번역(CAT)
학생 중심 수업
교사 중심 수업
번역 포트폴리오

요약 ● ● ●

이 장에서는 확고한 이론적, 경험적 토대에 부합하는 교육 자료를 설계하는 방법을 예시하기 위해 소통적 번역의 입문과목을 선택하였다. 그러한 교과목의 목표는 학생들에게 소통 작업으로서의 번역을 소개하고, 전문가와 언어과정 학생을 구별 짓는 특징에 대해 살펴보며, 또한 번역 직종에서 가장 일반적으로 대하게 되는 과제물과 텍스트 유형을 개관하는 것이다.

세부적으로 들어가기 전에 교사와 학생의 역할이 먼저 정의되었다. 전통적 번역 교실에서는 수업은 교사 중심이었다. 교사는 지식/진리의 보고로 간주되었고, 학생 토론은 최소였으며(있다고 하더라도 항상 교사를 통해서였다), 학생들은 보통 서로에게 말을 걸지 않았으며, 상호작용은 일방적이고 보통은 한 참여자는 항상 교사인 대화에 국한되었다. 즉, 학생들은 교사의 전문지식에 노출됨으로써 "학습하는" 수동적 역할에 머문다. 이에 대한 대안으로 전문번역 세계의 흐름에 더 부합하는 새로운 교실 역학을 제안한다. 여기서는 수업이 학생 중심이며, 교사는 안내자 역할을 한다. 교사는 자료 제공자로 간주되며, 학생과 학생간의 토론이 수업의 기초가 되며, 상호작용은 다면적이며, 학생들의 역할은 능동적이다.

교과목 구성요소 중에서 전자우편의 사용은 초보자에게서 부족한 것으로 나타나는 번역의 사회적 측면, 번역규범, 그리고 자신감에 대해 교육하는 수단으로 정당화된다. 교실에서 이것을 실행할 수 있는 두 가지 방법, 즉 전문가 전자우편 목록에 가입하는 것과 전자우편 참여에 대한 교실 토론하는 것을 제안하였다. 이러한 활동의 교육적인 성공여부는 입력(즉, 전자우편을 통한 동료들과의 토론)과의 상호작용이 생성되는지의 여부에 달려있다. 수업 참여 요소는 자신감과 자기인식, 전문성 그리고 전문가 행위의 습득을 용이하게 만든다. 동료들과의 상호작용은 수업참여 요소를 통해 가르칠 수 있는 전문 번역 능력의 또 다른 측면이다. 이러한 참여 요소를 효과적으로 활용하기 위해서는 학생이 중심이 되고 교사는 조정자로서의 역할을 하며, 과제수행을 중심으로 참여가 이루어져야 한다. 이 장에서 이론적 지식이 번역 능력 습득에 도움이 되는지를 결정하는 데에는 경험적 증거가 필요하지만, 그러한 연구는 교실에 이론을 적용함에 있어 주로 서로 고립된 강의들로 구성되는 현행 방식에 기초를 두어서는 안 된다고 이 장에서 주장하였다. 이론적 요소가 교과목 전체에 걸쳐 통합되어 있는 이론에 대한 맥락화된 접근법을 제안하였다. 기계 번역(MT), 컴퓨터 보조 번역(CAT), 사전, 병렬 텍스트, 그리고 인터넷 자료와 같은 번역 도구들은 번역가들에게 자기인식을 높여주고 번역가의 자기 개념을 확립하는 데 도움을 주는 필요한 구성요소들이다. 이러한 요소들을 초급의 번역 교과목에 의미 있고 효과적인 방식으로 통합시키는 방법에 관한 제안들을 제시하였다.

화용론적, 텍스트적, 그리고 전체적 고려사항들의 중요성을 가르치기 위해서, 흔히 번역된 텍스트 유형 및 장르를 개관할 수 있도록 선정된 원전 텍스트들을 가진 번역 포트폴리오를 사용할 것을 제안하였다. 그 포트폴리오는 번역의 맥락적 측면들과 과정으로서의 번역을 강조하는 번역 활동들을 수반한다. 끝으로, 포트폴리오에는 수정 구성요소를 포함하고 있는데, 이 구성요소는 학생들이 수정 및 편집이 번역가의 업무의 일부라는 것을 알게 하는데 도움을 준다.

마지막으로, 번역 프로젝트는 학생들이 번역의 전문화된 측면을 이해하고, 장기간의 프로젝트의 관리 및 조직을 배울 수 있도록 해 준다.

이 장은 앞에서 살펴본 교과목의 구성요소들 모두를 한데 모으는 방법을 보여주는 표본 교수계획표를 제시하면서 끝을 맺는다.

생각해 볼 문제 ● ● ●

1. 교수계획표 작성하기. 이전에 번역과목을 강의한 적이 있다면, 교수계획표의 사본을 찾아보라. 교과목의 각 구성요소에 대해서 "교육 주제", "연구의 정당성", 그리고 "방법"이 무엇인지를 결정하라. 만약 번역과목을 강의한 적이 없다면, 앞으로 교과목에 포함하고 싶은 구성요소들의 목록을 작성해보라. 각 구성요소에서 "교육 주제", "연구의 정당성", 그리고 "방법"을 결정하라.

2. 과거에 강의하거나 수강하였던 번역 과목을 생각해 보라. 가능하다면, 한 과목을 참 관해 보라. 학생과 교사의 역할은 무엇인가? 이러한 역할이 어떻게 정당화되는가? (또는 정당화되지 않는가?) 그 역할들이 수업 유형에 어떻게 영향을 미치는가? 제안 할 개선책이 있는가?

3. 이 장에서는 번역 교실에서 학생과 교사의 구체적인 역할을 제시했다. 어떤 학생들 은 이러한 역할을 받아들이는데 어려움을 느낄 수 있다는 점을 교사에게 주의시켰다. 새로운 역할을 수행하는 방법과 학생들의 기대를 처리하는 방법에 대해 좋은 의견이 있는가?

주석 ● ● ●

1) 텍스트가 어떠한 전문영역이라도 다룰 수 있는 번역에서는 물론 이것은 특히 잘못된 것이다.
2) 이러한 피드백 및 점검 절차는 전적으로 학생들의 작업에만 의존할 필요는 없다. 왜 냐하면 피드백은 다른 번역가의 작업에 대한 반응을 관찰함으로써 간접적으로도 얻 어질 수 있기 때문이다.
3) 이 방법이 번역능력의 습득에 미치는 효과를 연구하기 위해서는 자료가 수집되어야 할 것이다.
4) 텍스트의 출처는 Harey, Higgins and Haywood(1995, 161-162)이다.
5) 이것은 외국어/제2언어 대학 학위과정 교과과정의 일부임. 이러한 유형의 교과목은 미국의 많은 대학(예: 일리노이대, 인디아나대, 펜실베니아주립대)에서 외국어/제2언 어 학위과정 속의 번역학 분야 유일한 것이다.
6) 이 과목은 16주(주당 75분 2회 수업) 과목이다.

$4.$

수업 자료 만들기

이 장은 소통적인 번역 수업을 위한 활동 지침과 수업 설계 지침을 제공한다. 견본 텍스트와 그에 따른 수업은 보기 사례로 제시되며 교사를 위해 세부적인 주석을 달아 설명한다. 서문은 이 장의 개요, 일반적인(비번역 특정) 수업 기술, 번역 활동을 위한 도식, 활동 유형과 순서에 관한 기초 연구 등을 포함한다.

1. 서문

1.1 개관

- 일반적인 수업 기술

- 번역 활동
  - 사전 번역 활동
  - 번역
  - 언어 중심
  - 후반 번역 활동
- 비번역 특정 수업
- 번역 도구

1.2 일반적인 수업 기술

3장에서 교사와 학생의 역할을 검토한 결과, 우리는 번역 문제가 아니라 교육 사안에 주목하게 되었다. 앞으로 우리는 일반적인 수업 기술과 의사소통적인 번역수업을 장려하는 접근법에 대해 논의할 것이다. 구체적인 예들은 2장에서 다루었다. 전체적으로 학습의 용이성이라는 관점에서 볼 때, 이 기술들은 번역관련 기술 습득에 특히 알맞다.

번역 작업(2.2장 참조)에서 요구되는 창의성은 다음과 같은 수단으로 교육된다.

- *브레인스토밍.* 브레인스토밍은 대다수의 교사들에게 익숙한 일반 기술이며 때로 종합 해석에 필요한 도식을 위해 사용한다. 또 브레인스토밍은 결론이나 논평 없이 창의적인 의견으로 구성된다. 교사는 학생들의 현재 지식(도식)과 학생들에게 요구되는 결과 사이의 공백을 메워야 한다. 이를 위해 광범위한 정보가 필수적인데 다양한 관점들을 최대한 허용하는 브레인스토밍은 이들 정보에 기초를 제공한다(재구성한 도식, 지식 구조의 재구성: Shreve 1997). 번

역 수업에서 브레인스토밍은 다음과 같이 수행될 수 있다. (현재 작업에 기반하여) 의견이나 번역 해결책에 관해 학생들에게 질문하고 칠판에 적는다. 이때 그것이 적합한지 여부를 따지지 않는다. 적절한 정보를 선택하고 체계화하기 위해 현재 정보에 기초로 토의를 시작해보자. 번역 해결책을 토론하는 맥락에서 브레인스토밍의 두 번째 단계가 적용된다면 부차적으로 학생의 자신감과 인식을 증진하고 학생들을 숙련시킬 수 있다. 또한 브레인스토밍은 문제 해결을 위해 필요한 잠복기의 정신 상태, 즉 긴장해소에 쉽게 이르게 한다(Kussmaul 1995 참조). 브레인스토밍은 번역 해결에 바람직한 유창성 훈련에도 유용하다(바꿔 쓰기에 대해선 2장 2.2절 참조).

- *긴장이 해소되고 격의 없는 토론 분위기.* 창의적인 과정을 활성화하는 것과 더불어 긴장이 해소된 교실 분위기는 팀워크와 피드백을 조성하여 수업에 방해되는 감정의 장벽을 낮춘다. 2장에서 보았듯이(Shreve 1997, 133 참조), 지속적인 피드백과 감독은 번역 능력 습득에서 필수적이다.

- *목표 언어로 토론하기.* 1차 언어로 번역하는 경우에 목표 언어로 토론하는 것은 언어교육에서 일반적으로 실행하는 것과 상반될 수 있으므로 교사의 주의가 요구된다. 목표언어로 번역 해결책을 토론하는 것은 바꿔 쓰기를 장려하고 학생들에게 목표언어의 가치를 깨닫게 한다는 점에서 중요한 기술이다(2장, 2.2절). 마지막으로, 목표 언어로 내용과 텍스트를 말하는 것은 틀(단어)과 장면 간의 연상이 더 쉽게 이루어질 수 있게 해준다(장면과 틀 의미론의 모델은 2장 5절 참조).

학생들의 인식능력과 전문가다운 행동(예를 들어, 전문가의 태도로 자신의 결정에 대해 방어하는 것)을 개발하기 위해서 우리는 그룹 토론과 2인 토론을 추천한다. 이것은 유창성 및 적극적인 사고를 장려하고 특정 번역 문제에 다양한 대안을 제시하도록 하는데 유용한 기술이다. 사회 구성에 관한 교육 이론에서도 이들 토론의 유용성의 근거를 찾아볼 수 있다.

2. 번역 활동

2.1 예비 활동

2장에서는 지속적인 지도 하에서 번역 수업 활동을 해야 할 근거를 제시하였다. 이 방법론의 전반적인 목적은 지도에 맞춰 번역작업을 하도록 하여 학습 과정을 용이하게 하는 데 있다. 즉, 지도에 따른 작업으로 양질의 수업을 제공하고 학생들이 번역과정과 습득과정에 관련된 정보에만 집중하게 한다.

번역 활동은 번역 능력의 여러 구성요소를 정도에 따라 다르게 강조점이 주어지는 일반적이고 조직적인 체제로 이루어지며, 그 체제는 해당 텍스트가 요구하는 사항에 따라 다양한 형태를 갖는다. 그 구성은 다음과 같다.

- 사전 번역 활동이란 원천 텍스트와 목표 텍스트의 화용론적인 요인을 학생들이 고려하도록 하는 활동이다. 목표 텍스트의 텍스트적인 요소를 결정하기 위한 번역 개요(전체 또는 부분의 개요), 전이의 문제(검토한 화용론적인 요인이 전이 과정과 어떻게 관련되는

가? 텍스트의 특징과 구성에 관해 내린 결론은 무엇인가?), 병렬 텍스트 분석 등이 이에 포함된다.

- 독해 부문은 이해, 불완전한 도식, 불명확한 용어에서 오는 어려움을 덜어준다. 또한 독해 부문은 독해와 번역에서 이들 역할을 이해하는 데 도움이 되며, 학생들이 번역 과정에 쉽게 접근할 수 있도록 이 과정들을 어떻게 다루어야 하는지를 가르친다.
- 언어 중심 부문의 구성은 작은 번역 단위와 언어사용, 잘 알려진 언어학적인 문제 등에 초점을 두는 활동으로 이루어진다. 그 언어학적인 문제들로는 부정적인 전이, 기호 번역, 번역의 어려움, 단순하고 포괄적인 번역 스타일의 결정에 관련 있는 하위 단계(단어나 구 단계), 언어문제 등이 있다.
- 후반 번역 활동은 특정 번역 과제를 넘어서는 문제들을 텍스트 번역으로 습득한 개념/기술과 지침 활동에 적용시키기 위한 활동이다.

활동 설계, 선택 그리고 결과 등의 사항들은 해당 텍스트의 특징 및 세부적인 제약뿐만 아니라 번역, 독해력, 쓰기, 그리고 이차언어습득(SLA) 연구를 또한 토대로 해서 결정된다.

일련의 활동 연계 요소들은 지도 활동을 교육 도구로서 활용하는 것에 적절할 뿐만 아니라(2장 참조), 특수한 목표/목적에도 적절하다. 다음 단락은 이를 요약한 것이다.

사전 번역 활동
- 학생들이 화용론적인 요소를 고려하고 이 요소를 제때 번역 과정

에 적용하며 그 결과 다음과 같은 목적을 갖는다. 이런 요소들이 전반적인 혹은 부분적인 번역 스타일 결정

- 학생들이 번역을 언어에 기초하는 것을 넘어서는 소통적인 활동으로 이해하기
- 번역교육에 대한 전통적인 접근(문장 중심, 형식주의적인 접근)이 지닌 효과를 지양하기
- 하향식 과정과 총체적인 과정을 활용하도록 장려하기
- 기호 지향적인 번역을 지양하고 의미 번역을 장려하기

이해 활동

- 총체적으로 이해하도록 장려하기
- 독해력 과정과 그것이 번역에 미치는 영향을 이해하기
- 맥락을 이용하는 법을 지도하기
- 의미의 특성과 의미 잠재성을 가르치기
- 독해와 번역에서 도식과 배경지식의 역할과 중요성을 가르치기
- 용어는 기술적인 번역의 일면일 뿐임을 보여주기
- 어학수업에서 독해에 대한 전통적인 접근법(다시 말해, 독해를 외국어/이차언어의 기호 해독이나 단어의 대체로 보는 접근법)을 지양하기
- 학생들이 (더 나은 독해와 이해를 하면서) 주어진 특정 번역 작업이 요구하는 다각적인 사항을 다루는데 필요한 전략 수립을 돕기

언어 중심

- 기호 번역과 부적당한 전이를 피하기

- 학생들에게 정확함의 중요성을 상기시키기(형태와 내용뿐만 아니라 문법이나 철자까지 포함한다)
- 전반적으로 살피면서도 세부적인 문제를 놓치지 않도록 하기
- 저단계의 구조에 초점을 맞추고, 초기의 총체적인 결정이 이 단계들에 어떤 영향을 미치는지 보여주기

후반 번역 활동: 목표 텍스트 넘어서기

- 번역 과정에 대해 보다 원리적인 설명을 하기
- 번역가의 자기개념과 자신감을 형성하기
- 전문가적인 인식과 행위를 장려하기
- 번역 스타일의 결정에 대해 효과적이고 전문적으로 방어하는 방법을 가르치기

이 예비활동 부분을 마무리하기 전에 구성 요소들의 이행과 순서에 대하여 몇 마디 덧붙일 필요가 있다. 토의가 정해진 때보다 한 두 수업 이전에 사전 번역 활동이 할당되는 게 바람직하다. 이렇게 하는 이유는 어떤 활동은 교실에서 얻을 수 없는 연구 자료를 찾아볼 필요가 있기 때문이다. 게다가, 학생들이 교실 밖에서 작업해서, 토의하고 재검토하기 위해 그 결과들을 다음 모임에 가져올 수 있을 것이다. 교사와 다른 학생들에게 정보와 피드백을 요구하는 작업과 같이 소중하고 한정된 수업 시간은 수업 이외의 다른 곳에서는 수행할 수 없는 작업에 집중함으로써 효율적으로 활용할 필요가 있다.[1] 사전 번역 활동 외의 활동이나 예정된 일정에 없던 활동은 번역과 함께 이루어져야 한다. 즉, 그런 것들은 집에서 완성한 뒤 수업시간에서 토론해야 한다.

사전 번역 활동이 교실에서 어느 정도와 깊이까지 다루어질지는 학생들의 습득 단계에 따라 달라진다. 훈련 초기 단계에서는 분명히 사전 번역에 더 많은 시간을 써야 될 것이지만, 이것은 또한 번역 수업에 대한 비전통적인 접근법이 많은 학생들에게 익숙하지 않기 때문이기도 하다. 학생들이 훈련에 숙달됨에 따라 사전 번역 활동의 어떤 면들은 강조되지만 또 어떤 면은 강조되지 않을 것이다. 다시 말해서, 화용론적인 요소를 항상 고려해야 하지만, 언제나 모든 것에 같은 정도의 관심을 기울어야 하는 것은 아니다. 이는 일부 접근법에서 해왔듯이 체크리스트를 일일이 점검하는 것이 아니라(이 접근법의 비평에 관해서는 Nord 1991b 참조), 학생들이 번역 관련 도식을 수정하고 지식구조를 재구조하면서 자동화 하는 것을 도움으로써 번역능력을 쉽게 습득하게 하기 위한 것이다. 재 구조화를 하기 위해서는 다양한 지침/투입이 이루어져야 하고, 따라서 다양한 화용론적인 요인으로 지배되는 갖가지 텍스트 유형이 필요하다. 다양한 번역 맥락의 적용과 관련되고 현재의 작업과 관련된 정보에 집중 하는 능력은 습득 과정에 핵심 요소라는 주장이 많다(Shreve 1997).

교실 내에서 사전 번역 활동에 대해 토의하는 것은 과제와 관련된 전체 특성을 더욱 정당화한다. 번역 활동의 많은 요소들이 화용론적인 요소에 집중되기 때문에 화용론적인 요소는 이후 번역 과정에서 번역 스타일을 결정하는 것에 영향을 미칠 것이다. 또한 학생들이 번역을 시작하기 전 옳은 궤도에 있다는 확신을 심어주기 위해서는 어느 정도의 시간과 혼란이 불가피한데, 화용론적 요소는 시간과 혼란을 줄여 번역 과제를 이루는 소통적인 요인이 자동으로 이루어지게 한다.

2.2 의사소통적인 번역 수업을 위한 지침 과제 만들기

다음의 텍스트들은 순서결정에 관해 명확히 설명을 하려는 것이 아니다. 이들은 특정 텍스트의 교육 가치를 평가하는 데 관련된 수많은 요인들이 어떻게 상호 작용하며 번역 작업의 특정한 순서를 어떻게 정하게 하는지 보여주기 위함이다. 이것은 교사들이 그런 요소들을 예시의 한 방법으로 이해하고 생각하게 하며 교사 자신들이 텍스트와 수업 상황에서 이 지식을 적용할 수 있도록 의도된 것이다. 번역 과제의 순서가 고정된 교육과정을 교사에게 제시하는 것은 실패할 가능성이 크다. 모든 텍스트들은 특정 소통 상황을 예로 제시하는 한 상이할 수밖에 없으며, 동일한 자료 텍스트라도 번역 개요와 문맥 상황에 따라 다양한 번역 과제를 드러낼 수 있기 때문이다. 교육 맥락과 그 변수 역시 이미 열거한 다양한 조건상황 속에서 추가적인 변이를 만들어 낸다. 그러므로 셀 수 없이 많은 관련 상황을 득 없이 설명하기보다는 결정을 내릴 수 있도록 교육 기준을 제시하는 게 더욱 효과적이다.

수업 설계는 특정 텍스트에 존재하는 세부적인 제약이나 특징으로 결정된다. 텍스트의 선택은 몇 개의 기본적인 수업 기준과 목적이 결합된 텍스트에 기반 한다. 예를 들면, 만약 수업의 목표가 텍스트와 텍스트의 특징을 가르치기 위한 것이라면, 명확하고 분류하기 쉬운 텍스트 특징을 지닌 텍스트가 적당할 것이다. 만약 텍스트의 구성을 연구하는 것이 목적이라면, 특히 그것이 전반적인 수사적인 목적을 충족시키기 위해 다양한 유형의 텍스트 글의 사용을 검토하기 위한 것이라면, 명확한 세부 유형을 지닌 혼합 텍스트 유형이 좋을 것이다. 일단 그 텍스트가 특정 수업을 위한 교육 목적과 부합한다고 결정되면, 나머지 활동은 텍스트와 번역이라는 특성으로 결정될 것이다. 다시 말해, 기존의 수업 자료를 제공하는 목적보다는 교사들의 훈련이 필요함을 정당화하는 것이 목적이다.

어떤 텍스트나 번역 작업도 서로 같기 않기 때문에 교사들은 각 텍스트와 과업의 제약과 특성에 반응하는 수업을 창조하는 방법을 알아야 한다. 다양한 상황에 적응하는 것이 번역가 능력의 일부이듯이, 그 다양성에 수업 자료를 적용하는 것은 교사 능력의 본질이다.

다음으로 학생들에게 제시되는 형태로 수업활동과 텍스트의 견본을 제시한다. 교사들을 위한 설명과 주석은 괄호로 제시된다. 우리는 네 가지 활동과 텍스트 견본을 제공한다. 네 개 견본의 기본 구조가 같아 제안 양식이 반복되는 것처럼 보일 수 있지만, 우리는 여러 이유에서 이를 적절한 방법이라고 생각한다. 첫째로, 이 제안 양식은 교사가 수업활동을 일련의 분류된 훈련과정으로 보기보다는 전체로서 볼 수 있게 해주며, 동시에 훈련 간의 상호 작용과 순서도 알게 해준다. 둘째로, 이 제안 형식은 일반 방법론의 구조를 텍스트의 여러 요구와 특징에 적용하는 방법을 보여준다. 마지막으로, 구조적으로 유사한 네 개 활동을 제공함으로써 교사들이 구조적으로 유사한 수업 내에 상이한 텍스트와 개요를 어떻게 다양화시킬 수 있는지 이해하도록 돕는다.

일부 번역 작업은 영어에서 스페인어로 혹은 다른 언어로 아니면 스페인어에서 영어로 옮기는 작업이다. 견본으로 선택된 언어는 단순히 이용 가능한 자료와 작가의 전문성에서 비롯된 것이다. 스페인어를 공부하지 않은 독자를 위해 원천 텍스트가 함께 제공된다. 활동과 텍스트는 단지 교사들에게 원칙적이고 방법론적인 기준에 부합하는 자료를 어떻게 만드는지를 설명하기 위한 것이며, 기존의 수업 자료로 활용하는 것이 아니라는 점을 명심하라. 예시가 영어와 스페인어라는 사실은 제시된 방법론이 지닌 언어의 유용성에는 영향을 미치지 않는다. 논평은 제2언어 언어(L2)로 번역하는 것을 포함하더라도, 일반적으로는 1차 언어(L1)로 번역한다고 가정한다. 이 활동들 대부분은 쉽게 제 2 언어의 상황에도 적용될 수 있다(연구에 의하면 번역 능력은 기호 중심 번역으로 기우는 경향과는 별개이다). 또한 수업활동은 특정 학생들을 위해 보다 적절한 수업이 되도록 확장, 수정, 다시 쓰기를 포함할 수 있다(포함해야 한다). 교사들은 제시된 것보다 더 나은 텍스트를 발견할 수 있을 것이다. 우리는 교사들 스스로 자료를 만들 수 있도록 여기서 제시된 것을 적용하도록 장려한다.

마지막으로, 경우에 따라 다른 원천 텍스트에서 파생된 원천 텍스트를 사용하였다. 이 결정은 다음 기준에 바탕을 두고 있다.

- 전문적인 기준. 이것은 원천 텍스트가 아니라 번역물을 다른 언어로 옮겨야하는 전문가에게는 그리 드물지 않은 일이다.
- 교수법 기준. 원천 텍스트의 출처가 수업의 특정 목표와 무관할 수 있다. 예를 들어, 텍스트 견본 1의 조리법은 텍스트 유형과 장르의 관점에서 볼 때 원본의 모든 목표 특징을 지니고 있으므로 그 특징을 가르치는 수업에는 아무런 영향을 미치지 않는다. 더구나, 목표 문화에서 구하기 쉬운 재료를 포함함으로써 잠재적인 난관 한 가지가 제거되어 다른 문제에 집중할 수 있다. 이는 초급이나 중급 과정에 매우 유용할 것이다. 이 과정에서는 너무 많은 활동에 동시적으로 참여함으로써 처리능력에 과부하가 걸리지 않게 하는 것이 중요하다.
- 이론적인 기준. 원천 텍스트의 사용을 요구하는 원칙을 일관적으로 따르는 것이 어려울 수도 있다. 이 문제는 많은 논점을 제기한다. 번역된 텍스트가 원본으로 읽히는가 아니면 원본이 아닌 어떤

다른 것으로 인식되는가? 번역된 텍스트와 인지 방해의 가능성이 있는 이중 언어로 된 텍스트 사이의 차이점은 무엇인가? 이중 언어로 된 텍스트를 우리가 배제해야 하는가? 힘들고 조급한 원칙보다는 상식에 따를 것을 제안한다. 간단히 말해, 적절히 선택되기만 한다면 번역된 텍스트는 번역 훈련에서 좋은 대안이 될 것이다.

첫 번째 텍스트는 조리법에 관한 것이다. 이러한 텍스트 유형과 장르로 시작하는 이유는 조리법과 같은 텍스트 유형과 장르가 명확한 텍스트의 특징을 나타내며 텍스트 유형과 장르 인식에 대해 간단한 예를 제시하는 데 좋기 때문이다. 이 개념들은 모든 번역 작업에서 나오기 때문에 되도록 빨리 수업에서 소개하는 것이 중요하다. 명확하고 정확한 텍스트의 특징에 덧붙여 조리법은 여러 문화에서 일반적인 장르이고 어법적인 구조와 구성에 있어 거의 차이가 나지 않는다. 더구나, 영어와 스페인어에서 조리법에 관한 선행 연구(Colina 1997)는 텍스트 특징에 대한 분석을 수업에 적용할 수 있는 근거를 제공한다. 마지막으로, 전문 번역가 모임[2]의 전문 번역가들과 교사들 뿐 아니라 두 미국 대학에서[3] 초급 번역 과정의 학생들을 대상으로 한 비공식적인 시험은 전문가와 학생들이 번역 작업과 관련된 텍스트 유형과 장르 개념을 이해하는 데 도움이 되는 성공적인 교수법 사례를 보여준다. 이 장의 3절과 4절은 이 개념이 어떻게 교수 활동과 결합될 수 있는지를 보여줄 것이다.

텍스트 견본 1 조리법

[교사 지침은 괄호 안에 들어있다. 예시를 위해 여기서는 1차 언어로 번역된다고 가정한다.]

독해

[1, 2, 3 단계는 사전 번역 활동 전에 교실 내에서 행해질 수 있다.]

[독해에 관한 연구를 다시 읽고 독해 활동을 하면서 그 연구에 유념한다.]

[독해 부문은 학생들이 원천 텍스트에서 제시한 생각을 개념화하도록 돕고, 제2언어로의 읽기를 단지 기호 대체로 보는 경향을 없애도록 하는데 사용한다. 독해는 기호 중심번역보다 의미 중심 번역을 장려하고 사전의 도움 없이 이해하고 읽도록 장려하는데 유용하다.]

1단계. [배경지식을 텍스트의 이해에 활용하도록 가르쳐라. 이는 또한 다른 말로 바꿔 쓰기와 관련되기 때문에 번역에 유용하다.] 치즈 케이크에 사용되는 가장 일반적인 재료는 무엇인가? 치즈 케이크 준비에 필요한 일반적인 단계는 무엇인가? [학생들의 의견을 요약하기 위해 칠판에 도표나 차트를 사용한다. 요리에 대해 전문지식이 많은 학생들을 활용한다.]

[배경지식을 설명하는 것은 이해에 필수적인 도식이 학생들의 언어 공동체에 속하지 않을 때, 예를 들어, 치즈 케이크를 먹지 않는 문화권일 경우 어려울 수 있다는 점을 유념하라. 독해 부문은 부족함을 메우는 방법을 가르칠 때 사용할 수 있다. 만약 학생들이 관련된 도식을 사용할 수 없다면 필요한 정보 대부분을 제공하면서 시작한다.]

2단계. molde de fondo abatible는 무슨 뜻인가? 사전을 보지 말라. 하지만 여러분은 치즈 케이크 만들기에 대해 알고 있는 지식을 기초로 그 의미를 추측할 수 있을 것이다(여러분은 영어로 된 치즈 케이크 조리법을 볼 수도 있다).

3단계. 본문에서 이해되지 않는 부분에 대해 목록을 만들어 본다.

본문에서 적어도 두 부분을 선택하여 이해되지 않는 부분에 대해 자신이 이해한 것을 요약하도록 한다. [필요한 배경 정보를 제공한다. 이러한 유형의 지식과 지식을 획득하는 방법이 중요함을 지적한다.]

사전번역활동

[활동 순서. 첫째 날: 활동 1, 2와 1, 2, 3단계 그리고 4단계의 첫 부분을 소개한다(또는 학생들이 잠시 동안 훑어보도록 한다). 4, 5단계를 과제로 내준다. 둘째 날: 3, 4, 5단계로 돌아간다.]

활동 1. 원천 텍스트와 목표 텍스트에서의 화용론적인 요소
[이 장의 4절, 이론 수업 참조]

1단계. 원천 텍스트 분석
[여기서 열거한 몇몇 요소들은 모든 번역 작업에서 동일한 관련성을 지니고 있지는 않음을 기억한다. 그러므로 항상 모든 요소들을 강조할 필요는 없다. 몇몇 요소들은 짧은 언급만으로도 충분하다. 이렇게 함으로써, 학생들은 관련 요소들에 집중하고 필요한 요소들만을 이용해 전 단계를 자기 것으로 만드는 법을 배울 것이다.]

기능
대상
수용 시간
수용 장소

전달 매체

제작 동기

2단계. 번역 개요: 다음의 텍스트는 베티 크로커(Betty Crocker)의 책 개정판의 출판을 위해 번역할 것이다. 이러한 종류의 출판물의 전형적인 독자는 특별한 요리 기술을 가지지 않은 일반 사람들이다. 이 책은 미국인을 대상으로 한다.

[특히 훈련 시작 단계에서, 완전한 개요가 필수적이다.]

3단계. 목표 텍스트 분석

기능

대상

수용 시간

수용 장소

전달 매체

제작 동기

활동2. 화용론적인 요소와 번역 스타일 결정

1단계. 원천 텍스트와 목표 텍스트의 상황적인 요소들을 비교한다. 번역 개요에서 제시된 목표 텍스트의 상황적인 차이점들을 인지한다. 텍스트 기능(요리의 준비과정을 알려주는 것)은 여전히 같으나 대상 독자와 수용 장소는 다르다. 원천 텍스트를 재빨리 훑어 본 후에 이 차이가 번역 스타일 결정에 어떠한 영향을 미칠지 생각해본다. 텍스트를 번역함에 있

어 앞의 내용을 명심하도록 한다.

[이는 개요가 어떻게 번역 스타일 결정에 영향을 미치는지 보여주는 한 예이다. 이 개요에서 미터법 단위는 미국식 단위로 환산되어야 한다. 그러나 대상 독자와 번역의 목적이 다르다면, 예를 들어 그 대상 독자가 스페인에 사는 미국인이라면 환산은 필요치 않을 것이다.]

2단계. 텍스트 유형과 장르: 구조, 구성 그리고 구문 상의 특징.
[주제에 대한 소개를 미리 한 적이 없다면, 간략히 소개한다. 미리 했다면, 관련 양상을 3분에서 5분 정도 개괄적으로 설명한다. 이 장 4절의 이론 수업 부분 참조] 5분간 원천 텍스트를 분석한 후 조리법 장르에 속하는 설명적인(작용적인) 텍스트 유형의 사례라고 볼 수 있는 특징들을 가능한 한 많이 열거한다. [마칠 즈음이나 다음 날, 학생들에게 생각을 묻고, 요약해서 칠판에 적게 한다. 한 학생에게 그것을 메모하도록 부탁한다.]

3단계. 여러분은 독자이자 모국어 사용자로서 이러한 텍스트 유형이나 장르의 다양한 실례들을 접해 보았을 것이다. 독자들이 이것을 모국어로 된 텍스트로 인지하는 특징들에는 어떤 것들이 있는가? [학생들을 브레인스토밍 하게 한다. 2단계에서처럼 칠판에 도표를 그리게 하고 다음 수업시간을 위해 기록해 둔다.]

4단계. 병렬 텍스트 분석. 여러분은 3단계의 특징에 해당하는 리스트를 작성하면서 다소 어려움을 겪었을 것이다. 이런 일은 여러분의 사전 지식이 기억이 전부라면 쉬운 과제가 아니다. 자료들을 이용해 보자. 스페인어로 된 조리법의 원천 텍스트 분석 시 했던 방법과 같이 영어로 된

조리법 사례들을 연구한다. 몇 개의 사례들을 모아서 다음 수업 시간에 가져오도록 한다(각각 두개의 복사본을 준비하도록 한다). 이러한 과정들은 전문 번역에서 병렬 텍스트 분석이라고 부르는 것이다. 종종 정확한 분석을 위해서 사용하는 방법이다. 전문 번역가들은 종종 작업의 정확성을 위해 이 방법에 의존한다(전문가들조차 전문 용어나 관용어를 찾기도 한다). [필요하다면 3분 안에 병렬 텍스트 분석의 역할에 대해 조금 더 설명한다. 번역가가 이러한 유형의 분석을 해야 하는 것은 이 텍스트의 특징들에 대해 설명을 찾아보기 힘들기 때문이라는 점을 상기시켜야할 것이다.]

[다음 수업 시간에는 학생들의 병렬 텍스트의 복사본을 모은다. 칠판에 앞 시간에 작성한 도표를 그린 후 학생들에게 자료에 기반한 목록에 대해 질문한다. 그에 따라 도표를 수정한다. 연구의 결과를 알고 있다면 그 범위 안에서 도표를 수정한다. 그 결과 중 일부는 3절에서 볼 수 있다.]

5단계. 원천 텍스트와 목표 텍스트의 화용론적인 요소들에 대한 연구를 통해 우리는 원천 텍스트의 기능이 유지되어야 함을 알았다. 예를 들어, 목표 텍스트는 또 조리법이기도 한 것(목표 문화에 있는 사람들이 치즈 케이크를 요리하는 것)에 도움이 되어야 한다. 또한, 2-4단계에서 영어와 스페인어로 된 조리법에서 각 텍스트 특징들에 차이가 있음을 살펴보았다. 목표 텍스트의 텍스트 특징에 대해서는 어떻게 해야 할까? 이는 우리가 소통적인 번역을 다루고 있다는 사실과 어떤 연관이 있는가? 다시 말해, 목표 텍스트가 소통의 목적을 가지고 있지 않은 경우, 즉 단지 영어로 쓰인 조리법이 어떤 것인지 보여주기 위한 경우를 생각해보자. 그럴 경우 목표 텍스트의 텍스트 특징에 대해 내린 당신의 결정을 바꿀 것인가?

활동 3. 연구와 문서화

병렬 텍스트 분석은 번역학의 한 형태이다. 이 번역 과제에 어떤 유형의 연구와 문서 작성이 필요한가? [예를 들어, 측량 시스템, 요리 용어, 식료 품점의 음식들 등][학생들에게 연구 결과를 공유할 수 있음을 상기시킨다.]

[초급 과정에서는 둘째 날의 측량 단위 목록을 제공한다.]

[학생들은 종종 "환산이 필요한 시점을 어떻게 아는가"와 같은 질문을 하곤 한다. 환산의 필요성은 대상 독자, 기능처럼 화용론적인 요소들에 의해서 결정됨을 알려준다. 예를 들어, 만약 조리법이 스페인에 주둔하고 있는 미군들을 위한 작은 팜플렛에 사용될 것이라면 환산은 필요지 않다.]

언어 중심

I. 용어 [학생들에게 독해와 용어 관련 부문에서 다루었던 전문 지식의 중요성을 상기시킨다. 필요한 용어들을 습득하고 또한 이 과정에서 능동적인 역할이 중요하다는 사실을 일깨우기 위해 학생들의 요리 지식을 활용한다.]

1단계. 다음의 용어들에 해당하는 최적의 등가어를 찾는다. 전문 용어를 다룰 때에는 일반적인 단어로 번역할 때보다 1대 1 대응이 더 흔하게 사용된다는 점을 기억하라.

　　molde de fondo abatible

incorpora

nata

nata doble

clara a punto de nieve

requesón

leche evaporada

picos duros

cuece(텍스트 2, 16째 줄)

pizca de sal

2단계. 사전 번역 활동의 활동 1에서 고려했던 화용론적인 정보는 지금의 용어 결정에 어떤 영향을 미치는가?
[수용 국가에 따라서 상품 이름은 다양할 수 있다.]

II. 구조 [목적: 학생들이 바꿔 쓰기를 연습하고 기호 중심 번역을 지양하게 하며, 구조/언어에 중점을 두도록 하기 위한 것. 구조 부분은 철자와 문법 검사에 집중하기 위한 연습에 활용될 수 있다.]
[구조 부분의 다항선택 문제는 텍스트의 특징에 집중하고 기호 중심 번역을 피하는데 중점을 둔다.]

원천 텍스트의 분절점을 찾아내고 개요에 가장 적합한 목표 대상을 선택한다. 선택 이유를 설명한다. 전문 번역은 의사소통적인 언어사용의 한 예이므로 번역에서 원천 텍스트의 구조보다는 목표 텍스트에 관련된 화용론적인 요소에 더 중점을 둬야 함을 기억한다.

1. ponla en la nevera(텍스트 1, 8째줄)[4]

   a. 냉장고 속에 넣는다(put it in the refrigerator).

   b. 냉장고에 둔다(place in refrigerator).

   c. 냉장고에서 식힌다(cool in refrigerator).

   d. 다른 표현 _____ (other _____)

   [b와 c에서는 조리법에 대한 목표 텍스트의 필요조건에 부합하기 위해 관사생략.]

2. adorna la crema de nata y clara con las grosellas restantes y decoratambién con ellas 디 borde del pastel de queso(텍스트 1, 12-13째줄)

   a. 휘핑크림과 계란 흰자 크림을 남은 검정 건포도로 장식한 후, 그 것으로 치즈 케이크 가장자리를 꾸민다(decorate the whipping cream and egg whites cream with the remaining black currants and decorate with them the borders of the cheesecake).

   b. 남은 검정 건포도로 꼭대기와 가장자리를 꾸민다(decorate the top and edges with the remaining black currants).

   c. 다른 표현_____ (other _____)

   [a는 기호 번역과 구조 전이를 보여준다]

3. claras separadas de las yemas(텍스트 2, 재료)

   a. 노른자를 뺀 계란 흰자(egg whites separated from the yokes)

   b. 계란 흰자(egg whites)

   c. 계란, 노른자 뺀 것(eggs, separated)

   d. 다른 표현 _____ (other _____)

   [a는 기호 번역을 한 것이다. b와 c 둘 다 가능하다. b는 a와 모양은 다르지만 그렇다고 b에 소실된 정보는 없다]

4. y apaga el horno(텍스트 2, 11째줄)

   a. 그리고 오븐을 끈다(and turn off the oven).

   b. 오븐을 끈다(turn off oven).

   c. 목표 텍스트에서 생략(omit in TT).

   d. 다른 표현 _____ (other _____)

   [원천 텍스트의 구조에 과도하게 집착하는 학생들에게는 어려운 일이겠지만 생략도 가능하다. 또한 우리가 오븐을 다 사용한 후에 오븐의 불을 끄는 것과 마찬가지로 당연한 한 것은 생략하는 경향이 있는 문화에서는 이것 역시 대안이 될 수 있다.]

5. deja que el pastel se enfrié(텍스트 2, 11째줄)

   a. 그 치즈 케이크를 식힌다

   b. 치즈 케이크를 식힌다

   c. 식힌다

   d. 다른 표현

   [b는 관사생략. c처럼 목적어의 생략 또한 가능]

후반 번역 활동

1단계. 목표 텍스트의 목적과 대상 독자를 고려할 때, 번역의 정확도와 품질을 가장 잘 측정할 수 있는 평가방법은 무엇이라고 생각하는가?

2단계. 새로운 번역 개요를 만들고 그것이 어떻게 번역 스타일의 결정에 영향을 미치는지 설명하라.

[주: 번역물은 교육적인 목적에 필수적이라고 간주될 때 활용가능하다. 번역물을 원천 텍스트의 번역 모델로 보아서는 안 된다.]

원천 텍스트 1A(Bowen과 Spencer 1985, 63)

Pastel de queso con grosellas negras y jengibre

Para 6 personas

100 g de mantequilla	575 g de grosellas negras,
225 g de galletas de jengibre,	quitado el rabo
trituradas	15 g de gelatina en polvo
450 g de queso fresco graso	300 ml de nata doble
50 g de azúcar extrafina	1 clara de huevo, batida a
6 cucharadas de nata	punto de nieve

Engrasa ligeramente con un poco de mantequilla un molde de fondo abatible de 23 cm. Derrite el resto de la mantequilla en un cazo pequeño, añade al triturado de galletas de jengibre y mézclalo bien. Utiliza esta mezcla para forrar la base del molde y refrigera hasta que se endurezca.

En un cuenco, bate el queso fresco con el azúcar hasta obtener una mezcla uniforme y cremosa. Incorpora la nata y 450 g de grosellas negras. Disuelve la gelatina en 2 cucharadas de agua hirviendo e incorpórala a la mezcla de grosellas. Vierte esta mezcla sobre la corteza de pastel de queso refrigerada. Ponla en la nevera hasta que se endurezca, aproximadamente 1 hora.

Entretanto, bate la nata doble hasta formar picos blandos y añade la clara a punto de nieve. Vierte esta crema con una cuchara sobre la parte superior del pastel de queso refrigerado. Adorna la crema de nata y clara con las grosellas restantes y decora también con ellas el borde del pastel de queso. Refrigera 15 minutos antes de servir.

목표 텍스트 견본 1A

Black Currant-Gingerbread Cheesecake

Serves 6

1/2 cup butter	1 1/4 lb. black currants,
1/2 lb. of gingerbread cookie	without stems
crumbs	1 tablespoon gelatin
1 lb. cream cheese	1 1/4 cup heavy cream
1/8 lb. sugar	1 egg yolk, beaten until foamy
6 tablespoons whipping cream	

Lightly grease a 9-in. springfold pan with butter. Melt remaining butter in a small saucepan, add to gingerbread cookie crumbs. Mix well. Press this mixture on bottom of pan and refrigerate until hard.

Beat cream cheese and sugar in a bowl until smooth and creamy. Fold in whipping cream and 1 lb. of black currants. Melt gelatin in two tablespoons of boiling water and add to black currant mixture. Pour over refrigerated cheesecake crust. Refrigerate until hard, about 1 hour.

Beat heavy cream until it forms soft peaks. Add egg whites and pour on top of refrigerated cheesecake. Decorate top and around the edges with remaining black currants. Refrigerate 15 minutes before serving.

원천 텍스트 1B(Bowen과 Spencer 1985, 63)

Pastel de queso neoyorquino

Para 8-10 personas

Base
175 g de galletas cracker
75 g de mantequilla, derretida

Relleno
450 g de queso fresco graso
450 g de requesón, colado
275 g de azúcar extrafina
2 cucharaditas de esencia de
    vainilla

1 pizca de sal
5 huevos, las claras separadas
    de las yemas
1 lata (100 ml) de leche
    evaporada
100 ml de nata doble
3 cucharadas de harina
1 cucharada de zumo de
    limón

Calienta el horno a temperatura alta (230°, Gas 8). Engrasa ligeramente la base y los lados de un molde de fondo abatible de 23 cm. Tritura las galletas metiéndolas en una bolsa de plástico y pasándoles el rodillo por encima o con la mezcladora eléctrica. Mézclalas con la mantequilla y acomódalas sobre el fondo del molde. Refrigera de 15 a 20 minutos o hasta que se endurezcan.

Entretanto, mezcla en un cuenco grande el queso fresco, el requesón, el azúcar, la vainilla, la sal y las yemas, batiendo hasta obtener una mezcla uniforme y cremosa. Añade la leche evaporada, la nata y la harina. Bate las claras hasta formar picos duros e incorpóralas a la mezcla de queso junto con el zumo de limón. Vierte esta mezcla en el molde y ponlo en el horno. Reduce inmediatamente la temperatura del horno a moderada (180° C, Gas 4). Cuece durante 45 minutos y apaga el horno. Deja que el pastel se enfríe dentro del horno, con la puerta entreabierta. Refrigera antes de servir.

목표 텍스트 견본 1B

New York Cheesecake

Serves 8-10

Crust	1/2 lb. sugar
1/3 lb. graham crackers	pinch of salt
1/3 cup butter, melted	2 teaspoons vanilla
	5 egg yolks and 5 egg whites
Filling	1 can (100 ml) evaporated milk
1 lb. cream cheese	1 can (100 ml) whipping cream
1 lb. cottage cheese, drained	3 tablespoons flour
1 lb. cottage cheese, drained	1 tablespoon lemon juice

Preheat oven to 450°. Slightly grease sides and bottom of a 9-in. springform cake pan. Crush crackers with a rolling pin (put crackers in a plastic bag first) or with an electric blender. Combine crushed crackers with butter and press firmly into cake pan. Refrigerate 15–20 minutes or until set.

In a large bowl, mix cream cheese, cottage cheese, sugar, vanilla, salt, and egg yolks. Beat until uniform and creamy. Add milk, whipping cream, and flour. Beat egg whites until they form stiff peaks and fold into cheese mixture. Add lemon juice. Pour in pan and bake at 350° for 45 minutes. Allow to cool in oven, with door ajar. Refrigerate before serving.

목표 텍스트 견본 1A

검정 건포도 생강빵 치즈 케이크

6인분

버터 1/2 컵

생강빵 쿠키 가루 1/2파운드

크림치즈 1 파운트

설탕 1/8 파운드

휘핑크림 6 테이블스푼

줄기를 뺀 검정 건포도 1/4파운드

젤라틴 1 테이블스푼

헤비 크림 1/4컵

거품을 낸 계란 노른자 1개

9인치 스프링폴드 팬에 버터를 약간 두른다.

작은 소스 냄비에 남은 버터를 녹이고 생강빵 쿠키 가루를 넣는다.

잘 섞은 후 팬의 바닥에 반죽을 눌러 넣고 굳을 때까지 냉장 보관한다.

볼에 크림치즈와 설탕을 넣은 후 고루 섞일 때까지 세게 휘젓는다.

휘핑크림에 1파운드의 검정 건포도를 넣고 천천히 섞는다.

끓는 물에 젤라틴 2 테이블스푼을 넣고 녹인 후 검정 건포도 반죽에 넣는다.

냉장된 치즈 케이크 크러스트를 붓는다.

단단해 질 때까지 약 한 시간정도 냉장 보관한다.

단단한 크림을 부드러운 봉우리가 생길 때까지 세게 휘젓는다.

계란 흰자를 넣은 후에 냉장된 치즈 케이크에 붓는다. 가장 자리 부분을 검정 건포도 남은 것으로 장식한다. 내어 놓기 전에 15분 냉장보관 한다.

목표 텍스트 1B

뉴욕 치즈 케이크

8-10인분

크러스트

그래햄 크래커 3/1 파운드

녹인 버터 3/1컵

필링

크림치즈 1파운드

말린 코티지치즈 1파운드

말린 코티지치즈 1파운드

설탕 1/2 파운드

소금 조금

바닐라 2 티스푼

계란 노른자 5개, 흰자 5개

무가당 연유 1캔(100ml)

휘핑크림 1캔

밀가루 3 테이블스푼

레몬주스 1 테이블스푼

팬을 450도로 예열해 놓는다. 9인치 스프링폴드 케이크 팬의 가장자리에 기름을 두른다. 크래커를 밀방망이(그 전에 크래커를 비닐봉지에 넣는다)나 전기 믹서로 부순다. 부순 크래커와 버터를 섞은 후 케이크 팬에 세게 눌러 붙인다. 굳을 때까지 15분에서 20분 정도 냉장 보관한다.

큰 볼에 크림치즈, 코티지치즈, 설탕, 바닐라, 소금, 계란 노른자를 넣고 섞는다. 고루 섞일 때 까지 세게 휘젓는다. 우유, 휘핑크림, 밀가루를 넣는다. 계란 흰자가 딱딱한 봉우리 질 때까지 휘저은 다음 치즈 반죽 속에 넣는다. 레몬주스를 넣는다. 반죽을 팬에 붓고 350도에서 45분간 굽는다. 오븐의 문을 조금 열어 놓고 식힌다. 내어 놓기 전에 냉장 보관한다.

텍스트 견본 2 애리조나주 챈들러시

[다음에 제시될 활동의 구조는 텍스트 샘플 1과 매우 유사하지만 반드시 그럴 필요는 없음을 기억해 둔다. 유일한 요구사항은 다음의 활동이 이 장의 2.1절에 제시된 도식에 상응해야 한다는 것이다. 활동의 구조적인 유사함에도 불구하고 텍스트 견본 2는 화용론적인 요소의 차이가 수업 시간에 다룬 텍스트 유형과 어떤 차이를 만들어 내는지 보여 주기 위해 제시된 것이다. 텍스트 견본 2의 활동은 서신문을 근거로 한다. 조사 자료는 함께 발송된 우편물의 일부이므로 참고를 위해 포함되었으나 그것은 (연관성은 있지만) 별도의 텍스트이므로, 독립된 활동이 가능하다.]

독해

[사전 번역 활동 전의 수업에서 행할 수 있다.]
[이 텍스트는 매우 단순해 보이지만, 예를 들어 챈들러 지역에 살지 않는 학생들에게 있을 수 있는 것처럼 텍스트 이해에 문제가 생길 수 있음을 알아두라. 이러한 점에서 이 텍스트는 번역에서 배경지식의 역할을 설명하는 데 좋은 예가 된다. 또한 번역가가 번역을 할 때 다만 용어나 기술적인 지식만이 문제가 되는 것이 아니라는 점을 알려준다.]

1. "alley"는 무슨 뜻인가? 그리고 "curbside"는 무슨 뜻인가? 지금은 사전을 찾지 않도록 한다. 수업시간에 텍스트 상에서 이 용어들이 무엇을 의미하는지 추측해 보도록 한다. 쓰레기 수거에 대해 알고 있는 바를 토론한다.

[브레인스토밍: 토론을 지도한다. 토론 후에 만약 학생들이 문제점이 무엇인지 아직도 모르고 있다면 사전을 찾아보게 한다. 그리고 사전의 한계에 대해 지적해 준다.]

2. 교사가 미국 몇몇 주의 쓰레기 수거에 관련하여 얼마간의 정보를 줄 것이다. (수업 토론 시간에 이에 대한 정보를 얻지 못한 경우)

[미국의 몇몇 주에서 어떻게 쓰레기 수거가 이루어지는지 설명해 준다. 주택 간은 쓰레기통을 두는 갓길로 나뉜다. 이러한 갓길은 뒷마당의 문과 가까워서 거주자들은 필요할 때마다 쓰레기를 쓰레기통에 버린다. 일주일에 한두 번 갓길에 쓰레기차가 와서 쓰레기를 수거한다.]

이 약간의 정보가 어떻게 자신이 가지고 있던 쓰레기 수거 장면에 대한 자신의 생각을 바꾸어 놓았는지 생각해 본다(틀과 장면의 개념을 확인해 본다). 이 지식이 여러분의 텍스트 번역 능력에 영향을 끼쳤는가? 어떻게 끼쳤는가?

3. 골목길의 쓰레기 수거가 왜 골목길에 쌓인 쓰레기더미, 불법 폐기물, 넘치는 쓰레기통, 안전 문제 등에 관해 관심을 일으키는가?

사전 번역 활동
[활동 순서: 텍스트 견본 1, 첫째 날: 활동 1과 활동 2의 1, 2, 3단계를 소개하거나, 학생들에게 그 활동들을 잠시 실행해 보게 한다. 4, 5단계는 과제로 할당한다. 두 번째 날은 3, 4, 5단계를 반복한다.]

활동 1. 원천 텍스트와 목표 텍스트에서의 실제적인 요인

1단계. 원천 텍스트 분석
　　기능
　　대상
　　수용 시간
　　수용 장소
　　전달 매체
　　제작 동기

2단계. 번역 개요: 이 텍스트는 애리조나 주 챈들러 시에 사는 스페인계 사람들을 위해 번역된 것이다. 이것은 영어 텍스트와 함께 발송된다.

3단계. 목표 텍스트 분석
　　기능
　　대상
　　수용 시간
　　수용 장소
　　전달 매체
　　제작 동기

[유일하게 달라진 요인이 대상 독자라는 사실에 주목하라.]

활동 2. 화용론적인 요소와 번역 스타일 결정

1단계. 원천 텍스트와 목표 텍스트에서 상황적인 요인들을 비교해보라. 번역 개요에 의해 요구되는 목표 텍스트의 화용론적인 요소들의 차이점을 주목하라. 이러한 화용론적인 요소들의 변화가 번역 전략에 어떻게 영향을 미칠 것인가를 생각해보라. 예를 들어, 텍스트의 기능(즉 거주민들에게 통지하고 주민들이 여론 조사서를 작성하도록 하는 것)은 변하지 않을 것이지만, 그 수취인이 다른 경우. 이것이 번역 스타일 결정에 어떠한 영향을 미칠까? 텍스트 번역을 진행할 때는 이러한 사항을 명심하라. [예를 들어, 이 도시의 표어 'Where Values Make the Difference'를 생각해보자. 현재의 번역 개요 하에서는, 이 문구는 번역되지 않을 것이다. 왜냐하면 스페인계 사람들이 도시와 관련된 서류나 편지들에서 이 문구를 영어로 접하게 될 것이기 때문이다. 또한 챈들러라는 도시도 영어와 스페인어로 된 표어를 따로 요구하지는 않을 것이기 때문이다(물론, 번역가는 이러한 사항에 대해서도 잘 숙지해 두어야 한다). 앞에서 이루어졌던 관찰들은 대수롭지 않게 보일지도 모른다. 그러나 대부분의 번역 초보자들은 처음에는 서류상의 다른 종류의 정보(예를 들어, 전화번호나 우편주소)뿐만 아니라 그 표어도 번역하려고 시도할 것이다. 학생들이 번역 과제를 둘러싼 텍스트적인 상황을 이해하고, 어떻게 해서 번역하지 않기로 결정한 것이 더 나은 결정인가를 인식하도록 해야 한다. 학생들이 표어 부분들을 번역하고 싶도록 만드는 요인들에 대해서 토의해보라.]

2단계. 텍스트의 종류와 장르: 구조적인, 구성적인, 통사적인 요소들. 5분 동안 원천 텍스트를 분석하고 비즈니스 서신(고객 관련)이라고 확신되는

요소들을 되도록 많이 나열해 보라. 다른 기능을 가지거나 다른 장르에 속하는 요소들이 있는가? [광고(문구).] [시간이 다 되면, 학생들의 생각을 물어보고 칠판 위에 도표나 요약을 작성한다. 그리고 한 학생에게 옮겨 적도록 부탁한다.]

3단계. 스페인어 경험을 활용하여, 스페인어 내에서 나타나는 이 장르의 특징들을 되도록 많이 열거해본다. [2단계와 마찬가지로, 학생들에게 브레인스토밍 기법을 사용하게 한다. 칠판 위에 도표를 작성하고, 다음날의 수업을 위해서 기록해 둔다.]

4단계. 병렬 텍스트 분석. 여러분은 3단계에서 특징 목록을 작성하면서 어려움을 겪었을지도 모른다. 오직 기억에만 의존해서 특징 목록을 작성하는 것은 쉬운 일이 아니다. 외국어나 제 2 언어로 텍스트의 특징을 다룰 때는 더욱 쉽지 않을 것이다. 여러분이 영어로 원천 텍스트를 쓸 때 그랬던 것처럼 스페인어로 된 비즈니스 서신의 예를 연구해보도록 하라. 이러한 예들을 몇 개 모아서 그것들(각각 2개의 복사본)을 다음 수업 시간에 가져온다. 이 절차는 전문적인 번역에서 병렬 텍스트 분석이라고 부르는 것이다. 전문적인 번역가들은 여러분이 지금까지 작업해온 것을 좀 더 정확하게 하기 위해 종종 이 병렬 텍스트 분석에 의지하곤 한다. (그들은 또한 전문용어나 용례를 찾아보기도 한다.) [다음 시간에 학생들이 만든 병렬 텍스트들의 사본을 수집한다. 그리고 전날에 작성한 도표를 칠판 위에 쓴다. 그런 후 학생들에게 새로운 자료에 근거한 목록을 작성하게 한다. 그에 따라 도표도 수정하게 하라. 만약 연구의 결과를 이미 알고 있다면, 그 결과를 고려하여 도표를 수정한다.]

5단계. 원천 텍스트와 목표 텍스트를 둘러싼 화용론적인 요소들의 차이가, 그리고 영어와 스페인의 양 사회에서 통용되는 서신문 텍스트의 특징이 각각 당신의 번역에 어떤 결과를 가져오는가?

활동 3. 조사와 문서화

1단계. 병렬 텍스트 분석은 번역의 한 조사 유형이다. 이 번역 과제를 위해 필요한 다른 종류의 조사와 문서에는 어떤 것이 있는가? [쓰레기 수거와 관련된 일반적인 용어를 조사할 필요가 있다. 학생들에게 연구의 결과를 공유할 수 있다는 점을 상기시킨다.]

2단계. 여러분은 한 언어에서 일반적으로 사용되는 용어라 하더라도 1단계에서 몇몇 용어들은 스페인어를 사용하는 다른 지역에서는 다른 대응어를 가진다는 것을 알게 될 것이다. 개요에 제시된 독자에 관한 정보가 이 문제와 관련하여 당신의 결정에 어떤 영향을 끼칠 것인가? 날짜는 어떻게 번역할 것인가? [몇몇 스페인어를 사용하는 국가에서는 미국 영어와 마찬가지로 월-일 순서를 사용한다.]

3단계. postage-paid envelope(요금별납)에 대응하는 용어를 찾기 위해 어떻게 할 것인가? 사전을 사용하는 것이 최상의 전략이 될까?

언어 중심

목표 텍스트 대응어

다음의 용어나 표현에 대한 목표 텍스트 대응어들을 제시하거나 수집해 보라.

구조 중심:

쓰레기 수거

_____

[목적: 기호 중심 번역, 즉 형식적으로는 유사하지만 받아들이기 힘든 표현인 *colección*으로 번역하는 것을 피하기 위하여.]

이와 같은 요청은 ...등의 불만으로부터 제기된 것이다.

_____Preocupaciones que causaron esta solicitud han varado de infromes

_____Las preocupaciones que causaron esta solicitud han ido de informes

_____La peticion de este vecino/a viene motivada por quejas relativas a

[언어 교체 중심의 접근은 원천 텍스트의 구조와 어순을 따르는 경향이 있다. 그러나 이는 아주 형편없는 목표 텍스트를 만들어 내고마는 전략이다. 학생들은 이러한 접근법을 피하고 내용을 구조적으로 재구성할 필요가 있다. 이를 위해, 몇 가지 대안들이 제시된다.]

기록/용법 중심

Reports

[목적: 사전에 근거한 등가어 reporte나 informe로 번역하는 기호 중심 번역 접근법을 피하기 위함이다. 전체 텍스트와 화용론적인 요인들을 고려하면, 사전에 근거한 등가어 접근법에 따라 informe보다 quejas(불만)이 훨씬 나을 것이다.]

후반 번역 활동

활동 1. 주어진 맥락에서, 이 과제가 스페인어를 사용하는 사회들 간의 방언 차이라는 문제를 제기하는지 토의해 보라. 번역의 장소와 대상 독자(스페인어를 말하는 미국 주민)들과 방언적인/문화적인 차이가 어떤 관계가 있는가? 이 텍스트가 멕시코인을 위해서 멕시코에서 번역된 텍스트와 차이나는 요인들이 있는가?

활동 2. 이 텍스트 자신의 번역에 근거하여, 번역가들이 반드시 알아야 할 사전 사용의 한계와 위험성에 대해 토의하라.

활동 3. 누가 이 텍스트에 가장 이상적인 번역가일까? 장래의 고용주가 잠재적인 번역가를 찾을 때 알아두면 좋을 사항이 있는가?

Chandler · Arizona
Where Values Make The Difference

July 18, 2000

Dear _____

At the request of a resident in your neighborhood, the City is conducting a survey to determine what type of refuse collection is desired — alley or curbside service. Concerns prompting this request have ranged from reports of alley debris, illegal dumping, overflowing containers, and safety.

As a Chandler property owner, your input is <u>very</u> important. Please take a moment to complete this survey and return it by mail. A postage-paid envelope is enclosed for your convenience.

Should you have any questions or comments regarding this information, feel free to either note them on the survey or, call Solid Waste Management at 782-3510.

Sincerely,

Gerald W. Backhaus, CPM
Solid Waste Management Superintendent

Enclosure

Public Works Department
Solid Waste Division

Mailing Address:
Mail Stop 907
PO Box 4008
Chandler, Arizona 85244-4008

Telephone (480) 782-3510
Fax (480) 782-3520

Location:
3200 South McQueen Road
Chandler, Arizona 85249

원천 텍스트 2A

존경하는 _____ 께

    귀하의 한 이웃 주민의 요청으로, 시에서는 골목이나 보도 근처의 쓰레기 수거를
결정하기 위해 설문조사를 실행하고 있습니다.
이와 같은 요청은 골목길에 쌓인 쓰레기더미, 불법 폐기물, 쓰레기통에서 넘쳐 나
는 쓰레기, 그리고 안전 문제 등의 불만에서 제기된 것입니다.

    챈들러 시의 건물소유주로서 귀하의 의견은 매우 중요합니다. 이 설문지를 작성
하여 저희에게 우편으로 부쳐 주시면 감사하겠습니다. 귀하의 편의를 위해 요금별
납 봉투를 동봉해 드립니다.

    의문 사항이나 이 편지와 관련된 의견이 있으시면 설문지에 기재해 주시거나 솔
리드 웨이스트 매니지먼트(Solid Waste Management) 사무실로 전화해 주시기
바랍니다. (762-3510)

감사합니다.

2000년 7월 18일

솔리드 웨이스트 매니지먼트 책임자
제랄드 바크하우스, CPM

원천 텍스트 2B

Chandler · Arizona
Where Values Make The Difference

Citizen Alley Survey

07/19/2000

☐ I am the owner of the property listed above.

☐ I am the owner of the property listed above and, authorize the City to contact my tenant to complete this survey. (*Please sign below and return*)

☐ I want curbside collection.

Comments: _____
_____
_____

☐ I want alley collection.

Comments: _____
_____
_____

☐ I would like someone to contact me to discuss this issue further.

☐ Owner's Signature: _____ Date: _____

Phone: _____

☐ Tenant's Signature: _____ Date: _____

Phone: _____

Thank you for taking the time to complete this survey.
Please mail this survey by using the postage-paid envelope enclosed.

원천 텍스트 2B

_____ 나는 이 편지에서 언급된 건물주(소유주)이다.

_____ 나는 이 편지에서 언급된 건물 소유주이며 이 설문지 작성을 위해 시청이 세입자와 연락하는 것을 용인한다.

_____ 보도의 쓰레기 수거를 원한다.

기타 의견:

_____ 골목의 쓰레기 수거를 원한다.

기타 의견:

_____ 이 문제에 대해 더 자세히 논의하기 위해 담당자와 이야기하고 싶다.

소유주의 서명 _____ 날짜 _____

전화번호 _____

세입자의 서명 _____ 날짜 _____

전화번호 _____

2000.7.19

이 설문지를 작성해 주셔서 감사합니다.
저희가 동봉해 드린 요금별납 봉투에 넣어서 우편으로 보내 주시기 바랍니다.

목표 텍스트 견본 2A

Chandler · Arizona
Where Values Make The Difference

Julio 18, 2000

Estimado/a _____

A petición de un/a residente de su vecindario, el Ayuntamiento está realizando una encuesta para determinar el tipo de recogida de basura preferido por los residentes — en el callejón o junto a la acera. La petición de este vecino/a viene motivada por quejas relativas a la presencia de escombros en los callejones, de desperdicios no permitidos por la ley, a basura que sobresale de los contenedores y a cuestiones de seguridad.

Como propietario de un inmueble en Chandler, su opinión es muy importante. Le agredeceríamos que rellenase esta encuesta y nos la enviase por correo. Para facilitarle la tarea, hemos incluido un sobre con el franqueo pagado.

Si tuviese alguna pregunta o comentario relativo a esta carta, por favor, no dude en indicarlo en la encuesta o en llamar al departamento de *Solid Waste Management* al número 782-3510.

Le saluda atentamente,

Gerald W Backhaus

Gerald W. Backhaus, CPM
Solid Waste Management Superintendent

Anexo

Mailing Address:
Mail Stop 907
PO Box 4008
Chandler, Arizona 85244-4008

Public Works Department
Solid Waste Division
Telephone (480) 782-3510
Fax (480) 782-3520

Location:
3200 South McQueen Road
Chandler, Arizona 85249

목표 텍스트 견본 2B

Chandler · Arizona
Where Values Make The Difference

Encuesta sobre la recogida de basuras

07/19/2000

☐ Soy el dueño de la propiedad mencionada en esta carta.

☐ Soy el dueño de la propiedad mencionada en esta carta y autorizo al Ayuntamiento a ponerse en contacto con el inquilino para que rellene esta encuesta.

☐ Prefiero recogida de basuras junto a la acera.

Comentarios: _____
_____
_____

☐ Prefiero recogida de basuras en el callejón.

Comentarios: _____
_____
_____

☐ Por favor, llámeme para hablar más en detalle de este asunto.

☐ Firma del dueño: _____ Fecha: _____

Teléfono: _____

☐ Firma del inquilino: _____ Fecha: _____

Teléfono: _____

Gracias por rellenar esta encuesta. Por favor, envíenosla por correo en el sobre con franqueo pagado que hemos incluido con esta carta.

텍스트 견본 3 국제 삼페레 학교 (Instituto Internacional Sampere)

[활동 순서. 첫째 날: 독해 수업. 활동 1과 활동 2의 1, 2, 3 단계, 3, 4, 5 단계를 과제로 부여한다. 둘째 날: 3, 4, 5 단계로 돌아간다.]

[텍스트 수준이 좀 더 어려운 텍스트; 혼합된 유형; 상당한 정도의 구조 변화가 가능하다.]

독해

[독해와 관련된 대부분의 정보가 일반적인 것이기 때문에, 독자들에게 독해 과정에서 더 이상의 새로운 도식이 필요하지 않을 것이다. 하지만, L2 독자(사전 번역 활동에 선행하는 설명과 관련되는 마지막 교사 지침 참조)의 이해에 영향을 미칠 수 있는 몇몇 문화적인 측면이 있다. 이 문화적인 상식에 관해 올바른 도식을 창조할 수 있도록 학생들을 돕는다면 시간을 절약하고 잘못된 번역 가능성을 차단할 수 있을 것이다. 번역 스타일 결정에 관하여 나중에 다뤄질 텍스트 구조와 다른 요소들도 여기서 제시하는데, 미리 숙지해두면 이해에 도움이 되기 때문이다. 이 부분의 작업 외에 화용론적인 요소들(예를 들어, 기능, 대상, 텍스트 구조)을 분석하기 위해 원천 텍스트를 다루는 사전 번역 활동도 독해에 도움이 된다.]

1. 미국에서 성공적인 사업의 척도는 무엇인가?

   이러한 척도가 다른 나라에서도 통용될 것이라 생각하는가?

2. 만일 사업이 시작되었을 때의 상황과 현 상황의 차이를 비교하면서 사업 발전에 대해 기술하고자 한다면, 당신은 어떻게 묘사하겠는가? 사업 시작과 현 상황을 어떠한 특징과 연관 지어 생각하겠는가?

   1985년   2003년

   이 특징들은 다른 문화에서도 똑같이 적용될 것인가?

[배경 지식을 넓히는 데 도움을 준다. 학생들이 문화적으로 확고하고 암묵적인 정보를 고려할 수 있도록 이끈다.]

[교사들은 앞서 말한 잠재적인 문화 차이에 대해 상세한 정보를 얻을 수 있도록 학생들에게 텍스트를 훑어보라고 요구한다. 이는 학생들의 텍스트 이해에 영향을 끼칠 문화적인 측면을 이해하는 데 도움이 될 것이다. 학생들이 스스로 결론을 낼 수 있도록 두어라. 학생들이 제대로 하고 있는지 점검하라.]

사전 번역 활동들

활동 1. 원천 텍스트와 목표 텍스트의 화용론 요소

1단계. 원천 텍스트 분석
    기능
    대상
    수용 시간
    수용 장소
    전달 매체
    제작 동기

[이 보기에서처럼, 더 긴 글의 일부인 텍스트에 대해서는 학생들이 전체를 읽어보도록 하는 것도 좋은 방법이다.]

[기능: 사전 번역 활동의 시점이나 이후에 토론을 해볼 필요가 있을 터이다. 이 글은 정보의 기능과 작용의 기능이 혼합된 텍스트이다. 그러나 정보를 전달하는 단락은 잠재 고객들에게 학교를 홍보한다는 목적에 종속

된다. 텍스트의 전개를 보면 그러한 거시구조가 그 특정한 텍스트에 있어 매우 분명하게 나타나고 있다. 이 글의 경우, 텍스트의 전개를 살펴보면 마지막의 두 단락에서 점차 명백하게 광고성을 띠는 정보 도입 부분(예를 들어, "50개가 넘는 교실들, 그 대부분이 우리의 소유이며" 같은 평가적인 말)을 찾아 볼 수 있다. 두 개의 중간 단락은 미국 영어 텍스트로서는 다소 생소한 수사적인 기능을 행한다. 바로 내가 "초월적인 단락"이라고 지칭하는 것으로, 정보의 텍스트로 예상되지만 독자들이 그 정보를 이미 알고 있을 경우 정보의 기능을 거의 하지 않은 그런 글이다(예: 속기는 더 이상 습득할 만한 유용한 기술이 아니며, 컴퓨터가 그를 대신하고 있다, 언어 교육 방법론은 변해 왔다, 다른 언어권 사람들과 의사소통의 필요성은 남아있다). 초월적인 단락의 목적은 텍스트의 어조를 좀 더 초월적인 영역으로 향상시키기는 것이다. 토론을 끝내기 전에 학생들에게 광고성 텍스트의 대부분이 또한 정보적인 기능을 한다는 것을 상기시키라(제품의 품질에 대해 누군가에게 확신을 주려면 독자들에게 그 제품의 특징에 대해 알려 줄 필요가 있다). 이러한 점은 이 텍스트에서처럼 수사적인 텍스트의 전체적인 계획의 일부가 될 수도 있고 그렇지 않을 수도 있다.]

2단계. 번역 개요: 이 회보 텍스트는 영어로 번역되어 미국 내 동창회에 공급될 것이고 그 과정에서 잠재적인 고객들에게로까지 유통될 것이다. [정보: 고급반 학생들은 가능한 개요가 어떤 것이 되어야 할지에 대한 가설을 세우도록 하라.]

3단계. 목표 텍스트 분석

기능

대상

수용 시간

수용 장소

전달 매체

제작 동기

활동 2. 화용론적인 요소와 번역 스타일 결정

1단계. 원천 텍스트와 목표 텍스트에서 상황 요소들을 비교하라. 번역 개요에서 꼭 필요한 화용론적인 요소가 지닌 차이점을 알아내라. 이 변화들이 번역 방식에 어떻게 영향을 미칠지 생각한다. 예를 들어, 텍스트의 기능은 주로 같되(어학 과정 학생들에게 삼페레를 광고하고 해당 학교에 관련된 정보를 퍼뜨리기 위해), 청중과 수령 장소가 다른 경우 번역 스타일 결정에 어떤 영향을 미치는가? 나중에 텍스트의 번역을 다룰 때 이 점을 유념해야 한다.

[청중들은 다양한 유형을 포함한다. 잠재 고객들, 지인들에게 선전해줄지 모르는 동창회 회원들, 교사들 등등. 목표 텍스트는 각 그룹에서 다른 기능을 한다. 실례로, 광고기능이 주가 된다고 할지라도, 텍스트는 동창회에서 정보 제공과 표현적인 기능을 제공한다(삼페레에서 동창회원들의 경험을 상기시킨다).]

2단계. 텍스트 유형과 장르: 구조적인, 구성적인, 통사적인 특징들
[2단계는 원천 텍스트의 기능과 관련하여 활동 1. 1단계에서 나타난 텍스

트 구조를 토대로 토론을 한다. 교사는 텍스트 유형에 대해 앞서 다룬 요점과의 관련성과 번역 과정에서 그 해결 방식에 대해 지적함으로써 이를 검토 자료로 활용할 수 있다. 또 다른 대안은 기능에 대한 토론에서 정보를 보류했다가, 지금 새로운 정보를 제공하는 것이다.]

미시 텍스트 유형의 관점으로 원천 텍스트의 구조를 검토한다. 한 예로, 첫 단락을 참조 정보와 관련되는가, 작용에 관련되는가, 아니면 설득과 관련되는가? 이것이 텍스트 전체와 동등한 기능을 한다고 말할 수 있는가? 그렇다, 추가로 광고적인 목적이 있는 것처럼 보인다(여기에 설명 요소와 정보 요소들이 종속되어 있다). 이것에 대해 어떤 표식이 있는가? [텍스트 전체에서 나타나는 평가 언어-예를 들어, 마지막 두 단락은 학교가 제공하는 최고의 서비스를 열거한다.]

[학생들이 이에 대한 생각할 시간을 준 후, 그 생각을 묻고 칠판에 요약한다. 한 학생에게 받아 적게 한다. 이것은 더 복잡한 텍스트이기 때문에 추가 분석이 필요할지도 모른다. 칠판에 요약한 것을 기록하는 일을 잊지 않는다.]

3단계. 영어권 독자이며 원어민으로서, 이런 텍스트 유형과 장르(홍보 문서)에 속하는 다양한 실례들을 경험했을 것이다. 독자가 영어로 그것을 식별하는 데 도움이 되는 몇 가지 특징들은 무엇인가? 그 구성적인 구조에 어떤 중요한 점이 있는가? 독자들에게 특정한 제품의 이점에 대해 설득하고 전반적으로 수사적인 기능을 제공하는 서사나 정보 텍스트 유형들을 조합하는 것이 가능한가?

4단계. 병렬 텍스트 분석. 3단계에서 영어 텍스트에 대해 공식화한 가설을 확인하기 위해 데이터(병렬 텍스트들)를 사용한다. 몇 가지 이 사례들을 모으고 그것들을 (각각 사본 2장씩) 다음 수업에서 사용한다.

[다음 수업 때 학생들의 병렬 텍스트들의 사본들을 모은다. 전날 사용한 도표를 칠판에 쓰고 학생들에게 새로운 자료를 바탕으로 작성된 목록에 대해 질문하라. 그에 따라서 도표를 수정한다. 당신이 연구 결과에 대해 알고 있다면, 그것들을 고려하여 도표를 수정한다.]

5단계. 원천 텍스트와 목표 텍스트에서 화용론적인 요소들에 대한 연구를 통해, 우리는 원천 텍스트의 기능 (그리고 그 텍스트 유형)이 보존되어야 함을 알게 되었다. 목표 텍스트는 또한 잠재 학생들을 유치하고 삼페레에 대한 정보를 유포시키기 위함이다. 병렬 텍스트 분석의 결과를 바탕으로(4단계), 우리는 목표 텍스트에서 같은 기능을 유지하기 위해 텍스트 유형 구조와 텍스트 표식들을 보존할 수 있는가? 당신은 영어 텍스트 유형을 위한 텍스트 구조와 텍스트 특징들을 찾았는가? 아니라면, 어떻게 변화시키겠는가?

[학생들의 병렬 텍스트 분석에서 얻은 정보를 이용하라. 다음은 텍스트 특징들과 구성 차이에 관한 몇 가지 사례들이다.

1. 삼페레가 제공하는 서비스의 목록과 종류는 보통 영어로 되어 있는 것보다 장황하다. 예를 들어, Cursos Intensivos de Español, en Espana y Ecuador. En 1995, pasaron por nuestras escuelas casi 2.000 estudiantes와 intensive Spanish Courses in Spain and Ecuador. Almost 2,000 students in 1995를 비교하라.

2. 몇몇 문장들은, 예를 들어, 첫 단락과 두 번째 문장에서 보통 영어가

이 텍스트 유형과 장르에서 허용하는 것보다 더 길다.
3. 스페인어로 된 텍스트는 미국에서 출판되는 일반적인 수준의 병렬 텍스트에 비해 독자지향성이 떨어진다.
4. 흔히 "초월적인 단락"은 보통 영어권에서는 사용되지 않는다(대부분의 영어권 독자들에게 진부하게 들린다). 그 문제를 어떻게 해결할지 토론해 보라.]

[교사들은 또한 원천 텍스트의 유효성에 영향을 미칠 수 있는 문화적인 관점에 학생들의 주의를 돌리려고 할 것이다. 단락 1의 예를 들면:

건물에서 가장 좋은 방들. 대부분의 미국인 독자들에게 "자택에서 가장 좋은 방들"에 대해 이야기 하는 것은 무의미한 것이거나 혼동을 일으킨다. 왜냐하면, 미국의 소기업들은 전통적으로 가장 좋은 방들이 아니라 아마도 지하실이나 거실에서 시작할 것이다. (가장 좋은 방이라는 생각은 미국 텍스트에서는 흔히 통용되지 않는다)

사업지의 소유: 자신의 사업장을 소유하는 것이 미국에서는 성공을 의미하는 것은 아니다(스페인과는 다르다). 아주 성공한 많은 기업들이 종종 그들의 사업장을 임대해서 사용한다.]

활동 3. 조사와 문서화
병렬텍스트 분석은 번역의 한 양식이다. 이 번역 과제에서 다른 형태의 조사와 문서화가 필요한가? [여기에 너무 많은 시간을 소비하지 않는다. 원천 텍스트 구조와 문화적인 차이점 외에는 많은 조사가 필요 없다.]

언어 중심

[이 몇몇 질문들은 활동 2에서 나타났던 텍스트 문제들을 더욱 구체적인 수준에서 떠올리게 한다. 여기 나타난 텍스트 부분들은 해당 텍스트 내에서 고려되어야 한다.]

1. 밑줄 그어진 부분에 그 번역에 대해 평하라. 만약 당신이 또 다른 대안을 선호한다면, c항목에 그것을 쓰고 당신의 의견을 뒷받침하라.

    Estudio Internacional Sampere *cumple, en 1996, cuarenta anos de existencia.*

    a. ... 1996년에 40 살이 될 것이다. (... will be, in 1996, 40 years old).

    b. ... 1996년에 40주년을 기념한다 (... celebrates in 1996 its fortieth anniversary).

    c. _____

2. 다음 문장을 번역 하라. 그리고 관련 있다고 생각되는 어떤 부분에라도 의견을 제시하라.

    Fue fundado en 1956 por Alberto e Isabel Villar todavia siguen en activo. <<Sampere>> empezo en las mejores habitaciones de la casa de Alberto e Isabel y hoy cuenta con escuelas en... totalizando mas de 50 salas de clase, muchas de ellas en locales de nuestra propiedad).

    [긴 문장들은 영어로 재구성할 필요가 있을 것이다. 번역을 언어 기호들의 대체로 보는 것이 불가능하다는 것을 잘 보여준다.]

3. 이 프로젝트의 사전 번역 단계와 독해 단계에서의 정보를 감안할 때, 목표 텍스트는 다음 원천 텍스트를 어떻게 나타내는가? 문제점들에 대한 의견을 내놓고 평하라.

más de 50 salas de clase, muchas de ellas en locales de nuestra propiedad.

[독해 부문에서 논의한 문화적인 측면들을 보라. 학생들로 하여금 locales de nuestra propiedad의 생략과 예를 들어, company-owned classrooms 등과 같은 몇몇 보충 가능성들에 대해 토론하도록 하라.]

다음 문장도 평하라

Algunas de estas materias, como la taquigrafia, practicamente han desaparecido, pero aparecen otras como la informatica).

["초월적인 단락"은 생략되어야 하나? 좀 더 영어적인 전략으로 바꾸어야 하나? 그대로 두는 대신 위치를 바꾸어야 하나? 토론해 보라.]

4. 삼페레의 "활동들"이 묘사된 긴 단락을 참조. 미국인 독자의 기대를 충족시키기 위해 일반적인 (텍스트의) 변화를 주어야 할 부분들이 있는가? 삼페레가 제공하는 최소한 두 개의 서비스와 그 기술에 대해 번역하라.

[우리는 영어 광고의 관습에 부합하기 위해 좀 더 간결한 묘사가 필요하다. 통번역 학교. 마드리드에서 가장 유명하다. 한 해에 900명 이상의 학생들을 배출한다.]

5. 다음을 번역하고 평하라.

Estas actividades emplean a más de 60 personas, dedicadas a dar el mejor servicio y la mejor enseñanza a nuestros estudiantes, queson la razón de ser de nuestra empresa. (본사는 60명 가량의 인원을 여기에 참가시켜 최상의 서비스와 교육을 학생들에게 지원하고자 한다.) [학생들이 목표 텍스트를 제출하고 또한 평하도록 하라. 그러한 평들을 관련 문제에 대한 토론으로 활용하라.]

6. 가장 적절한 번역을 선택하라. 각각의 번역에 대해 평하라.

Desde aquí, muchas gracias a todos *por contribuir al éxito de* <<*Sampere*>>.

   a. 삼페레가 성공하도록 하기 위해.

   b. 삼페레의 성공에 공헌하기 위해.

   c. 삼페레의 성공 신화를 만들기 위해.

7. 페이지 마지막 부분에 있는 상자 안에 원천 텍스트(Atencion person alizada en grupos reducidos)가 두 가지 표현으로 나뉠 수 있는가? 이 것이 적절한 대안이 될 수 있는가?

후반 번역 활동

지금까지 텍스트 구성에서 언어-문화 간 차이점들을 살펴보았다. 전 세계의 많은 번역 전문가들과 학생들은 이러한 문제점들을 의식하지 못한다. 국제적인 소통을 위한 잠재적인 결론은 무엇인가? 소통의 본질에 대해 이 문제점들은 우리들에게 무엇을 말해주고 있으며 또한 그것은 번역 문외한의 관점과 어떻게 다른가?

원천 텍스트 3

MARZO 1996

Estudio Internacional Sampere

BOLETIN DE LOS ESTUDIANTES   TIRADA: 18.000 EJEMPLARES

 40 ANIVERSARIO

1956 1996   1956 1996

Estudio Internacional Sampere cumple, en 1996, cuarenta años de existencia. Fue fundado en 1956 por Alberto Sampere e Isabel Villar que todavía siguen en activo. "Sampere" empezó en las mejores habitaciones de la casa de Alberto e Isabel y hoy cuenta con escuelas en Madrid, El Puerto de Santa María, Salamanca (España) y Cuenca (Ecuador), totalizando más de 50 salas de clase, muchas de ellas en locales de nuestra propiedad.

A lo largo de todos estos años, hemos enseñado a muchos miles de personas idiomas y otras cosas relacionadas con los idiomas. Algunas de estas materias, como la taquigrafía, prácticamente han desaparecido, pero aparecen otras como la informática.

Los métodos y los enfoques han cambiado mucho también, pero la necesidad básica, **comunicarse con el que habla otro idioma**, sigue y seguirá siendo la misma por lo menos otros cuarenta años.

Las actividades principales de Estudio Internacional Sampere son:

Cursos Intensivos de Español, en España y Ecuador. En 1995, pasaron por nuestras escuelas casi 2.000 estudiantes.

Escuela de Traductores e Intérpretes. Posiblemente la más famosa de Madrid. Asisten más de 900 estudiantes al año.

Lingua Service Traducciones. Docenas de clientes nos confían sus traducciones más urgentes y delicadas.

Madrid European Business College. Nuevo proyecto iniciado en 1995 para formar al personal de la oficina del futuro.

Estas actividades emplean a más de 60 personas, dedicadas a dar el mejor servicio y la mejor enseñanza a nuestros estudiantes, que son la razón de ser de nuestra existencia como empresa. Desde aquí, **muchas gracias a todos** por contribuir al éxito de "Sampere".

Familia Sampere

Alberto Sampere e Isabel Villar

Familia Sampere 2ª y 3ª generación

In 1996, Estudio Internacional Sampere celebrates its fortieth anniversary. It was founded in 1956 by Alberto Sampere and Isabel Villar, both of whom are still actively involved with the School. "Sampere" began in the best rooms of Alberto and Isabel's home and today has schools in Madrid, El Puerto de Santa María, Salamanca and Cuenca (Equador), and has a total of over 50 classrooms, many of which are in buildings owned by us.

Over the years we have taught thousands of people languages and language-related subjects. Some of these subjects, short-hand for instance, have all but disappeared, but new subjects, like computers, have taken their place.

Teaching methods have also changed, but one basic need, **to communicate with a speaker of another language**, still exists and will continue to exist for at least another forty years.

The main fields of activity of Estudio Internacional Sampere are:

Intensive Spanish Courses, in Spain and Equador. In 1995 almost 2,000 students studied with us.

School of Traslators and Interpreters, quite possibly the most well known school of its kind in Madrid.

Lingua Service Translations. Scores of clients entrust us with their urgent translations that require the greatest care.

Madrid European Business College. This new project was begun in 1995 to train personnel for the office of the future.

All these activities combined employ over 60 people dedicated to providing the best service and the best teaching to our students, who are the reason our school exists. We would like to take this opportunity to say **"thank you all"** for helping to make "Sampere" a success.

The Sampere Family

ATENCION PERSONALIZADA EN GRUPOS REDUCIDOS

GRAN CONCURSO FOTOGRAFICO
5 FANTASTICOS PREMIOS 5
(Ver bases en la página 2)

PERSONAL ATTENTION IN SMALL GROUPS

In 1996 Estudio Internacional Sampere celebrates its fortieth anniversary. Founded in 1956 by Alberto Sampere and Isabel Villar, who are still active in the Institute, "Sampere" started out in the best rooms of the home of Alberto and Isabel. Today it has schools in Madrid, El Puerto de Santa María, Salamanca, and Cuenca (Ecuador) with more than fifty company-owned classrooms.

Throughout the years, Sampere has taught thousands of people languages and language-related skills, from the oldest, such as shorthand, to the newest such as computer skills.

Although the method and approaches have changed, one thing remains the same: the need to communicate with speakers of other languages. And it will most certainly remain the same for at least another forty years.

Estudio Internacional Sampere offers:

- Intensive Spanish courses in Spain and Ecuador. Almost 2,000 students in 1995.

- School of Translators and Interpreters. Probably the best known in Madrid. More than 900 students a year.

- Lingua Service Translations. Our many clients trust us with their most urgent and difficult jobs.

- Madrid European Business College. New program started in 1995 for the training of the new clerical employees.

We are a team of sixty people committed to providing our students with the best service and the most innovative teaching methods. You are the reason why we are here. Thank you very much to all of you for making Sampere a success.

목표 텍스트 견본 3[5)]

1996년 국제 삼페레 학교(Estudio International Sampere)는 개교 40주년을 맞이했습니다. 지금도 활동하고 있는 알베르토 삼페레(Alberto Sampere)와 이자벨 빌라(Isabel Villar)에 의해 설립된 "삼페레(Sampere)"는 알베르토와 이자벨의 자택의 가장 좋은 방에서 시작되었습니다. 삼페레는 오늘날 마드리드, 엘 푸엘토 도 산타 마드리드, 사라만카, 쿠엔카(에콰도르)에 걸쳐 본사 소유의, 교실이 50개가 넘는 학교를 가지고 있습니다.

몇 년에 걸쳐 삼페레는 수천 명의 학생들에게 언어와 그와 관련된 기술들, 즉 속기와 같은 가장 오랜 것부터 컴퓨터 기술과 같은 가장 최근의 기술까지 교육해 왔습니다.

비록 그 방법과 접근법은 변하고 있지만, 다른 언어권 사람들과 의사소통의 필요성은 여전히 남아있습니다. 그리고 그것은 향후 40년이 지나도 분명히 유지될 것입니다.

국제 삼페레 학교(Estudio International Sampere)는 다음을 약속드립니다.

- 스페인과 에콰도르에서 스페인어 집중과정 제공. 1995년엔 약 2,000명 가까이 수강.
- 통번역 학교. 마드리드에서 가장 유명하며 1년에 900명 이상 수강.
- 번역 서비스. 수많은 고객들이 급박하고 어려운 문건들을 번역 의뢰함.
- 마드리드 유럽 비즈니스 대학: 신입 사무직원들의 교육을 위해 1995년부터 시작됨.

교육진은 학생들에게 최상의 서비스와 최상의 혁신적인 교육 방법을 제공하는 헌신적인 교사 60명으로 구성되어 있습니다. 오늘 우리의 존재는 바로 여러분들의 힘 덕분입니다. 삼페레를 성원해주시는 모든 분들께 깊은 감사의 말씀을 드립니다.

텍스트 견본 4 시장 전략: 스페인

[활동 순서. 첫째 날: 학생들이 독해하기 전에 활동 3, 1단계, 사전 번역을
하도록 하라. 둘째 날: 독해. 사전 번역 활동으로는 활동 1, 2와 1, 2, 3단
계 그리고 4단계의 첫 부분(병렬 텍스트 견본)를 소개한다. 활동 2, 3과
2단계를 과제로 할당한다. 셋째 날: 활동 2, 또한 3, 4, 5, 6단계 그리고
활동 3으로 돌아간다.]

독해

[학생들이 적절한 도식을 가지고 있지 않다면(번역입문과정에서 빈번히
발생하는 경우인데), 이 텍스트는 독해하는데 어려움을 일으킬 것이다.
교사는 학생들이 관련 지식 구조를 형성하는 것을 도와줄 수 있지만, 더
욱 중요한 것은 학생들이 이해 과정과 번역의 관계를 이해하게 해야 한
다는 점이다. 만약 적절한 도식이 부족하다면 이해는, 더 나아가서 번역
은 불가능할 것이다. 이 텍스트는 언어학과 전문 용어적인 지식을 넘어
선 번역의 일면을 학생들에게 보여주기 위하여 사용될 수 있다. 만약 그
들이 L1으로 읽는다면 언어 기술이 문서를 이해하는 데 도움이 되지 않
는다는 것을 알려준다. 바꾸어 말하자면 영어 지식이 있는 스페인의 재
무 분석가는 해당 분야에 대한 전문적인 지식(적절한 도식)으로 그의 언
어적인 결핍을 보충할 수 있을 것이다(독해의 이론적인 측면을 번역수업
에 활용하는 것에 대한 자세한 내용에 대해선 2장의 5절과 이장의 4절
참조). 요컨대, 번역 입문과정에서 이런 독해 활동의 목표는 이해 과정의
인지 및 실제번역에 끼치는 영향을 보여주고자 하는 것이다. 전문화 과
정의 경우 인지는 더 이상 주된 목표가 아니다. 그 대신에 목표는 전문화
된 분야에서 전문적인 임무를 수행하기 위해 필요한 도식(내용, 문서 특

징, 구조와 구성, 관습)을 형성하는 기회를 창출하는 데 있다. 번역에 관한 특별한 훈련 없이 전문적인 번역작업을 하고 있는 학생들에게 가장 적절한 방법은 그들이 적당한 도식을 활용할 수 있도록 돕는 것이다.]

1단계. 이 텍스트와 관련된 조사를 하면서 발견한 정보를 요약한다.

2단계. 자신이 요약한 정보를 적어도 다른 두 명의 학생들과 비교한다. 필요하다면 자신의 요약본을 수정한다.
[학생들에게 텍스트의 주제(들)를 조사하면서 발견한 정보에 대해 질문한다. 이 정보를 전문화된 도식을 만드는 재료로 사용한다. 그 정보의 바꿔 쓰기를 요구한다. 만약 어떤 것이 완벽하지 않거나 말이 되지 않는다면, 어떤 정보가 오인되었거나 누락되었는지 결정하여 도식을 완성하거나 수정하고 그 분야와 관련해 제공된 정보를 체계적으로 정리한다. 학생들의 수준에 따라 진행 속도를 높이기 위해, 연구의 출발점이 될 수 있는 주제에 관한 기본적인 정보를 제공하는 것이 도움이 될 수도 있다.]

3단계. 텍스트로 돌아가서 다시 한 번 읽는다. 만약 여전히 명확하지 못한 부분이 있다면 더 많은 조사가 필요할지도 모른다.

사전 번역활동
[이미 말했듯이 명확성과 교육적인 목적에서 화용론적인 요소들을 분석하기 위해 이전의 활동들과 동일한 단계를 밟을 것이다. 하지만 이런 경우의 분석은 꽤 직접적이라 그리 많은 시간이 걸리지 않는다. 중요한 부분만 반복하라. 학생들이 어떤 문제점이나 특이점들이 없는 분석 측면들

을 자동화하는 법을 배우는 일은 중요하다. 즉, 각각의 목록을 분석할 필요는 없는데, 그것은 전문적인 관행과는 거리가 멀뿐 아니라 지루하고 불필요하며 인위적이기까지 한 과정이다(전문 번역가라고 몇몇 텍스트에서 제기되는 모든 사항들을 모조리 고려하는 것은 아니다). 전문 번역가가 그 모든 요인들을 고려하더라도, 번역 작업에 연관된 내용만이 의식적인 주목의 대상이 된다.]

활동1. 원천 텍스트와 목표테스트에서의 화용론적인 요소들

1단계. 원천 텍스트 분석
      기능
      대상
      수용 시간
      수용 장소
      전달 매체
      제작 동기

2단계. 번역 개요: 이 텍스트는 해당 은행의 스페인 지점을 위해 번역될 것이다. 원천 텍스트는 본래 미국의 투자자들과 상인들에게 스페인 시장에 대해 알리기 위해 미국에서 출간되었다.

3단계. 목표테스트 분석
      기능
      대상

수용 시간

수용 장소

전달 매체

제작 동기

[홍보 텍스트. 원천 텍스트 텍스트의 독자와 유사한 전문가 집단이지만 스페인어 사용자임. 수용 시점은 원본 수용 직후임. 번역 시간 짧음.]

활동2. 화용론적인 요소와 번역 스타일 결정

1단계. 원천 텍스트와 목표 텍스트의 상황 요소를 비교하라. 차이점과 유사점이 무엇이며, 그것들이 번역과정에 어떤 영향을 미치는가? 이런 점에 착안해서 이 텍스트의 번역을 진행해야한다.

2단계. 텍스트의 유형과 장르: 구조적인, 구성적인, 통사적인 특징들. 5분 정도 원천 텍스트를 분석한 후, 그것을 재무보고서 분야에 속하는 정보 텍스트로 파악할 수 있게 하는 특징들을 최대한 많이 열거하라. [지정된 시간이 끝난 뒤 혹은 다음날, 학생들의 의견을 물어보고 칠판에 도표/요약을 적는다. 한 한생에게 기록해 줄 것을 요청한다.]

3단계. 몇몇 경험적인 증거를 찾는다. 즉, 2단계에서 원천 텍스트의 분석에 근거하여 자신이 세운 가설을 확인하거나 필요할 경우 수정하는 데 도움이 될 만한 다른 재무보고서들을 찾아본다.

[다음 내용은 영어로 작성된 재무보고서에 대해 예비적인 문서 분석의

결과이다. 여기서 제공된 자료는 하나의 예이며, 또한 그 결과는 임시적이므로 인증을 받을 필요가 있다.]

다음은 영어로 쓰인 재무 보고서의 몇몇 특징들이다.

(a) continue+원형부정사의 빈번한 사용

As asset prices *continued* to post sizable gains.

자산 가격이 지속적으로 상당히 증가한다(JP 모건, 기업정보, 보도자료, 1996년 9월 5일).

(b) 비원형부정사 구의 빈번한 사용

The European index turned in gains of 1.5, *outperforming the GBI by 51bps*

유럽지수는 1.5 상승하여 *GBI보다 51bps 높은 수치를 기록했다.* 주요 유럽 국가들은 이 달 들어 유사한 거래 양상을 보이며, 모두 *적정 수준의 이익을 기록했다.* (JP 모건, 기업정보, 보도자료, 1996년 7월 2일).

(c) As가 들어간 시제문구(AS-구)의 빈번한 사용

However, . . ., Mexicao traded off its intramonth high, as domestic political tensions contributed to the peso's downward trend.

하지만 . . . 멕시코는 정치 불안정으로 페소화 가치가 떨어지면서 이 달 들어 기록적인 매도세를 보였다. (JP 모건, 기업정보, 보도자료, 1996년 9월 5일)

(d) 긴 주어들:

Koruna strength and continued optimism in the local bond markets led the Czech republic to post sizable gains.

코루나의 강세와 지역 채권시장에서의 계속되는 낙관주의로 인해
체코의 주식시장은 상당한 이익을 기록했다.

Deteriorating economic conditions, a weakening lev, and increasing political risks
dragged prices down.

악화되는 경제상황과 레프의 약세, 점증하는 정치 위기가 가격하락
을 주도했다. (JP 모건, 기업 정보, 보도자료, 1996년 9월 5일).

4단계. 텍스트 분석: 병렬텍스트. 이 작업 계획표는 가능한 병렬 텍스트
역할을 할 것이다. 몇몇 예를 더 찾아서 (수업에 가지고 온다) 번역을 위
한 원천 텍스트 분석에 대해서 우리가 배웠던 바를 적용하라. 여러분들
이 재무(정보적인) 자료, 즉 재무보고서로 파악할 수 있는 (통사적인, 구
성적인) 특징이 있는가?
[병렬 텍스트의 예를 제시한다. 다음 수업시간에 학생들의 병렬 텍스트
사본들을 수거한다. 그리고 원천 텍스트 텍스트의 특징을 칠판에 적고
목표 텍스트에 대한 새로운 자료에 기반한 목록에 대해 학생들에게 질문
하라. 만약 그 조사 결과들을 이미 알고 있다면 그것을 고려하여 도표를
수정하라.]

5단계. 여러분이 두 언어 공동체 내에서 재무 텍스트의 텍스트적인 특징
을 번역한 결과물은 어떠한가? 원천 텍스트의 기능이 목표 텍스트에서
유지되었는가? 그렇다면 여러분이 원천 텍스트에서 파악한 특징들은 어
떻게 되었는가?

6단계. 번역의 규범. 재무 텍스트는 비슷한 방식으로 번역되는 경향이 있

다. 예를 들어, 원천 텍스트의 기능이 대체로 유지된다. 재무 텍스트의 번역 경험과 그 규범이 번역 개요의 필요성에 어떤 영향을 끼치게 될까? [관습화된 텍스트 유형/장르와 번역 방식이 제공하는 기회를 잡아 학생들이 번역 작업을 둘러싼 규범과 화용론적인 요소 사이의 관계를 이해하게 하는 것이 중요하다. 관례화된 텍스트(예를 들어 재무나 법률 텍스트)의 번역규범은 불완전한 개요를 보충해 줄 수 있다.]

활동 3. 조사와 문서화

1단계. 조사: 번역을 위한 용어집을 만든다. 원천 텍스트를 읽고 기술적인 용어마다 밑줄을 그어라. 여러분이 필요하다고 생각하는 자료들을 사용해서 이해되지 않는 용어들에 대한 정의나 설명을 찾아라(아직까진 목표 언어의 등가어에 대해 생각하지 말라). (목표 언어와 원어 양쪽에서)그 주제에 관해 읽는다. 원천 텍스트에서 다루는 주제에 대해 가능한 많이 알고자 노력한다. 자신이 이용한 모든 자료들의 목록을 만든다.

2단계. 일단 주제에 관한 특정한 지식과 개념을 갖게 되었다면, 여러분의 목록에 있는 용어들에 해당하는 목표 언어 등가어를 찾아보라. 자신이 사용한 모든 자료들의 목록을 만든다.

[학생들에게 각자가 조사한 결과를 공유할 수 있음을 상기시킨다.]

3단계. 자신의 용어집을 교실 내의 적어도 다른 두 사람이 작성한 용어집과 비교해보라. [용어정의가 나타나있지 않은 견본 용어집을 제시한다.

교사는 자신의 용어집을 다른 학생들의 것들과 비교해야 하지만 강요해서는 안 된다. 단지 용어 선택이 적절한가와 문제될 수 있는 용어들이 간과되지 않았는지를 확인한다.]

[학생들은 아마도 문서화 과정이 시간이 많이 걸리고 복잡하다는 것을 알아차릴 것이다. 이런 점을 학생들에게 확실히 지적하라. 문서화의 개념을 전문가 정신과 전문지식의 필요성이라는 전문성의 문제에 연결시킨다. 비록 우리가 활동으로 제시된 대로 문서화 과정에 성공하더라도 그건 너무 시간이 많이 걸리는 일이다. 전문가 세계에서라면 촉박한 마감시간 때문에 우리는 결코 제시간에 프로젝트를 완성시킬 수 없을 것이다. 또한 그런 식으론 생활을 영위하기 힘들 것인데, 번역가들이 텍스트와 관련하여 집중조사를 한다고 돈을 더 받는 것은 아니기 때문이다. 이 수업에서는 재무보고서를 한 사례로 삼아 전문 번역의 요구사항에 관해, 그리고 장래의 프로젝트를 위한 어휘집의 중요성에 관해 가르치는 것이 목적이다.]

언어 중심

[학생들이 수업 중에 번역할 수 있는 문단을 두 개 선택한다. 학생들이 서로 다른 방식으로 번역하는 것을 수용하고 다른 학생들과 그러한 선택의 문제에 대해 논의하도록 한다. 칠판에 하나 또는 그 이상의 번역의 예를 적고 학생들의 추가 의견을 유도한다. 학생들이 그들이 번역한 내용을 설명할 수 있도록 한다. 수업의 목표는 전문가 행동과 더불어 인식의 형성임을 기억하라. 또한 이 시점에서 언어 문제와 정확성에 초점을 맞출 수도 있다. 물론 학생들은 나중에 자신들의 번역물을 수정하고 세세

한 부분의 문제점을 확인하는 기회를 몇 번 더 가지게 되겠지만. 2.1절에서 언급했듯이, 번역에서는 대부분의 글에서와 마찬가지로 정확성과 올바른 문법 사용이 대단히 중요하다는 사실을 학생들에게 전달하는 것이 중요하다. 전반적인 문제와 소통적인 관심에 집중한다고 해서 언어 문제가 중요하지 않다는 뜻으로 학생들이 오인하도록 해서는 안 된다.]

1단계. 다음 문단을 번역하시오.

Continued demand by international investors suggests that the 10-year sector will now outperform with some reinversion of the yield curve and will see around a 30 bp convergence of the 10-year yield differentials versus Germany over the next three months, with the spread moving to 475bp.

국제 투자가들의 지속적인 수요로 인해 10년 만기 채권의 수익률이 반등하고 있으며 이와 함께 상향 곡선을 그릴 것이다. 향후 3개월 이상 독일 10년 만기 채권 수익률 대비 격차도 30bp 정도에 이를 것이다. 스프래드는 475bp까지 상승할 것으로 예상된다.

2단계. 번역물을 다른 학생들이 번역한 것과 비교해보라. 수정할 부분이 있다면 고친다. 왜 자신이 특정한 번역 해결책을 결정했는지 그 이유를 명확히 기억한다.

Madrid
20th January 1993

J.P. Morgan Securities Ltd.
Sales and Trading Research

J.P. Morgan SA
Sales

Market strategy: Spain

- **Bonds to continue to outperform cash with longer end expected to do best**

- **Peseta bonds expected to outperform core DM markets**

- **Peseta still vulnerable over the longer term**

This is the third issue of this bi-weekly publication and contains an appendix explaining the terms used.

Market View

We remain positive on the Spanish market, in spite of the substantial decline in rates that occurred over the last two weeks (see Chart 2) and exceeded our short-term expectations.

Our estimates of growth continue to be less than market consensus with 1993 GNP forecast to be −1.0%. Although, we continue to see some structural problems for the Spanish economy as we highlighted in our last issue, the short-term outlook appears positive. The recent easing of ERM pressures has caused substantial international flows into peseta assets which has supported the currency as well as the bond market. This makes an aggressive ease by the BoS more likely in response to an expected easing of German short-term rates and we continue to look for 3-month euro-deposit rates to be around 13% by the end of March. Given that the money market curve is now less inverted, we are now more bullish versus the 3-month rates implied by the money market rates as highlighted in Chart 5 and expect bonds to outperform deposits. Continued demand by international investors suggests that the 10-year sector will now outperform with some reinversion of the yield curve and see around a 30 bp convergence of 10-year yield differentials versus Germany over the next 3 months with the spread moving to 475 bp.

However, longer term a resurrection of ERM tensions as we approach the French elections in March could again cause some pressure on the peseta which remains vulnerable, especially given its current strong position above parity versus the DM. Our expectations for a stabilizing current account over the year (see *"Data Watch: Spain"*) suggests some limited depreciation of the peseta, about in line with the FX forward rates (see Chart 4), as interest rates are reduced in response to slowing growth.

Market Strategies

The flattening of the curve means that 10-year bonds are expected to outperform on a duration weighted or outright basis. As Table 2 shows, yields on 10-year bonds need to decline 14 bp over the next 3 months for investors to break even funding using short-term deposits compared to 25 bp for 4 years. A duration weighted extension from 4 years into a combination of 10 years and cash will give an annualized yield pick-up of around 86 bp and means that the curve has to dis-invert by 6 bp over 3 months or the investor will outperform.

Similarly, given our neutral outlook on the currency, we still suggest investors hedge using FX forwards and position in the 10-year sector to reduce the costs of hedging market exposure. Cross-market comparisons highlighted in Table 3 suggest that, in spite of hedging costs, peseta bonds will outperform core DM markets (DM, Dfl, Bf) on a currency-hedged basis. For example, our negative outlook on Belgium (see *"Risk of OLO under performance,"* Jan 14th) suggests investors should buy 10-year bonds versus selling 10-year OLOs. Hedging for 3 months, bonds need only to outperform OLOs by 10 bp to break even. Spread trades buying the short end of Spain against the short end of Italy the UK or Scandinavian markets look less attractive given our continued bullish expectations and generally lower cost of carry in these markets. For example, 5-year bonds would have to outperform 5-year Italy by 20 bp over the next 3 months for a currency-hedged investor to break even, which we would view as unattractive.

Longer term, leveraged/funded investors should position in the shorter end through swaps with continued demand to receive fixed out to 5 years likely to drive spreads tighter. As Chart 3 demonstrates, although the yield curve 1 year forward is substantially below the current curve due to the costs of carry, market expectations seem conservative versus our own forecasts. For example, 3-year rates, 1 year forward are around 68 bp below current 3-year swap rates and 5-year rates, 1 year forward 52 bp lower. Further given our bullish outlook on short rates, long-term investors should roll their funding frequently rather than locking in 12-month rates.

원천 텍스트 4

마드리드   JP모건 증권   JP모건 SA
1993년 1월 20일   판매 및 무역조사   판매

시장 전략: 스페인

*채권이 장기 엔드 현금에 대해 지속적인 우위를 보이면서 최고의 수익률을 올릴 것
으로 예상

*페세타 채권이 핵심 마르크 시장들을 앞지를 것으로 예상

*장기적인 안목에선 여전히 취약한 페세타

*이것은 격주 간행물의 세 번째 발행물이며 사용된 용어들을 설명하는 부록이 첨부되
어 있다.*

시장전망

지난 2 주간 상당한 정도로 우리의 예상을 넘어선 이율 하락(표2 참조)에도 불구하고
우린 여전히 스페인 시장에 대해 긍정적인 입장을 견지하고 있다.

우리가 추산한 성장률은 계속 시장 전망치를 밑돌아 1993년 GNP 성장률은 -1.0%
로 예상된다. 비록 지난 호에서 계속되고 있는 스페인 경제의 몇몇 구조적인 문제점
들을 다루었지만 단기적인 전망은 긍정적이다. 최근 유럽환율조정체계(ERM)의 압력
약화는 국제 자본을 페세타 자산으로 끌어들였다. 이는 채권 시장뿐 아니라 통화 가
치를 지탱하는 데 유효한 역할을 했다. 그것은 무엇보다 독일의 단기 이자율 하락 예
상에 대해 스페인 중앙은행의 공격적인 이자율 하락 가능성을 높였다. 그리하여 3개
월 만기 유로 예금 이자율은 3월 말까지는 계속 13% 정도에

머물 것으로 기대된다. 통화시장 곡선의 역전 현상이 약화된 지금, 우린 도표 5에서 강조된 통화 시장 수익률을 근거로 3개월 만기 이자율에 대해 더욱 낙관할 수 있게 됐으며, 또한 채권이 현금보다 더 나은 수익을 올리리라 기대하고 있다. 국제 투자가들의 지속적인 수요로 인해 10년 만기 채권의 수익률이 반등하고 있으며 이와 함께 상향 곡선을 그릴 것이며, 향후 3개월 이상 독일 10년 만기 채권 수익률 대비 격차도 30bp 정도에 이를 것이다. 스프래드는 475bp까지 상승할 것으로 예상된다.

그러나 장기적으로는 3월에 있을 프랑스대선이 다가오면서 유럽환율조정체계(ERM)의 압력이 다시 높아져 페세타에 대한 압력으로 작용할 수 있다. 페세타는 특히 최근 마르크화에 대해 동가 이상의 강세를 보인 점을 감안하면 여전히 취약하다. 금년 경상수지('Data Watch: Spain' 참조) 안정화에 대한 기대가 암시하는 것은 페세타에 대한 제한적인 가치 하락을 의미하는데, 성장률의 둔화에 따른 이율의 하락으로 외환선물시장 수준(표 4 참조)으로 유지될 것이란 점이다.

시장전략

수익률 곡선의 수평화가 의미하는 것은 10년 만기 채권이 가중수익 상품이나 아웃라 잇 베이시스보다 높은 수익률을 낼 것이 기대된다는 것이다. 표 2가 보여주듯 투자자들이 단기예금으로 자금을 조달하면서 이익분기선에 다다를 수 있도록 하기 위해선 오는 3개월간 10년 만기 채권 수익이 지난 4년간의 25bp보다 14bp 감소할 필요가 있다. 가중수익 상품의 만기를 4년에서 10년으로 연장하면 현금 수익률이 연간 86bp까지 치솟아 3개월 간 수익률이 6bp 회복되면서 높은 투자 수익이 창출된 것이다.

그와 유사하게 통화에 대한 우리의 중립적인 예측을 고려할 때, 외환선물환율을 사용한 헤징을 통해 여전히 투자자들은 위험을 피하고 10년 만기 부문에 투자함으로써 헤징 시장관련 노출에 따른 비용을 감소시킬 것으로 보인다. 표 3에서 나타난 시장 간 비교가 암시하는 것은 헤징에 대한 비용에도 불구하고 페세타 채권이 통화-헤징된 금리를 바탕으로 핵심 마르크시장(DM, Dfl, Bf)보다 고수익을 낼 것이라는 점이다. 예를 들어 벨기에에 대한 우리의 부정적인 예측(1월 14일자 'Risk of OLO under performance' 참조)은 투자자들이 10년 만기 벨기에 국채(OLO)에 대한 매도와는 반대로 10년 만기 채권을 매입해야 한다는 점을 암시한다. 3개월 간 헤징할 경우, 채권이 이익분기선에 다다르기 위해선 국채보다 10bp가량만 상회하면 된다. 이탈리아나 영국 또는 스칸디나비아 시장의 단기 엔드에 대항하여 스페인의 단기 엔드를 매입하는 차입거래는 그리 매력적이지 못한데, 그것은 우리의 지속적인 낙관적인 기대와 함께 그 시장들의 일반적으로 낮은 캐리비용 때문이다. 예를 들어, 통화-헤징한 투자자가 손익분기점에 다다르기 위해선 오는 3개월간 5년 만기 채권이 5년 만기 이탈리아 국채를 20bp가량 상회해야한다. 이것은 결코 바람직한 상황이 못 된다.

장기적으로는 차입/장기채 투자자들이 스왑을 통해 단기 엔드에 투자할 필요가 있고 가산 금리의 변화폭을 줄여나가기 위해 5년 만기에 집중해서 수익을 얻고자하는 지속적인 수요를 가질 필요가 있다. 도표 3이 보여주듯 1년 만기 선물의 수익곡선은 캐리비용 때문에 통화 수익곡선 아래로 상당히 내려와 있지만, 우리의 예측과는 달리 시장 예측은 보수적으로 나타난다. 예를 들어, 3년 만기 이자율과 1년 만기 선물은 현재의 3년 만기 스왑 이자율과 5년만기 이자율보다 68bp가량 떨어져 있으며, 1년 만기 선물은 52bp가량 더 낮게 나타난다. 더욱이 단기 이자율에 대한 우리의 낙관적인 전망을 감안할 때, 장기 투자자들은 12개월 만기 이자율에 고정되기보단 자금을 더욱 활발하게 회전시킬 필요가 있다.

Madrid
20th January Sales and Trading Research

Estrategia de mercado: España

•Se espera que los bonds sigan obteniendo mejores rendimientos que el dinero en efectivo y que el sector a largo plazo obtenga los mejores rendimientos.
•Se espera que los bonos en pesetas obtengan mejor rendimiento que los mercados centrales de DM (marco alemán).
•La peseta sigue siendo vulnerable a largo plazo.

Este es el tercer número de esta publicación quincenal y contiene un apéndice que explica los términos usados.

Visión de mercado

Seguimos manteniendo una opinión positiva sobre el mercado español, a pesar del considerable descenso en los tipos de interés que tuvo lugar en las dos últimas semanas (ver Cuadro 2) y que superó nuestras predicciones a corto plazo.

Nuestras predicciones de crecimiento siguen siendo menores que el consenso del mercado, siendo la predicción del PNB para 1993 del 1.0%. Aunque, como subrayamos en el último número, seguimos detectando problemas estructurales en la economía española, las perspectivas a corto plazo parecen positivas. El reciente relajamiento de las presiones ERM ha ocasionado un substancial flujo de fondos internacionales hacia activos en pesetas, hecho que ha fortalecido la moneda, así como el mercado de obligaciones de renta fija. Esto hace probable una disminución agresiva por parte de los BoS como respuesta a la esperada relajación de los tipos de interés a corto plazo; esperamos que los tipos de interés de los euro-depósitos a 3 meses estén alrededor del 13% para fines de marzo. Dado que la curva del mercado monetario está ahora menos invertida, estamos ahora en mayor alza con respecto a los tipos de interés a 3 meses que implican los tipos de interés de los mercados monetarios, tal y como se subraya en el Cuadro 5; esperamos que los bonos produzcan mejores rendimientos que los depósitos. La demanda continuada por parte de inversores internacionales parece indicar que el sector a 10 años obtendrá ahora mejores rendimientos con cierta reinversión de la curva de rendimientos y que en un plazo de 3 meses se producirá aproximadamente una convergencia de 30 bp de los márgenes de rendimiento a 10 años con respecto a Alemania, extendiéndose el margen a 475 bp.

Sin embargo, a largo plazo, la renovación de las tensiones ERM a medida que se aproximan las elecciones francesas de marzo podría ocasionar nueva presión en la peseta, que sigue siendo vulnerable, especialmente dada su fuerte posición actual por encima de la paridad con respecto al DM (marco alemán). Nuestras esperanzas de establecer una cuenta actual estable a lo largo del año (ver «Data Watch: Spain») indican la posibilidad de una ligera depreciación de la peseta, aproximadamente en línea con los cambios a plazo FX (ver Cuadro 4), a medida que bajan los tipos de interés como respuesta al lento crecimiento.

Estrategias de mercado

La tendencia horizontal de la curva significa que se espera que los bonds a 10 años obtengan mayores rendimientos sobre una base rotunda o de duración ponderada. Como muestra la Tabla 2, es necesario que los rendimientos de los bonds a 10 años desciendan 14 bp en 3 meses para que, usando depósitos a corto plazo, los inversores cubran costos de fondos, comparado con 25 bp en 4 años. Una extensión ponderada por duración de 4 años a una combinación de 10 años y dinero en metálico producirá una recuperación de rendimiento anual de aproximadamente 86 bp y significa que la curva tiene que desinvertirse en 6 bp durante 3 meses o el inversor obtendrá mejores rendimientos.

Del mismo modo, dada nuestra visión neutral sobre la moneda, seguimos sugiriendo a los inversores que se protejan usando plazos FX y que se sitúen en el sector a 10 años para reducir los costos de protección contra la exposición al mercado. Las comparaciones entre mercados marcadas en la Tabla 3 parecen indicar que, a pesar de los costos de protección, los bonds en pesetas obtendrán mejores rendimientos que los mercados centrales de DM (marcos alemanes) (DM, Dfl, Bf) en base a una moneda protegida. Por ejemplo, nuestra perspectiva negativa con respecto a Bélgica (ver «Risk of OLO under performance», 14 de Enero) sugiere que los inversores deberían comprar bonds a 10 años en vez de vender OLOs a 10 años. Con la protección durante 3 meses, los bonds sólo tienen que superar a los OLOs en 10 bp para cubrir gastos. Las operaciones de extensión que compran el sector a corto plazo español frente al sector a corto plazo italiano o escandinavo parecen menos atractivas dadas nuestras expectativas en alza y el costo normalmente más bajo del acarreo en estos mercados. Por ejemplo, los bonds a 5 años tendrían que superar a los italianos a 5 años en 20 bp durante los próximos 3 meses para que un inversor de moneda protegida pueda cubrir los gastos, una situación que no nos parece deseable.

Los inversores apalancados, a largo plazo, deberían situarse en el sector a corto plazo por medio de swaps, con demanda continuada para recibir fijada a 5 años que probablemente crearía márgenes más reducidos. Como muestra el Cuadro 3, aunque la curva de rendimiento del año en adelante es considerablemente inferior a la curva actual debido a los costos de acarreo, las predicciones de mercado parecen conservadoras comparadas con nuestros propios pronósticos. Por ejemplo, los intereses a 3 años, de 1 año en adelante están a aproximadamente 68 bp por debajo de los tipos actuales de swap a 3 años y los intereses a 5 años, de un año en adelante están a 52 bp. Además dada nuestra perspectiva en alza con respecto a los tipos de interés a corto plazo, los inversores a largo plazo deberían transferir sus fondos con frecuencia en vez de quedarse en tipos de interés a 12 meses.

3. 문학번역 수업 설계 시 유의할 점

이 책은 번역 작업과 텍스트 유형에 대한 개론서이므로 문학 텍스트를 배제할 순 없다. 본서에서 적용되는 번역 수업에 대한 기능주의적인 접근방식은 모든 형태의 텍스트를 포함하며, 그런 이유로 문학 텍스트에도 적용된다.[6]

오늘날 번역 학자들은 텍스트 전략과 언어학적인 과정이 유사하다는 점에 근거하여 문학과 비문학 텍스트 사이의 차이점을 없애려는 경향이 있는데, 이를 통해 오도되고 과도하게 일반화된 문학 텍스트와 기술 텍스트 사이의 이분법을 지적한다(Hatim과 Mason 1997, 2-7). 중요한 점은, 문학 작가들이 활용하는 많은 텍스트적인 전략과 정보들은 모든 작가들에 의해 공유되고 있으며, 그런 까닭에 번역학자들이 공통으로 분석이 가능하다는 사실을 깨닫는 것이다.

그러므로 번역 강의자들이 이런 유사점을 지적하고 예를 들면서(기술적인 텍스트와 문학적인 텍스트에서의 반론 형성 구조의 예, 그리고 광고같은 비문학 텍스트에서 언어의 창조적인 사용에 대해선 Hatim과 Mason 1997, 2-7 참조) 동시에 문학 번역 수업에서 텍스트 전략과 구조에 대한 강의를 활용하면 좋을 것이다(예를 들면 텍스트 유형, 수사적인 구조, 통일성과 결속력, 주제의 전개 등등). 많은 문학 텍스트들이 표현적인 텍스트 유형(2장의 1.2.1절 참조)에 속하는데, 거기서 전반적으로 성취하고자 하는 기능은 감정이나 느낌을 표현하는 것이다. 다른 문학텍스트들 중엔 전반적인 목표가 그다지 명확하지 않은 채 다양한 하위목표를 지니는 것들도 있다.

텍스트 모델은 기능주의적 관점에서 문학 텍스트와 다른 텍스트와의 공통점을 강조하면서도 본질적인인 차이점을 포착한다. 유사성뿐만 아니라 번역 양식 사이의 차이점도 잘 설명할 수 있어야만 적절한 접근법이 될 것이다. 여기서 번역 양식들 사이의 차이점에 대해서 논의해 본다.

- 예를 들어 문서 번역은 원천 문화를 대표하는 원천 텍스트를 재생산(2장 1.1절 참조)하는 데 목적이 있는 번역과정으로서 문학번역에서 하나의 대안이 된다(예를 들어, 이국화). 이 방법은 여기서 제시된 다른 분야에서는 좀처럼 사용되지 않는다.
- 도구적인 번역 과정(원천 텍스트의 저자가 목표 문화의 독자들과 소통하는 도구)을 채택한다고 가정하면 목표 텍스트를 둘러싼 화용론적인 요소들은 문학 번역에서 다소 불가피하다. 누가 『오디세이』의 새로운 번역물의 대상 독자가 될 것이며, 혹은 영어로 번역된 적이 없는 어느 젊은 라틴 아메리카 작가 소설의 첫 번역물의 대상 독자는 누가 될 것인가? 보통 사람들은 목표언어 사회에서 관심을 가지는 누구나 그 대상이 될 수 있다고 말하는데, 이는 정말로 모호한 정의이다. 어찌됐든 번역가들은 목표 독자의 관심을 대변해야하는가 아니면 작가의 관심을 대변해야 하는가? 수용의 때와 장소는 어떠할 것인가?

번역 개요가 없을 경우, 한 예로 법률 목표 텍스트를 생산하는 데 관련된 번역자는 흔히 번역관습에 의존하게 된다(특정한 법률 텍스트는 종종 특정한 목표 문화를 위해 유사한 방법으로 번역된다). 하지만 문학 번역에서 개요의 부재는 번역 관습을 통해서 보완될 수 없다. 왜냐하면 표준화되고 잘 만들어진 번역 규범이 문학적인 영역에서 언제나 중요한 역할을 담당하는 건 아니기 때문이다. 문학 텍스트의 연구를 통하여 어떤 문화에서 특정한 번역 규범의 전통이 성립될 수 있을지라도, 번역 규범은 법률 텍스트에서와 같은 가치를 갖지 않는다. 즉, 번역 규범은 언제든지 위반되어질 수 있는 것이다.

- 문학텍스트가 지닌 비관습성과 독특성을 감안할 때 병렬 텍스트 분석이 항상 텍스트의 특징과 수사적인 구조의 연구를 위한 적절한 도구가 될 수 없음이 분명하다.

- 모든 텍스트가 수많은 유사 언어적이고 텍스트적인 전략을 이용할 수 있는 특정 목적을 위해 만들어지긴 했지만, 문학 텍스트는 종종 비관습적인 언어사용에 의존하며 다른 장르와 달리 목표에 이르기 위해 관습을 의식적으로 위반한다. 비문학 텍스트는 소통적인 목적을 달성하기 위하여 독자들이 공유하는 관습과 언어적인 자료에 의존한다. 하지만 문학 텍스트에서는 독창성이 언어적이고 소통적인 규범의 정확한 준수보다 우선한다.

이 책에서 제안하는 접근법인 기능주의적인 작업에 기반하는 접근법은 모든 텍스트에 걸쳐 유사성과 차이점을 드러내려하며 이와 더불어 문학 번역가에게서도 번역가의 자기개념을 장려한다. 그리고 문학 번역 작업에 대해 동기가 부여된 지속 가능한 접근법을 개발하려하며, 작업의 총체적이고 화용론적인 면이 지닌 중요성을 강조한다. 그러나 우리가 번역 활동의 다른 영역에서 이미 지적하였듯이, 이 책에서 제안된 강의 설계 유형은 전문 문학 번역 교과과정을 위해서는 수정되어야 할지도 모른다. 더욱이 우리의 교육론이 기반하고 있는 경험적인 연구 결과의 상당 부분은 비문학 전문 번역가들을 위한 자료를 사용하였다. 그러므로 번역 능력의 습득에 있어서 중요한 차이점들이 있는지의 여부를 결정하기 위해서는 문학번역가의 작업에 중점을 둔 많은 연구가 필요하다.

다음은 이 장에서 제시된 사전번역 활동이 어떻게 문학텍스트에 적용될 수 있는가에 관한 한 사례이다 (원천 텍스트: 세르반테스의 『돈키호테』)

활동 1. 원천 텍스트와 목표 텍스트의 화용론적인 요소

1단계. 원천 텍스트 분석
[학생들에게 일부 요인들을 분류하는 작업의 어려움이 이 텍스트와 관련될 수도 있음을 알려준다.]

> 기능
> 대상
> 수용 시간
> 수용 장소
> 전달 매체
> 제작 동기

2단계. 번역개요: 목표 텍스트는 2003년 영국에서 출판될 것이며 독자는 16세 이하의 아동이다.

3단계. 목표 텍스트 분석
> 기능
> 대상

수용 시간

수용 장소

전달 매체

제작 동기

활동 2. 화용론적인 요소와 번역 스타일 결정

1단계. 원천 텍스트와 목표 텍스트의 상황적인 요인을 비교하라. 번역 개요에 부과되는 상황적인/화용론적인 요소가 목표 맥락에서 어떤 차이가 있는지를 주목한다. 어떻게 이러한 변화가 번역의 전략에 영향을 미치는지 생각한다. 번역물을 읽는 독자가 다른 언어집단에 속할 뿐 아니라 다른 시대와 연령대에 속한다는 사실이 번역작업 결정에 영향을 미치는가? 그렇다면 왜 그런가?

2단계. 텍스트의 유형과 장르. 이 원천 텍스트의 주된 장르와 텍스트의 유형은 무엇인가? 이 작품과 연관되어 다른 장르나 텍스트 유형이 있는가? 번역 개요에 의해 결정된 목표 텍스트의 화용론적인 요소가 특정 텍스트 유형과 관련하여 번역 스타일 결정에 영향을 주는가? (아동들을 대상으로 한 『걸리버 여행기』의 여러 버전들의 예를 생각해보라. 텍스트 유형과 장르를 성인 버전에 비교하면 무엇이 다른가?)

3단계. 병렬 텍스트 분석. 목표 문화권의 동일 장르에 속한 다른 소설을 검토하는 것은 유용한가? 그렇다면 그 이유는 무엇이며, 그렇지 않다면 그 이유는 또한 무엇인가? 우리는 목표 문화에서의 이러한 유형이 지닌

전형적인 특징을 결정함으로써 텍스트 파악을 쉽게 할 수 있는가?
[학생들이 가설을 설정하고 학습 진행과정에 따라 가설을 수정하도록 한다. 원천 텍스트의 창의성과 독창성으로 인해 병렬 텍스트 분석이 불필요하게 된다는 사실에 학생들이 주목하게 한다.]

4단계. 만약 목표 문화에서 목표 텍스트 유형에 대한 텍스트 특징이 원천 텍스트의 특징과 다르다면 이것은 우리가 목표 텍스트 특징들을 활용해야한다는 것을 의미하는가, 혹은 그렇지 않은가? 그 이유는 무엇인가? [예술창작물은 종종 법칙과 규범들을 위반한다.]

활동 3. 조사와 문서화

1. 해당 작품의 저자에 대해 무엇을 알고 있는가? 그 작품은 언제 쓰였는가(몇 세기)? 작품의 유형은 무엇인가(예를 들어, 소설, 시, 연애소설, 역사적인 논문)? 만약 당신이 알지 못한다면 이 모든 정보들을 어디에서 찾을 것인가? 왜 이런 것들을 알아야 하는가?
2. 예를 들어 오늘날의 산문문학과 비교할 때 이 책에 사용된 스페인어를 어떻게 설명할 것인가? 예를 들어보라.
3. 유사 텍스트로 표현될 때 목표 언어의 글쓰기 관습을 바탕으로 하지 않는다면, 번역가로서 이 텍스트(혹은 다른 문학텍스트)에 어떻게 접근해야 하는가? 원천 텍스트에 더 근접해야 하는가, 아니면 목표 텍스트에 더 근접해야 하는가? 독자를 고려해야 할까? 이런 결정들은 어떻게 내릴 것인가?

4. 비번역 특정 수업

이 책자 앞부분에서 번역 교과과정에서 소개해야 할 적절한 이론적인 구성요소들을 열거하였다. 또한 수업자료 및 강의의 나머지 부분과 이 부분을 통합하는 것에 대해서도 언급하였다. 이 절에서는 지도 활동에서 어떻게 이론적인 개념, 특히 텍스트의 유형과 장르, 단어의 이해과정과 잠재적인 의미를 어떻게 통합하는가에 대해 표본수업을 제시한다(텍스트 견본 1 참조). 편의를 위해 보기 4.1에서 이론적인 주제를 열거한다.

보기 4.1

Topic	Occasion for Presentation
world knowledge	cultural references
comprehension processes	texts, specialized texts
background knowledge	specialized texts
top–down, bottom–up processes	pre–translation activities
semantics, meaning potential of words	unsuccessful dictionary look–up due to misunderstanding of word meaning
text types	introduce as early as possible; specific (textual) translation assignments

주제	상황
일반 상식	문화적인 참조
이해 과정	텍스트, 전문 텍스트
배경 지식	전문 테스트
상향식/하향식 과정	사전 번역 활동
의미론, 단어의 잠재적인 의미	단어 의미 오해로 인한 사전 찾기 실패
텍스트 유형	최대한 빨리 도입
	특수 (텍스트) 번역
	과제들

4.1 이론 수업 견본 1

조리법 텍스트(3절의 텍스트 견본 1)는 이론적인 개념들에 대한 일련의 지도활동을 설명하는 데 유용하다. 교사들은 상급 교과 과정에서 한 단계 발전한 설명을 할 수 있기 때문에, 입문 교과 과정에서는 개요 설명만으로 충분하다. 다음은 이 텍스트와 번역 활동의 맥락에서 텍스트의 유형과 장르에 대해 정보를 나타내는 방법의 한 사례이다(이 주제에 대한 더 많은 정보는 2장의 1.1.1절과 거기 제공된 참고자료를 보라). [활동 1과 활동 2의 1단계를 할당하기 전에 다음 설명을 제시한다.]

우리는 보통 정보 전달, 설명, 경고, 감사, 사과, 설득 등 어떤 목적을 이루기 위해 언어를 사용한다. 언어사용의 사례와 같이 텍스트는 정보 전달, 특정 입장에서의 주장, (무엇을 하라는) 독자 교육 등 전체적으로 소통적인 목적으로 작성된다. 그러므로 기상보고서는 정보전달의 텍스트 기능을 반영하는 것이고, 사용 설명서는 독자들로 하여금 어떻게 가구를 조립할 것인가를 가르치는 과정 혹은 교육적인 기능과 연관되며, 사설의 주된 목적은 독자에게 특정한 견해를 설득시키는 것이다.

[이제 학생들에게 활동 1을 보게 하고 다음과 같이 질문한다. "여기에 있는 조리법 텍스트의 목적/기능은 무엇인가? 원천 텍스트와 목표언어는 동일한가?"]

활동 1. 원천 텍스트와 목표 텍스트에서 화용론적인 요소

1단계. 원천 텍스트 분석
     기능
     대상
     수용 시간
     수용 장소
     전달 매체
     제작 동기

2단계. 번역 개요: 이 텍스트는 베티 크로커(Betty Crocker)의 새 국제판의 출판을 위해 번역할 것이다. 독자는 특별한 요리기술이 없는 일반인이며, 이러한 유형의 요리 관련 출판물에서 전형적인 경우이다. 독자는 미국인.

3단계. 목표 텍스트 분석

기능
대상
수용 시간
수용 장소
전달 매체
제작 동기

[*발표를 계속함*]

덧붙여, 특정 텍스트의 기능은 보통 특정한 일련의 사회적인 환경과 관련된다. 장르는 텍스트 유형과 관련된 사회의 특정맥락으로 결정된다. 예를 들어, 조리법은 특정한 음식을 요리할 때 참고하기 위해 만든 요리과정의 텍스트이다. 다른 사회적인 맥락은 다른 장르를 만든다. 즉 부엌이 아니라 요리교실을 위해 사용된다면 그것은 더 이상 조리법이 아니라 요리교과서가 되는 것이다. 다시 말해서, 사회적인 요인의 변화가 장르의 변화를 야기한다고 할 수 있다.

특정 텍스트 유형(정보적인, 작용적인, 설득적인 텍스트 등)과 장르에 부합하는 텍스트 기능을 성공적으로 수행하기 위해 작가는 다양한 기법을 활용한다.

a. 텍스트의 구성적인 전략들(수사적인 구성). 오늘 우리가 다루는 텍스트엔 제목이 붙어있다. 또 무엇이 있는가? [요리재료 목록과 지시문이 쓰인 단락을 보여준다. 이 단락은 독자에게 어떻게 요리할 것인가에 대한 일련의 순차적인 지시를 제공한다.

b. 통사적인 또는 어휘적인 특징들은 텍스트 유형을 파악함으로써 텍스트의 목적을 분류하는 데 도움이 되며 저자의 목적인 성공적인 소통에 기여한다. 예를 들어, 수동태가 빈번하게 사용되면 학술적인 논문이지 사이언티픽 아메리카(*Scientific American*)의 기사가 아님을 아는 것처럼 말이다.

그 예로서 조리법을 보자.

[이제 텍스트 견본1에 있는 활동 2의 2, 3단계를 소개하고 학생들이 잠시 동안 작업을 하게 한 뒤, 학생들의 결론을 검토하고 방금 소개한 개념들과의 관계를 보여준다. 아직 그 답들의 옳고 그름은 판단하지 말 것. 4와 5단계를 과제로 나누어 준다. 다음 수업에 학생들로부터 받은 병렬 텍스트분석의 결과를 검토하고, 브레인스토밍과 가능한 새로운 아이디어를 내게 한다. (그것을 칠판에 요약한다). 학생들이 다음의 문법특징을 파악했음을 확인한다. (더 상세한 정보는 Colina 1997을 참고).]

영어로 된 조리법의 텍스트적인 문법 특징

1. 전치사는 일반적으로 재료의 목록에 나타나지 않는다. 예를 들어, 1 cupall-purpose flour와 *1 cup OF all-purpose flour.

2. 영어에서 정관사는 보통 개체가 먼저 소개된 뒤에 사용되지만, 조리법에서는 일반적으로 생략된다. 부정관사도 역시 생략된다. 다시 말해, 대부분의 다른 장르에서는 정관사나 부정관사를 선호하지만, 조리법에서는 종종 무관사(zero articles)를 사용한다. (보기 4.2).

보기 4.2

Pat [the] frankfurters dry. Heat [the]oil (2 to 3 inches) in [a] deep
fryer or [a] Dutch oven to 365. Mix [the] flour, cornmeal, baking
powder, and salt. Cut in [the] shortening, Stir in [the] remaining
ingredients. Dip [the] frankfurters into [the] batter, allowing excess
to drip into [the] bowl. Fry turning one, until brown, about 6 minutes;
drain. Insert [a] wooden skewer in [the] end of each frankfurter of
desired. 4 servings; 580 calories per serving. Accompany with
carrot and celery sticks, potato chips, and ice cream with Crunchy
Chocolate Sauce. If using self-rising flour, omit [the] baking powder
and salt.
(Betty Crocker's Cookbook 1990, 153)

프랑크프르트소시지의 물기가 마르도록 가볍게 두드린다. 바닥이 깊은 프라이팬 또
는 고기구이용 오븐에 기름을 붓고(2-3 인치) 365도가 될 때까지 가열한다. 밀가
루, 옥수수, 베이킹파우더, 소금을 잘 혼합한다. 쇼트닝을 자른다. 남은 재료를 휘젓
는다. 사발에 넘칠 정도로 충분한 양의 프랑크프르트소시지를 반죽에 넣는다. 6분간
갈색이 될 때까지 튀긴 후 기름을 뺀다. 원한다면 소시지의 끝에 나무로 된 꼬챙이를
끼워 넣는다. 4인분, 1인당 580칼로리. 당근과 셀러리 토막, 감자 칩, 크런치 초콜릿
소스를 뿌린 아이스크림을 함께 준비한다.
만일 자동으로 부풀어 오르는 밀가루를 사용한다면, 베이킹파우더와 소금을 넣지 않
는다.
(Betty Crocker's Cookbook 1990,153)

3. 일단 정보가 지시하는 주제 대상을 정하고 나면, 글쓴이는 대용어가 없는 어휘, 즉 생략으로 그것을 지시한다. 보기 4.3에서 (외현적인 표식이 없는) 대용어가 없는 어휘가 사용되면 ∅으로 표시되며 방금 도입된 개체를 지시한다. 즉, 레몬주스, 오일, 소금, 오렌지와 후추 등. 보기 4.4.는 유사한 예를 보여준다. 즉 ∅은 향료가 들어간 반죽, 갈색의 향료를 지시한다. 대용어 없음은 조리법에서 사용하는 비언어적인 맥락(음식 준비에 사용된 재료와 도구)의 직접성 때문에 사용가능하다. 이 가능성은 영어로 쓰인 조리법에서 개발되었다.

보기 4.3

Trim excess fat from lamb shoulder; cut lamb into 1-inch cubes. Place lamb in glass or plastic bowl. Mix lemon juice, oil, salt, orange, and pepper; *pour* ∅ over lamb.

양고기 어깨살의 과도한 지방을 제거한 뒤 양고기를 1인치 정사각형으로 자른다. 유리나 플라스틱 그릇에 넣고 레몬주스, 기름, 소금, 오렌지와 소금을 섞어서 그 위에 붓는다

보기 4.4

Dip frankfurters into batter, allowing excess to drip into bowl. Fry ∅ turning once, until brown, about 6 minutes; drain ∅.

그릇에 떨어질 만큼 충분한 향료를 반죽에 넣고 갈색이 될 때까지 약 6분간 튀긴다. 기름기를 뺀다.

4. 영어 조리법에서는 종속관계가 보이지 않는다. 즉 복합문장은 등위 관계를 형성하는 경향이 있으며, 접속사 사용보다 구두점 표시를 더 선호한다.

5. 명령문은 가장 일반적인 화법으로 지시의 기능을 하며 조리법에서 두드러지는 시제이다.

스페인 조리법의 통사적인 특징

1. 전치사가 재료의 목록에 사용된다. (보기 4.5)

보기 4.5

Un cuarto de kilo   *de* merluza   u otro pescado blnco
a   fourth   of kilo   of hake   or other fish white
50 gramos *de* queso Gruyere
50 grams of cheese Gruyere
medio litro *de* leche
half   liter of milk
(Landa 1992, 109)

2. 예를 들어 se pelan las patatas은 정문이지만, *se pelan Ø patatas은 관사 las가 없어서 비문이다. (are peeled the potatoes, *are peeled potatoes)

보기 4.6

Se pica *la* cebolla muy menuda y se fríe en una tacita de aceite
haste que esté dorada. Se pelan *las* gambas y se pican junto con
la merluza, todo en crudo, en trozos pequeños. Se añaden entonces
a *la* cebolla, para que hagan junto con ella. Cuando *el* pescado
está hecho se le agregan dos cucharadas de harina, se deja freír
un poco y se empieza a añadir, poco a poco y sin dejar de
remover, *la* leche fría para hacer *una* bechamel. Tiene que cocer
unos diez minutos. Por úlitomo, se echa a *la* bechamel *la* mitad de
la mantequilla, y se sala al gusto. Se reparte en seis conchas
individuals para horno o en cacharros pequeños de barro. Se
sepolvorea con *el* que rallado y *unos* daditos *del* resto de *la*
mantequilla, y se mete a horno fuerte para que se gratine. Se sirven
muy calientes en los mismos recipientes.[7] (Landa 1992, 109)

3. 영어와는 반대로 스페인어에서는 이전에 성립된 주제 개체를 지시
하기 위해 대용어가 없는 어휘를 구조에 표시하지 않는다.[8]

보기 4.7

Chamuscar *el pollo*$_1$ para quemar el resto de plumón, lavar*lo*$_1$, secar*lo*$_1$ y cortar*lo*$_1$ en

    the chicken   wash—it   dry—it   cut—it

caurto o en octavos. Guardar*lo*$_1$ en la nevera para que esté muy frío al adabar*lo*$_1$

            Keep—it   marimate—it

Mezclar *el zumo de limón   con el ajo   picado y   la pastilla de caldo*$_2$ y sozonar

        the juice of lemon   with the garlic minced and the portion of broth

[[*este adobo*]$_2$ *con sal y pimienta*]$_3$. Envolver bien *los trozos de pollo*$_4$ *en este jugo*$_3$ y

this marinade with salt and pepper   this pieces of chicken in this juice

dehar*lo*$_4$ en maceradión de 2 a 3 horas. Calentar el aceite en una sartén amplia,

leave—it

rebozar

los trozos de pollo$_{5(4+3)}$, uno a uno, en harina y freír*los*$_{5(4+3)}$ en dos o tres veces

the piece of chicken   fry—them

en el aceite durante unos 7/8 minutos, a fuego suave. Cuando estén hechos por dentro, subir el fuego para que se doren por fuera. Escurror bien sobre el papel de cocina y servir con patatas paja y ensalada. (Gil de Antuñano 1995, 29)

보기 4.8

Haz *puré₁ las framnuesas o las fresas₂* con la mezcladora eléctrica y reserva
    pasta the raspberries or strawberries

algunas₂ para decoración. Añade la miel y vuelve a batir. Si no dispones de
some

mezcladora, cuela la fruta con un cedazo fino y añade luego la miel.
Bate *la nate₃* hasta formar picos duros e incorpóra*la₃ al puré₁* junto con *el vino₄,*
    the cream   *incorporate–it to–the paste*   *the wine*

si es que *lo₄* utilizas. Viérte*lo₅₍₁₊₃₊₄₎* en copas de cristal y decóra*lo₅* con la fruta
    it–use   *Pour–it*   *decorate–it*

reservada. Acompáña*lo₅* con galletas dulces.
    Accompany–it

(Bowen and Spencer 1985, 15)

---

4. 더욱 현저해진 종속관계: 스페인어 텍스트는 종속 구문에 대한 더
   높은 선호도를 보인다.
5. 스페인어는 명령형이나 수동형 se를 조리법의 주요 시제로 사용하
   고 있다.]

[설명과 함께 계속 진행.]

이 모든 것들이 번역작업에 어떤 영향을 주는지를 아는 것은 중요하다.
우린 방금 한 텍스트의 소통적인 목표의 달성이란 (텍스트의 유형과 장
르를, 즉 작용적인지 아닌지, 조리법인지 아닌지 하는 것들을 식별함으로

써) 그러한 목표를 식별할 수 있는 독자의 능력에 달려있다고 말했다. 텍스트 유형와 장르를 식별하는 일은 텍스트의 구성과 통사적인 특징들에 의존한다. 목표 텍스트의 기능이 원천 텍스트의 기능과 같다고 가정하고, 또한 목표언어에서의 조리법을 특징짓는 텍스트적이고 통사적인 특징들이 원천 텍스트의 그것들과 다를 경우, 우린 번역가가 이에 대해 무엇을 해야 하는지에 대해 생각해보아야 한다(우리가 병렬 텍스트 분석을 통해 보았던 것처럼 말이다).

[학생들이 텍스트 견본 1의 5단계를 보도록 함.]

4.2 이론 수업 견본 2

다음은 소통적인 번역 수업을 위한 이론적인 발표의 두 번째 사례이다. 그것은 독해의 성격을 다루고 있다(독해과정에 대한 추가적인 정보는 2장의 5절 참조). 이런 종류의 수업은 되도록 과정 초기에 도입되어야 하며, 적절한 텍스트가 나타나는 즉시 도입되어야 한다. 여기서 말하는 적절한 텍스트란 어떤 것인가? 발표의 목적은 읽기가 독자의 참여에 의존하는 상호작용적인 과정임을 보여주는 것이며, 또한 독자가 올바른 지식구조(도식)를 가지고 있을 때 이해가 이루어질 수 있다는 것, 그러므로 이해가 언어학적인 기호들이나 전문 용어들을 해독하는 일이 아님을 보여주는 것이다. 학생들에게 이 점을 명확히 보여줄 수 있으면 어떤 텍스트나 적절한 텍스트가 될 수 있다. 과학과 관련된 이 짧은 텍스트는 그러한 학습이 어떻게 전개될 수 있는지 보여줄 것이다. 이에 덧붙여 간단하게 하향식 또는 상향식 과정에 대해서 뿐 아니라 도식, 일반 상식과 배경지식 같은 개념들에 대해 소개하는 것이 유용할 것이다. 이러한 개념들

은 그것들이 특정한 번역작업과 연관될 때마다 강조되어야 한다(그것들
은 그러한 작업을 위한 활동 계획에 통합될 수 있다).

결빙에 관한 글

Cuando el agua salada se congela, el agua pura forma cristales de hielo, mientras las sales permanecen en solución en el agua que no se ha congelado. La destilación por congelación es una operacion de dos etapas que requiere un enfriamiento y un calentamiento. En cualquier proceso de congelación el agua salada es enfriada hasta la formación de hielo. Posteriormente el hielo es separado de la salmuera y fundido para producir el agua potable del proceso.

Vamos a ver algunos de los principios generales y factores de operación en los que se basa el proceso de congelación.

El agua es enfriada por transferencia de calor desde agua a menor temperatura con la que se halla ésta en contacto. Cuando el agua es enfriada, su temperatura desciende hasta alcanzar el punto de fusión. Después de llegar al punto de fusión, la temperatura permanece constante mientras continúa enfriamiento hasta que la congelación se completa. La cantidad de energía térmica que debe ser extraída del agua a temperatura de fusion para convertirla en hielo, se denomina calor latente de fusión del agua o, simplemente, calor de fusión, Una de las principales razones del interés que suscita el proceso de congelación para conversión de agua salada es que el calor de fusión del agua es menor de 1/6 parte del calor de evaporación y, adem s, los problemas de corrosión e incrustaciones desparecen casi por completo. (Harvey, Higgins, and Haywood 1996, 161–162)

소금물이 결빙될 때 물이 얼음 결정을 형성하는 반면, 소금은 결빙되지 않은 물속에 용해된 채로 남아있다. 결빙에 의한 증류는 냉각과 가열로 이루어진 이중의 과정이다. 어떤 결빙 과정에서든지 소금물의 온도는 얼음이 형성될 때까지 낮아진다. 그리고 얼음은 식염수로부터 분리 용해되어 녹으면 마실 수 있는 물이 된다.

이제 이 결빙 과정이 기초하고 있는 일반 법칙들과 작용 요인들에 대해 알아보도록 하자. 소금물은 낮은 온도의 물과 접촉함으로써 발생하는 열전도현상을 통해 냉각된다. 물이 냉각될 때 그것의 온도는 결빙점에 이르기까지 내려간다. 한번 결빙점에 다다르고 나면, 그것의 온도는 냉각이 계속되어 결빙이 완료될 때까지 일정하게 유지된다. 물을 얼음으로 만들기 위해 결빙점의 물로부터 추출되어야 하는 열에너지의 양을 융해잠열, 또는 간단히 잠열이라고 부른다. 탈염 과정으로서의 결빙에 관심을 갖는 주요한 이유들 중의 하나는 물이 결빙하는 데 요구되는 열에너지가 증발에 요구되는 열의 6분의 1도 되지 않는다는 것이다. 더욱이 여기서 부식이나 가피화의 문제들은 거의 전적으로 일어나지 않는다(Harvey, Higgins, and Haywood 1996, 95).

[학생들에게 이 텍스트를 영어로 번역하게 한다. 그 텍스트와 관련된 전문지식을 가지고 있는 학생들이 있는지 파악한다. 다음은 학생들에게 제시할 질문들이다.]

(a) 텍스트를 영어로 번역하시오.

(b) 자신의 경험에 대해 얘기해보시오. 쉬웠는가? 어려웠는가? 그 이유는 무엇인가?

(c) 여기 몇몇 기술적인 용어들에 대한 영어 등가어가 있다. 자신의 번역을 다시 한 번 보시오. 어떤 느낌을 받는가? (여기서는 맞다, 틀리다의 답이 없다)

punto de fusión = 결빙점

calor latente de fusión = 융해잠열

[학생들에게 이 과제에 대해 느낀 바를 물어본다. 그리고 이제 도와주겠다고 말한다. 학생들은 스페인어 단어에 해당하는 영어 등가어를 몇 가지 질문할 수 있다. 용어 수를 정한다. 학생들에게 자신들의 이해와 번역이 향상되었다고 느끼는지 물어본다. 그렇지 못하다면, 그들에게 다른 방식으로 도와주겠다고 말하고, 텍스트와 관련한 핵심 정보들을 제시한다.

캘러(calor)는 에너지이지, 더 높은 온도를 말하는 것이 아니다.
물이 결빙하기 시작하는 결빙점이나 결빙온도는 결빙이 완료되기까지 일정하게 유지된다.

이제 학생들이 다시 텍스트를 읽도록 하고, 이전과 달라진 어떤 것이 있는지 보도록 하라. 혹 그렇다면 그 이유는 무엇인가?]

[그러한 정보를 제공함으로써 기술된 과정에 대한 학생들의 정신적인 표상이 변화되었음을 지적한다. 새로운 정보를 수용하기 위하여 그들의 도식들은 재구조화되었고, 이제 그것들은 원천 텍스트의 저자가 그의 독자들이 가지고 있다고 가정했던 도식들에 더욱 가까워진 것이라고 말한다.]

이 경우에, 저자는 독자가 캘러, 즉 영어로 열에 해당하는 표현이 더 높은 온도를 의미하는 게 아니란 것을 안다고 가정하고 있다. 하지만, 독자로서 여러분은 그러한 정보를 가지고 있지 못했다. 그것은 여러분이 가

진 도식들의 일부가 아니었고, 그러므로 당신은 텍스트를 이해하지 못한 것이다. 다시 말해 여러분은 저가가 텍스트를 구성할 때 염두에 두고 있었던 그런 유형의 독자가 아니었다. 텍스트는 그 자체로 의미를 지니고 있지 않다. 그것은 단지 텍스트와 상호 작용하기 위해 필요한 정보, 그리고 텍스트에 의미를 부여하기 위한 정보를 지니고 있을 뿐이다. 그러한 정보들은 특정 유형의 독자에게 적합해야 하며, 또 그래야만 그것들을 이해할 수 있다. 하지만 캘러와 관련된 정보를 알지 못함으로 인해 그러한 정보가 특정한 유형의 독자인 당신에게 적합하지 않게 될 경우 이해는 이루어지지 않는다. 내가 여러분에게 핵심 정보들을 제공했던 것처럼 여러분의 도식들을 수정함으로써 원래 그러한 지시들이 염두에 두었던 독자의 유형에 더 가까우며, 결과적으로 더 쉽게 이해할 수 있게 된다.

[번역가가 목표로 하는 독자는 종종 작가가 그러한 정보들을 구성할 때 염두에 두었던 그런 독자가 아니란 점에 의거하여, 이 점이 번역작업에서 의미하는 바를 지적한다.]

이제 강의는 텍스트 속의 단어들과 단어의 의미에 대한 주제로 넘어갈 수 있다(2장 5절 참조).

단어들 또한 이 의미구축 메커니즘의 일부분이다. 그 과정에서 그것들이 어떻게 맞아떨어지는지 지켜보자. 텍스트처럼 단어들은 자체로 의미를 띠는 것이 아니며, 오직 의미의 가능성만을 띠고 있다. 우리의 경험에 비추어 유추해볼 때 단어들(틀)은 다양한 상황들(장면)과 가능한 의미에 결합된다. 각각의 단어는 잠재적으로 다수의 장면과 연관을 발생시킨다. 텍스트에 단어가 접속될 때, 독자는 텍스트적인 정보(작가의 지침들)를 그 자신의 정보(도식들)와 연관시킴으로써 의미를 구축하기 시작한다. 이런 과정 속에서 오직 의미, 즉 텍스트의 지침들에 맞는 단어와 결합된 장면만이 기능하게 될 것이다(다른 모든 가능성들은 배제된다). 예를 들어 보기 4.9[9]에서 단어 comprendido는 스페인어를 모국어로 읽는 독자의 마음 속에서 전치사 *사이* 공간(두 지점 사이의 공간이나 시간)으로 표현되는 의미를 발생시킬 뿐이다. 반면에 스페인어를 외국어/이차언어로 배우는 독자는 종종 따로 배운 단어 자체에 대한 시각적인 인상에 근거하여 *이해된* 의미를 알게 된다(예를 들어 comprender 알다, comprendido 알려진, 이해된). 두 유형의 독자들 사이에서 나타나는 이해 과정의 차이점들은 번역에서 나타나는 차이의 원인이 된다.

보기 4.9

Dos piezas que datan del   periodo <u>comprendido</u> entre   300AC y 800 son
Two pieces that date from the period enclosed   between 330BC and 800 are

especialmente notables,   y   cada una representa un simbolo mitico.
especially   noteworthy, and each one represents one symbol mythic.

[Saboia 1990, 59]

"Especially valuable are two pieces[dating] from the period between 330BC and
  800, each representing a mythic symbol."

기원 330년부터 세기 800년 사이의 것으로 추정되는 두 개의 조각들은 특별한 가치를 지니는 것인데, 그 각각은 신화의 상징을 나타낸다.

보기 4.10은 당신이 단어 의미의 본질과 그 본질이 텍스트 처리와 이해와 맺는 관계를 이해할 수 있도록 도와줄 것이다. 수수께끼들은 종종 이러한 과정들을 조작하여 그 의도한 효과를 창출해낸다.

보기 4.10 문을 통과하지만 결코 안으로 들어가거나 밖으로 나오지 못하는 것은 무엇인가?

통과하다/안으로 들어가다/밖으로 나오다와 결합된 텍스트의 방향성과 장면들은 문이라는 공간뿐 아니라 사람이나 다른 살아있는 행위자(개 또는 고양이)를 포함하는 하나의 장면을 가동시킨다. 이러한 의미 구성요소를 활성화시키고 다른 요소들을 억제함으로써, 그 텍스트에 대한 독자의 이해는 독자를 올바른 답(열쇠구멍)으로 이끌 수 있었던 장면들과 의미들(즉, 무생물의 단단한 물체로서의 문)을 이해하지 못하게 한다.

보기 4.9에서는 사전 찾기가 암시하는 것에 주목하라. 그것을 학생들이 명확히 인식하게 하라. 많은 목표 언어 등가어들 중에서 하나를 선택할 때 어떤 목표 언어가 그 장면과 합치될 것인가를 결정하기 위해 번역가는 목표 언어와 문화에 대한 충분한 지식을 가지고 있어야만 한다. 일반적으로 사전은 이러한 정보를 제공하지 않는다. 이것은 더 이상 언어대체의 문제가 아니라 언어 단위(들)를 공급하는 문제로서, 그 언어적인 단위(들)는 텍스트에 각인된 작가의 의도와 결합되어 전반적인 텍스트의 의도와 가장 잘 들어맞는 의미(들)를 띨 수 있도록 해준다. 사전 속 등가어들 가운데서 목표 단어를 선택해야 하는 어려움은 각 언어의 특징적인 단어들이 그 보유하는 잠재적인 의미와 서로 일치하지 않는다는 사실로 인해 더욱 가중된다. 번역가는 이런 차이점들을 숙지하고 있을 필요가 있으며, 또한 (단지 어휘적인 항목들만이 아니라 다수의 언어적인 도구들을 사용함으로써) 텍스트의 기능에 본질적인 의미 구성요소들을 지니고 있어야 한다. (충분한 정확도에 관한 격률 참조[Kussmaul 1995]).

[이 주제를 명확히 하기 위해 번역 과제에 필요한 사전 찾기를 활용한다. 과정 내내 여러 번 반복하여 이 주제를 강조하고 학생들에게 적절히 활용하도록 한다.]

5. 번역 도구 장치

번역 도구들과 전문자료들을 제시하는 일에 관련하여 중요한 것은 그 활동이 학생들에게 적극적으로 참여할 수 있는 기회를 제공하고 동시에 그런 자료들이 번역가들의 일상의 업무에서 지니는 중요성을 인식시켜 준다는 것이다. 인상적인 테크놀로지 도구들과 자료들을 제시하는 일(예를 들어 웹 사이트 검색이나 웹 페이지들) 그 자체로는 어떠한 교육적인 가치도 없다. 그 가치란 교사가 강의실에서 그러한 자료들을 가지고 무엇을 하느냐에 달려있는 것이다. 그 유효성을 확증하기 위해 교사가 할 수 있는 일은 다음과 같다.

a. 도구 및 전문자료를 제시하는 활동과 강의실에서 수행하는 번역 작업들을 통합시켜, 학생들이 자료 인쇄물을 단지 쌓아두기보다는 의미 있는 맥락 속에서 제시된 자료들을 실제로 활용할 수 있도록 하라.
b. 번역과 관련된 과제를 부여하여, 학생들이 제시된 자료들을 적극적으로 활용해야만 하는 상황을 창출하라.

다음은 번역 도구 학습에 대한 실례들이다.(3장의 3.4절에서 언급했듯이, 번역가들을 위한 전자 자료에 대한 정보는 Austermuhl[2001] 참조)

학습 1
학생들은 기술적인/전문적인 번역 작업을 수행한다. 용어와 관련하여 자료들의 목록을 (이를테면 웹 사이트에) 준비하라. 학생들에게 그들이 검색한 자료들의 보고서/요약본을 준비하도록 하라. 그 자료들의 가능한 범주들은 데이터 뱅크, 온라인 사전, 용어집 등이 될 것이다.

학습 2
적극적 학습. 그 목적은 자기인식과 번역가의 자기개념을 발전시키는데 있다. 이 활동은 또한 전문적인 이슈들에 대한 토론을 유도해주기도 한다.

직업 번역가에 관련한 더 많은 정보에 대하여
다음의 웹사이트(그 외에 여러분이 찾을 수 있는 어떤 웹사이트)를 활용하여, [교사들은 여기에 실제적인 정보를 기입한다], 직업 번역가에 관해 (200-250 단어 분량의) 짧은 보고서/에세이를 써라. 여러분은 그것을 제출하도록 요구받을 수 있고, 또는 강의 중에 그것을 요약할 수도 있으며, 이 모두를 행하는 경우도 가능하다. 당신은 어떤 특정한 측면에 대해 토론할 수도 있고 당신이 웹 사이트 검색을 통해 발견한 관련 정보를 요약 (또는 정리)할 수도 있다.

지도 활동   번역 활동
전이
- 사전 번역 활동
- 독해
- 언어 중심
- 후반 번역 활동

요약 ● ● ●

이 장은 소통적인 번역을 가르치기 위해 활동과 학습을 계획하는 것에 도움이 되는 길잡이를 제공한다. 네 가지의 텍스트 견본과 활동 세트들은 이 책의 앞부분에서 제시된 이론적인, 경험적인, 방법론적인 원리들을 어떻게 적용할 것인가를 지시해주는 실례들로서 제공되었다. 그 활동 세트들은 그대로 강의실에서 활용되기 위한 것들이 아니다. 오히려 교사들은 특정한 강의 상황에 보다 더 잘 부합하는 활동을 스스로 개발할 필요가 있다. 번역과는 무관한 강의 기술로서 번역 강의에서 유용하게 활용될 수 있는 것들 중에는 브레인스토밍, 부드러운 토론 분위기 조성, 목표 언어로 토론하기, 공동 작업이 있다. 또한 그렇게 제시된 번역 활동은 다음과 같은 하위 구성요소들을 가지는데, 그것들은 독해 부문, 사전 번역 활동, 언어 중심, 후반 번역 활동이다. 이러한 하위 구성요소들 각각은 다양한 목표/목적에 대응한다. 비록 그 강조점을 실무 번역에 두었으나 이 책에 제시된 방법론은 문학 번역을 가르치는 것에 적용될 수 있으며, 특히 그 조사 과정에 있어서 그러하다. 마지막으로 이 장은 또한 이론적인 구성요소들이 일련의 활동들과 결합된 학습의 실례들을 제공해준다. 또한 교사들에게는 이것을 수업과정에 어떻게 적용할 것인가에 대해 지침과 방향을 제안한다.

생각해 볼 문제 ● ● ●

1. 당신이 그동안 경험했던 번역 강의들을 떠올려보고(가능하다면 관찰해보고), 그것들의 방법론과 강의 자료들을 여기 제시된 것들과 비교하라. 그 강의들의 기초가 된 목

표들은 어떤 것들이었는가? 채택된 방법론이 관련된 이론적인, 경험적인 연구에 대한 지식을 어떻게 반영하고 있는가? 또한 그 목표들은 어떠한가?

2. 번역 강의에서 당신이 사용했을 법한(또는 사용하기를 원하는) 텍스트를 하나 선택하고 그것과 관련된 일련의 활동들을 창출하라.

주석 ● ● ●

1) 방금 제시된 연계는 독해를 위해 언어 교육에서 제안된 것과 유사하다.
2) 어바나-샴페인 소재 일리노이 대학교, 인디애나 대학교.
3) 전미번역가협회(ATA) 연례회의.
4) 다음은 이 활동에서 나타난 원래 텍스트 구조들을 행간 번역한 것으로서, 스페인어를 알지 못하는 사람들을 위해 제공한다.

ponla en la nevera
집어넣는다 그것을 냉장고 속으로
adorna la crema de nata y clara con las grosellas restantes y decora
꾸민다 휘핑크림 그리고 계란 하얀 남은 라즈베리들로 그리고 장식한다
también con ellas el borde del pastel de queso
또한 그것들로 치즈케이크의 가장자리
claras separadas de las yemas
노른자들로부터 분리된 흰자들
y apaga el horno
그리고 오븐을 끈다
deja que el pastel se enfrié
케이크가 스스로 식도록 내버려둔다

5) 이것은 그 회보에 나타나는 목표 텍스트 견본에 첨부되었다.
6) 목표지향성이 가능 결과 중의 하나에 불과한 중도적인 기능주의 형식을 주장하고 있다는 점에 주목하라. 원천 텍스트 지향, 번역의 텍스트 형식들, 이국화 유형들 역시 번역과정의 기능과 일치하는 한 유효한 대안들이 될 수 있다. 문학적인 영역에서는

번역의 목표가 외적으로는 문학적인 규범들이나 번역 작업의 감독자(출판업자와 같은)에 의해 부여될 수 있고, 또는 내적으로 그 자신의 목표에 따라 (즉, 이 특정한 번역 작업이 누구를 위한 것인가, 그것의 기능, 특정한 작품을 번역하는 이유 또는 기존에 번역되었던 원본을 새롭게 번역하는 이유와 관련하여) 부여될 수도 있다.

7) 정관사와 부정관사들에는 밑줄이 그어져 있다.

8) 명사구들과 그것들을 지시하는 대명사들 또는 구들처럼 부(副)지시사(subindex)의 사용에 의해 확인된다. 예를 들어, lo(첫 번째 줄, lavarlo)는 구 el pollo(닭)을 가리키는데 이는 둘 다 부지시사 1을 가지기 때문이다. 네 번째 줄의 [este adobo](이 매리네이드)는 부지시사 2를 가지며 그것의 선행사/관계항으로서 같은 부지시사 2를 지니는 구 el ajo picado y la pastilla de caldo(잘게 썰은 마늘과 육즙 일인분)를 가진다. 관계항 3은 este adobo +con sal y pimienta(이 매리네이드 + 소금과 후추)로 이루어진다. 그러므로 같은 부지시사 3을 가지는 en este jugo(이 주스)는 그것(이 매리네이드 + 소금과 후추)을 다시 지시한다. Dejarlo(그것을 내버려두다)에서 lo(부지시사 4)는 los trozos de pollo(그 닭고기 조각들) (역시 부지시사 4)을 지시하거나/대체하고, 마지막으로 freirlos(그것들을 튀기다)에서 los(부지시사 5)은 그것의 선행사로서 그 닭고기 조각들(부지시사 5)을 가진다. 이 닭고기 조각들은 부지시사 4를 가지는 것들과 같은 것들이 아닌데, 그것은 이제 그것을 즙(부지시사 3) (매리네이드, 소금, 그리고 후추)으로 발라놓았기 때문이다.

9) 이것은 2장의 보기 2.14였다.

5.

평가와 오류

1. 서문: 오늘날의 평가와 사정

현재의 연구는 번역 교사의 양성에 관한 책이기 때문에 마지막 결론을 짓기 위해서는 기술 평가(evaluation)와 품질 평가(assessment)에 대해 한 장을 할애할 필요가 있다. 이 주제로 본격 넘어가기에 앞서 우리는 번역 품질 평가와 번역 기술 평가 간의 차이점을 깨달을 필요가 있다. 번역 품질 평가는 번역결과물을 그것을 얻기 위해 사용한 과정과는 독립적으로 평가한다. 반면 번역 기술 평가는— 다른 도구들 외에도— 번역 결과물을 이용하여 번역자의 능력과 숙련도를 측정한다. 따라서 번역 기술 평가는 번역결과물의 범위를 넘어선다. 즉 그것은 번역결과물을 인식적 기술의 지표로서 사용한다. 예를 들면, 오타는 번역 품질 평가의 관점에서는 심각한 오류일 수 있고, 특히 텍스트의 잘못된 이해를 낳기도 한다. 하지만 훈련 프로그램의 관점에서 볼 때, 만일 오타가 단순 오타에 지나지 않는다는 증거만 있다면, 오타는 그리 심각하지 않을 수도 있다. 이 책은 번역자의 훈련에 관련된 것이므로 번역 기술 평가와 번역 능력 평가에 초점을 둘 것이다.

일반적으로 볼 때, 오늘날의 번역 평가와 시험은 체계적이지 못한 기반 위에서 행해지고 있다. 번역교육 전반이 동일한 문제를 겪고 있음을 기억할 때, 이런 사태는 그리 놀라운 일은 아니다. 그러나 지난 10년간 번역교육론에 대한 출판이나 경험적 연구는 엄청난 증가를 보여왔지만, 번역 테스트 작업(testing)에서는 그러지 못했다. 더욱이 출판시장에 나온 수많은 번역 교과서들은 오류 평가와 평가 지침의 체계적인 연구를 거의 고려하지 않았다.

여기 제시된 평가를 위한 제안은 언어 교육의 틀 내에서 이루어진 테스트 작업에 관한 최근 연구, 번역교육론의 이론적·경험적 모델(2장을 참조), 그리고 번역교육에 관한 최근의 연구들(Kussmaul 1995; Cao 1996; Hatim과 Mason 1997)에 근거하고 있다. 경험적 연구는 그것이 교육 과정에 미칠 수 있는 효과뿐만 아니라 이 장에서 제시된 제안들에 대한 타당성과 신뢰성을 확인하는 데도 반드시 필요하다.

다양한 번역학자들은 오늘날의 번역가 훈련에서의 테스트 작업과 평가방법에서 드러난 수많은 결함들을 나열해왔다. 노르트(1991b)는 다음과 같이 말한다.

- 평가는 학생들이 이전에 결코 본 적이 없는 텍스트를 바탕으로 하

며, 그 텍스트는 보통 난이도를 근거로 (종종 이해만을 따지기 위해서만) 선택된다.
- 테스트는 일반적으로 훈련 프로그램의 계획이나 목표와 무관하다.
- 번역 능력의 기본적 측면인 전달 능력은 테스트가 원천 텍스트의 난이도에 기초하기 때문에 종종 평가되지 않고 있다. 이해도가 부족한 상황에서 학생은 그의 전달 능력을 증명할 수 없다.
- 테스트 출제자는 무엇이 평가되어야 하는지 명확하게 알지 못하기 때문에 테스트의 목표는 모든 것을 평가하기 위한 것이 되고 만다.

이러한 점 외에도 하팀과 메이슨(1997, 199)은 다음과 같이 덧붙인다.

- 번역 텍스트를 위한 어떠한 개요도 제공되지 않는다. 그 결과 평가는 어떤 절대적 범주, 일반적으로 언어 구조의 등가에 근거하게 될 것임이 틀림없다. 이는 평가 대상이 의사소통적 번역이 아니라 원천언어와 목표언어를 비교하는 구조적 지식임을 뜻한다. 가르치는 사람이 개요에 대한 직관적인 감각을 가지고 있을 때조차 교육적 틀이나 실제 시험에서 개요가 존재하지 않음으로써 학생이 잘못된 것이 무엇인지, 학생의 번역 해법을 적절치 못한 것으로 만드는 것이 무엇인지를 객관적으로 설명하는 것은 불가능하다.
- 자주 마주치는 감점 체계는 아무런 감점도 없는 완벽한 번역이 존재함을 전제한다.

쿠스마울(1995, 128-129)은 앞서의 결함들에다가 자신이 번역 평가에 대한 "외국어 교육식"(foreign language teaching) 방법과 관련지은 또 다른 결함들을 덧붙인다. 그는 이런 접근법이 고립된 단위로서의 단어와 문장에 중심을 두고 있고, 학생을 주로 외국어/제2언어의 학습자로 간주하는 점에서 문제가 있다고 생각한다. 또한 그는 그러한 평가의 방법론이 상황과 문화 속에서, 그리고 텍스트 내에서 단어나 구의 의사소통적 기능을 고려하지 못한다는 점에 대해 비판적이다.[1]

쿠스마울은 한 가지 대안으로 "오류 평가가 해당 단어, 구, 또는 문장의 의사소통적 기능에 초점을 두는, 번역 평가에 대한 의사소통적 방법"을 제안한다(1995, 128). 그러한 평가 방법은 비-이분법적(Pym 1992)인데, 왜냐하면 여기서 번역 해법은 옳고 그름의 문제가 아니라 번역의 목적에 더 적절한지, 아니면 덜 적절한지의 문제이기 때문이다. 그것은 쿠스마울이 주장하는 "충분한 정도의 정확도"(the sufficient degree of precision)에 따라 번역물의 품질과 번역 해법을 평가한다. 이러한 점 때문에 쿠스마울의 제안은 여기 제시된 오류와 평가의 의사소통적 방법이나 하팀과 메이슨(1997)의 방법과 합치한다. 하지만 이 방법이나 하팀과 메이슨의 방법은 과정/결과물의 관계에 대해서 쿠스마울의 것과 차이를 보인다. 쿠스마울은 다음과 같은 방법을 주장했다. 즉 "우리는 번역 생산자에 대해서는 생각할 필요가 없다. . . . 우리는 오류가 목표언어의 독자에게 끼칠 수 있는 영향에 한정시켜 생각할 수 있다"(1995, 129). 결과적으로 쿠스마울의 방법은 텍스트적 효과를 위해 학습 또는 교육적 고려들이 무시되는, 결과물 기반의 평가방법이다. 비록 쿠스마울이 이런 유형의 평가를 의사소통적 방법과 관련짓고 있다고 하더라도, 결과물 내지 과정에 기반을 둔 평가는 의사소통적 번역 개념과 구분된다. 전문적인 의사소통적 번역 내에서 혹자는 과정-기반적 평가(process-based evaluation)와 결과물-기반적 평가(product-based evaluation)를 구분할 수 있다. 다양한 상황적 조건들(목적, 교육적 맥락, 평가대상)을 토대로 우리는 결과물-기반적 사고를 포함하는 의사소통적이고 과정-기반적인 평가방법을 옹호한다. 또한 4장에서 제시된 활동들이 과정-기반적인 방법과 결과물-기반적 방법 모두를 반영하고 있음을 주목하라(과정으로는 지도 활동, 질문, 번역 과정에 대한 설명을 들 수 있고, 결과물에 대해서는 언어 부문 등에 초점을 두고 있다).

2. 번역 테스트 작업에서 기술 평가와 품질 평가를 위한 예비사항

우리가 테스트와 그것의 평가를 위한 기준을 개발하는 작업에 착수하기 전에 적절한 평가 도구를 설계하는 데 도움이 될 만한 몇 가지 쟁점들을 고려하는 것이 필수적이다.

2.1 품질 평가의 목적

첫 번째로 결정해야 할 것은 품질 평가의 목적이다. 이러한 점에서 다양한 이분법들이 고려될 필요가 있다.

2.1.1. 평가 목적

평가 목적이 (a)어떤 사람이 번역 프로그램에 받아들여지고, 그 다음 단계로 넘어가며, 전문 번역가로서 일하는 등등의 일에 적합한지를 확립하는 것(하팀과 메이슨(1997, 199)은 이를 **총괄적 평가**summative assessment라고 부른다)인지, 아니면 (b) 번역가의 능력을 개발하고 습득하는 데 지속적인 피드백을 제공함으로써 학습 과정에 보조적 역할을 하는 것(하팀과 메이슨은 **형성적 평가**formative assessment라고 부른다)인지를 결정해야 한다.

비록 형성적 평가가 번역가의 훈련과 관련된 교육적 목적 때문에 더 중요한 위치를 갖는다고 하더라도, 총괄적 평가와 형성적 평가 모두 번역 교과과정 속에 있어야 한다. 총괄적 평가를 제외하는 것은 전문적인 통·번역 작업에 무책임해질 수 있고, 형성적 평가를 생략하는 것은 교육자로서의 의무를 무시하는 것이 될 것이다. 총괄적 평가는 숙련도의 수준을 결정짓고 번역학도가 전문적 번역가에게 요구되는 기술을 가지고 있는지를 결정하는 데 필수적이다.

2.1.2. 평가 대상

이 장의 서두에서 언급했듯이, 테스트 기획자와 교육자들은 평가 대상이 번역 결과물인지, 번역 능력인지, 아니면 둘 모두가 될 것인지를 결정해야 한다. 이것은 방금 제시한 총괄적/형성적 평가의 구별과 밀접하게 관련되어 있다. 총괄적 평가가 번역 결과물에 대한 평가와 관련되어 있다면, 형성적 평가는 번역가의 능력에 대한 평가와 관련되는 경향이 있다.

2.1.3. 성취 평가 대 능력 평가

하팀과 메이슨이 제시한 바 있고 번역의 목적과 관련된 또 다른 중요한 이분법은 성취도 테스트 작업 대 능력 테스트 작업이다. 성취도 테스트 작업은 교수계획표/교과과정에 명시된 목표와 요건들을 달성했는지를 결정한다. 능력 테스트 작업은 가령 전문 번역가로서 일하는 것과 같이, 특정한 번역행위에 요구되는 것과 관련해서 능력을 측정한다. 성취도 테스트 작업은 형성적일 수 있는 데 반해, 대개의 능력 테스트 작업은 총괄적인 경향이 있다.

2.1.4. 기준–준거적 테스트 작업과 규범–준거적 테스트 작업

마지막으로, 테스트 기획자들과 번역 교사들은 평가의 목적을 기준-준거적 테스트 작업(criterion-referenced testing)과 규범-준거적 테스트 작업(norm-referenced resting)의 개념과 관련하여 고려할 필요가 있다(Hatim과 Mason 1997, 200). 기준-준거적 테스트 작업은 이미 확립된 기준과 관련하여 번역 기술을 평가하는 데 반해, 규범-준거적 테스트 작업은 그것을 하나의 규범과 비교함으로써 번역 능력을 평가한다. 예를 들면, 교실의 다른 학생들이나 다른 전문 번역가들과 비교했을 때, 평균, 평균 이상, 우수함이라는 규범에 따라 번역 능력을 평가하는 것이다. 비록 우리가 평가 결정을 하기 전에 여전히 이러한 구별을 고려할 것을 권장할지라도, 규범-준거적 평가와 관련된 주체성(그 효과는 현재의 번역 평가에 있어서 체계적이지 못한 특징에서 관찰할 수 있다) 때문에 번역교육 및 연구에 참여하는 사람들은 번역 결과물과 번역 기술을 평가할 수 있는 기준을 개발하는 것이 필수적으로 요구된다. 따라서 이 책에서는 기준-준거적 평가를 옹호할 것이다.

2.1.5. 번역 기술 대 언어 기술

이 단락은 제시된 방법론 안에서 중요성 때문이라기보다는 오히려 논점을 명확하게 하기 위해 제공된 또 하나의 구분, 즉 번역 기술의 테스트 작업과 언어 기술의 테스트 작업이라는 구분으로 결론짓고자 한다(우리는 결국 이 중 하나는 무시할 것이다). 언어 교육에서의 문법 번역에서처럼 언어 능력을 평가하기 위해 번역 기술을 테스트하는 것은 전문적인 의사소통적 번역 기술을 평가하는 것을 목표로 할 때 얻을 수 있는 것과는 상당히 다른 유형의 테스트를 낳는다. 전통적인 문법 번역의 테스트

(또는 쿠스마울이 외국어 학습식 방법이라 부른 것)가 의사소통적 번역에 부적합한 이유를 이해하기 위해서는 이를 유념하는 것이 중요하다. 그것은 전문적인 맥락에서 필요한 의사소통적 번역 능력을 시험하는 것이 아니다. 더욱이 이차언어의 습득에 관한 연구(SLA)가 증명해 온 것처럼, 문법 번역은 의사소통적 능력의 습득을 용이하게 하지 않기 때문에 언어 교육이라는 맥락 내에서는 부적합하다. 결과적으로 문법 번역은— 만일 그 목적이 언어구조에 대한 지식을 시험하는 것이 아니라면—테스트 작업에 접근할 수 있는 가능한 한 방법으로 간주될 필요는 없다.

보기 5.1.

평가 목적:

총괄적 평가 또는 형성적 평가

능력 평가 또는 성취도 평가

기준–준거적 평가 또는 규범–준거적 평가

전문적 번역 또는 문법적 번역

결과물 평가 또는 기술 평가

2.2. 품질 평가의 대상

테스트를 하는 사람은 평가 과정을 시작하기 이전에 그들이 테스트하고자 하는 것이 무엇인지에 관해 아주 분명히 해야 한다(이것은 학생들에게도 분명해야 한다). 앞에서 우리는 번역물(결과물)의 평가와 번역가 기술(과정)의 평가 간의 구별에 대해 언급했었다. 번역의 질을 평가해야 하는가, 아니면 번역가의 기술을 평가해야 하는가 하는 문제는 언어 교육에서의 독해능력을 테스트하는 것만큼이나 논쟁적인 쟁점이 될 수 있다(Lee와 VanPatten 1995, 229). 번역가의 기술에 번역가 훈련 프로그램에서의 주된 역할을 부여하는 것이 정당하다고 할지라도, 언어 교육과 번역 능력(Cao 1996, 327)에 대하여 지금껏 행해져 왔듯이, 능력과 기술이 외적인 형태(결과물)을 통해서만 관찰될 수 있는 정신적 과정이기 때문에 번역가의 기술을 테스트하는 것은 불가능하다고 주장할 수도 있다. 하지만 번역에서 번역 품질 평가도 기술 평가와 동일한 반대에 직면하게 된다. 왜냐하면 하나의 목표 텍스트(번역 결과물)의 적절성을 확립하는 일은 독자들의 마음에 접근할 것을 요구하기 때문이다. 그러므로 우리가 번역 결과물을 평가하든 아니면 번역 기술을 평가하든, 우리는 관찰할 수 없는 구성요소의 증거로서 번역 품질과 번역 기술의 결과물 내지 외적 형태에 계속 의지해야만 한다(내적이고 외적인 고려 사항들을 포함하는 능력에 관한 정의에 대하여 Cao 1996을 참조). 그럼에도 불구하고 번역교육에서 교사들은 번역가의 기술에 대한 평가를 자신의 목표로 삼고, 과정-지향적 교육과, 번역가 능력의 양상에 대한 정보를 제공해줄 테스트 자료들을 개발할 필요가 있다. 왜냐하면 교육은 바로 그런 양상들을 목표로 하기 때문이다. 다시 말해, 우리는 교육적 맥락 속에서 단지 번역 품질 평가에 의존하는 것보다 더 적절한, 번역가의 능력에 대한 정보를 획득하기 위해 테스트의 구상과 형식을 다루는 것이 가능하고 필요한 일임을 믿는다. 우리가 결과물을 기반으로 하는 테스트를 배제하자고 주장하는 것이 아니라(이것은 번역교육에서 나름의 역할을 하고 있다) 오히려 과정-기반적 교육과 테스트 자료들과 결과물-기반적 교육과 테스트 자료들의 결합을 주장하고 있음에 주목하라. 하지만 우리는 과정-지향적 자료가 (인턴쉽이나 자격증의 맥락 내에서 결과물-기반적인 프로그램과 대조적으로) 훈련 프로그램에서 지배적이어야 하며, 전통적인 번역 수업에서 결과물-기반적인 방법이 지배적인 현실을 감안할 때, 더더욱 그러해 야 한다고 믿는다.

번역가의 능력에 대한 평가는 여전히 결정되지 않은 두 가지 쟁점에 의해 좌우된다(2장의 2.1절을 참조). 즉 (a) 번역 능력이란 무엇인가? 번역 능력을 평가할 때 우리가 주목하는 것은 무엇인가? (b) 번역 능력의 본질 은 무엇인가? 그 능력은 하나의 단일한 기술인가, 아니면 다양한 하위 능 력들로 구분될 수 있는가? 비록 번역학의 연구문헌에서 (a)에 대한 다양 한 답변들이 제공되어왔지만 이 질문은 여전히 연구의 대상이다. 다행스 럽게도, 테스트 평가와 관련해서 다음과 같은 요건들이 충족되는 한, 번 역 능력에 대한 정의와 상관없이 적절한 테스트들을 창조할 수 있다.

- 번역 능력의 기본적 정의와 설명은 테스트가 만들어지기 이전에 확립되어 있다.
- 교육과 테스트 자료는 그러한 설명/정의를 근거로 고안되어 있다.

(b)와 관련하여, 그리고 번역 능력의 구체적 성격에 대해 일반적인 동 의가 부재함에도 불구하고 대부분의 연구자들과 번역 학자들은 그것이 다양한 구성요소들로 이루어져 있다고 생각한다. 카오(1996)(2장을 참조) 는 번역 능력이 번역 언어 능력, 번역 지식 구조, 그리고 번역 전략 능력 으로 구성된다고 주장한다. 번역 언어 능력은 구성적(문법적이고 텍스트 적)이며 화용론적인 능력(발화수행적이고 사회언어학적)으로 구성되어 있다. 하팀과 메이슨(1997)은 원천 텍스트 처리 기술(이를테면 상호 텍스 트성을 인지하고, 상황을 파악하고 의도를 추측하는 등), 전달 기술, 그리 고 목표 텍스트 처리 기술에 주목한다. 경험적 증거가 부족하기 때문에

하나의 특정한 번역 능력의 모델을 선호하는 현실을 감안할 때, 번역 교사나 테스트 설계자는 자신의 교육적 목적에 가장 잘 맞는 것을 선택해야 한다. 테스트 평가의 관점에서 중요한 것은, 하나의 명백한 모델을 선택하고, 테스트를 정해진 하위 능력들을 평가하는 목표와 함께 구상하며, 이러한 하위 능력과 목표를 기반으로 기준들을 고안하는 것이다. 번역 능력은 단일하지 않기 때문에 단일한 방식으로 평가되어서는 안 된다. 바흐만(1990)은 다양한 구성요소들로 구성된 기술을 평가하기 위해서는 구성요소별 채점기준이 사용되어야 한다고 주장한다. 구성요소별 채점기준이란 각각의 하위 능력에 각각의 점수를 부여하는 것이다. 이를테면 카오의 모델에 따르면, 번역 언어 능력의 구성요소들 각각에 1점을 부여하고, 번역 지식 구조에 1점을 부여하며, 또 번역 전략 능력에 대해 또 다른 1점을 부여하는 것이다. 최종 점수는 각 범주에 부여된 부분적 점수들을 합산하는 것이다. 구성요소별 채점기준은 각각의 범주들에 부여된 비중을 다양화함으로써, 다양한 목적과 상황에 맞게 변경될 것이다. 다음 절은 의사소통적 번역 수업을 위한 구성요소별 채점기준들의 구체적 예들을 제공한다(2.5절의 보기 5.4를 참조).

2.3 테스트 평가와 교수계획표/교과 과정

번역가 훈련 프로그램에서 테스트의 틀과 평가 기준은 교수계획표와 관련해서 고려될 필요가 있다. 우리는 교육한 것을 평가할 필요가 있고 교육 과정에서도 평가할 필요가 있다. 제공된 피드백이 학습 과정의 일부가 될 뿐만 아니라 테스트 그 자체가 교육과정의 목표와 긴밀히 관련될 때, 형성적 평가는 학습 경험이 될 수 있기 때문에 번역가 훈련에서 중요하다. 학생들도 테스트를 자신의 연구와 준비를 구성하는 과정에서 지침으로 사용하려는 경향이 있다. 그 결과, 만약 학생들이 교실에서 배웠던 것이 테스트에서도 비슷한 형태로 나타날 것이라는 점을 감안하면, 테스트는 학습을 위한 동기 부여의 또 다른 원인이 될 것이다. 이것이 제2언어 습득(SLA)에 관한 문헌에서 파급 효과(washback effect)로 언급되었던 것이다(Krashen과 Terrell 1983; Lee와 VanPattern 1995, 134).

> 당신이 무엇을 어떻게 테스트하는가 하는 것은, 교실에서 교사가 무엇을 가르치는가, 학생들은 교사가 교실에서 무엇을 하기를 기대하는가, 교실 밖에서 학습자들은 무엇을 하는가에 대한 세부적인 문제들과 관련되어 있다. 다시 말해, 테스트 평가는 하나의 독립적 사건으로 볼 수 없고 교수/학습 활동의 통합된 부분이어야 한다.

즉, 우리는 단순히 언어적 지식의 증명이 아닌, 번역 기술의 습득을 촉진하는 테스트를 제시해야 한다. 만약 한 학생이 수업에서 번역과 관련된 기준이나 근거를 설명해야 할 때, 그러한 기술이 테스트에 반영되지 않는다면, 그 기술은 학생의 마음속에서 그리 중요하지 않은 것이 될 것이다. 하지만 만일 테스트가 학생들에게 적절한 번역 해법을 제공해줄 뿐만 아니라 그 해법을 적절히 옹호할 수 있게 해주는 질문들을 포함한다면, 학생들은 그러한 기술의 중요성을 깨닫게 될 것이고, 그것을 배워야 한다고 생각하게 될 것이다. 만약 프로그램의 마지막에 치러지는 이해력 테스트 또는 능력 시험이 동일한 유형의 질문들을 포함한다면, 개별적 과정을 담당하는 교사는 자신의 강의에서 번역 스타일 결정에 대한 문제들을 포함시킬 가능성이 더욱 커질 것이다.

이전의 테스트 상황을 번역 수업에서 종종 직면하게 되는 것과 대조해 보라. 테스트는 학생들이 본 적이 없고 수업에서 다뤄진 텍스트들과도

무관한 텍스트로 구성되었다. 제공되는 유일한 것이라고는 "다음의 텍스트를 번역하시오"라는 지시뿐이다. 텍스트의 선택은 난이도에 근거하고 어떤 특정한 번역 기술에 근거하지 않았다. 이런 테스트는 노르트(1991b)가 말한 이 방법의 일반적인 결점 외에도 테스트의 과정을, 학생 자신의 통제를 넘어서는 어떤 과정을 통해 무엇인가를 배웠고 그 무엇이 바로 교사가 의도한 것과 동일한 것임을 입증하고자 하는 신비스런 활동이라고 생각하게 만든다. 테스트 과정은 교실에서의 학습과정과 모든 수업활동과는 별개의 활동이었다― 만약 거기에 어떠한 연관성이 있다 하더라도 그것은 학생들에게 알려져 있지 않다. 그 결과 학생들은 교실에서 사용되는 자료와 학습이 테스트와는 무관하고 불필요하다고 생각하게 된다. 이러한 사실은 수업 효과에 부작용을 낳을 뿐만 아니라 동기부여와 학습에 문제를 유발한다.

2.4 시험 형식

캐럴(Carroll 1980)은 번역 능력 테스트에 쉽게 적용할 수 있는 외국어/제2언어 테스트를 위한 4가지 기준을 구분한 바 있다.

(a) 경제성(Economy): 교사와/또는 테스트 기획자의 입장에서 최소한의 노력으로 학생들의 능력에 대해 최대한의 정보를 얻어내는 것을 의미한다. 이것은 과정이나 교과과정에서 가르친 모든 기술들을 테스트할 필요가 없고 오직 능력 수준에 대한 대표적 개념을 제공해줄 견본만 테스트하는 것을 뜻한다. 따라서 모든 것을 테스트하고자 하는 전통적인 테스트 방식은 교수계획표와의 관련성이 적을 뿐 아니라 경제적이지도 않기 때문에 부적절하다.

(b) **적절성**(Relevance): 교과과정 및 교육 목표와 테스트 간에 조화가 필요하다.

(c) **수용성**(Acceptability): 테스트가 자신의 발전을 평가해준다는 학습자들의 만족감을 말한다.

(d) **비교가능성**(Comparability): 테스트는 다양한 학습자들에 대해 유사한 점수를 확보하도록 해주어야 할 뿐만 아니라 동일한 학습자 집단들이 치루는 다양한 테스트들에 대해서도 유사한 점수를 확보하도록 해주어야 한다. 이것은 테스트를 변경할 필요가 있는가를 결정하기 위해 사후적으로 점검된다.

캐럴의 기준들은 이 절의 앞부분에서 제시된 예비적 고려사항과 결합해서 우리에게 좋은 번역 테스트를 위한 다음과 같은 일람표를 제공해준다.

- 명확한 목적이 있고 그것에 따라 구상되었는가?
- 어떤 능력이 테스트되고 있는지를 상세히 기술하고 있는가?(반드시 테스트 자체에 대한 것일 필요는 없다)
- 경제적이고 적절하고 수용될 만하며 비교가능한가?
- 명확한 채점 기준이 있는가?
- 교육 내용과 방법을 테스트하는가?
- 번역 개요와/혹은 실용적 정보를 제공하는가?

이 모든 요인들은 테스트와 테스트 항목을 만들 때 고려되어야 한다. 번역 개요가 테스트와 함께 제공되어야 한다는 것도 명심해야 한다.

번역 테스트는 오랫동안 원천 텍스트 앞에 "X로 번역하시오"라는 한 줄 지시가 나오는 단일한 형식의 전통적 시험에 한정되어왔다. 그 결과 번역 테스트를 위한 시험 항목의 작성에 대해서는 거의 주목하지 않았다. 테스트 항목들은 우리로 하여금 다양한 능력들을 독립적으로 평가할 수 있게 해주며 복수적인 형식을 취할 수 있다. 복수적 형식에는 빈칸 채우기, 다항 선택식 질문(예를 들면, 특정한 원천 텍스트의 내용에 대해 목표 텍스트들이 다양한 반응을 보인다), 번역될 텍스트에 대한 개방적인 질문/설명, 번역될 필요가 없는 텍스트에 근거한 질문들과 같은 것을 들 수 있다. 3장의 번역활동에서 원천 텍스트-겸-활동 형태의 예를 제시했다.[2] 보기 5.2는 이 장의 4.2절에서 상세하게 다뤄질 다른 형태들의 목록이다.

보기 5.2 시험 가능한 항목의 형식

- (번역활동에서와 마찬가지로) 선별된 지침 활동이 있는 원천 텍스트
- 예를 들어, 구절 빈칸 메우기 과정은 번역에 개요를 제공하고 학생들로 하여금 번역 개요와, 나아가서 원천 텍스트와 목표 텍스트의 특성에 따라 이 부분들을 완성하도록 한다.
- 다항 선택식 질문
- 번역할 필요가 없는 텍스트에 근거한 단답형, 개방형 질문들
- 예를 들어, 가능한 개요를 그에 상응하는 목표 텍스트의 번역과 비교하거나, 원천 텍스트의 밑줄 친 부분을 가장 적절한 목표 텍스트와 비교하기

우리가 교육 방법을 테스트해야 한다고 주장하는 원칙을 따르기 위해서 유사한 형식의 유형이 테스트하지 않는 수업 상황에서도 사용될 수 있고 사용되어야 한다는 점에 유념하라.

2.5 평가 기준

각 테스트와 활동 유형들이 객관성과 평가자의 신뢰성(비교 가능성)을 획득하는 것, 즉 평가 내용이 테스트의 내용과 같다는 것을 확실히 하는 것, 그리고 학생들이 교육과정의 다양한 단계에서 자신에게 요구되는 것이 무엇인지를 이해하기 위해서는 확실하고 신뢰할 만한 평가 기준이 필요하다. 확실하고 제대로 된 기준에 근거한 좋은 피드백은 학습과정에 매우 유익하다. 평가 기준을 확립하기 위한 더 심도 깊은 논의는 훈련 과정 내에서 규범-준거적 평가(상대적 평가)보다는 기준-준거적 평가(절대평가)가 우월하다고 본다.

기준들의 제시 형식과 관련하여 우리는 설명적 개요(descriptive profiles)라는 개념을 도입할 필요가 있다. 그 개요는 등급, 즉 1에서 5까지의 등급(1이 가장 낮고 5가 가장 높은 등급)으로 구성되고 각 숫자의 점수에는 그러한 등급에 부합하는 작업 유형에 대한 기술들이 기술되어 있다. 총괄적 평가의 맥락과 번역 훈련 프로그램 내에서는 설명적 개요가 단순한 숫자 점수보다 더 적절하다. 왜냐하면 그것이 학생의 발전에 대해 더 나은 피드백을 제공해주기 때문이다.

보기 5.3 설명적 개요

목표 텍스트는 개요에 대한 충분한 고려와 적절한 번역해법을 보여준다.	5
목표 텍스트는 개요에 대한 고려와 수용 가능한 번역 해법을 보여준다.	3
목표 텍스트는 개요를 전혀 고려하지 않으며 개요와 맞지 않는 해법을 보인다.	1

채점 기준은 종합적일 수도 있고 요소적(분석적이라고도 한다)일 수도 있다. 종합적 평가(holistic rating)는 번역의 전반적인 품질, 점수화된 번

역 기술과/혹은 다양한 기술을 요약할 수 있는 기술의 수준을 평가한다. 다음은 TOEFL의 작문시험에서 사용되는 종합 평가의 한 예이다(Lee와 VanPattern 1995, 238에서 가져옴). 이것은 4단계에 해당하는 것으로 작문이 아래 기술에 부합하면 4점을 얻게 된다.

- 적절히 구성되고 전개되었다.
- 세부적 내용을 이용하여 논제를 뒷받침하고 하나의 개념을 설명하고 있다.
- 통사구조와 용법을 적절하게 구사하지만 다소 일관성이 떨어진다.
- 간혹 의미를 모호하게 하는 어떤 실수들을 포함할 수 있다.

요소적 평가(componential rating)(단락 2.2를 참조)에서는 평가되는 각 기술이 점수화되고, 개별적인 기술 점수들이 합산되어 최종적 평가에 도달하게 된다.

다음은 설명적 개요가 있는 요소적 번역 평가 기준의 예이다. 여기서 보기 5.4는 번역 텍스트의 등급을 매기기 위한 요소적이고 설명적인 평가 기준의 예로 제공된 것이다. 우리는 적절성과/혹은 기준에 부합하는 조건/작업에 대해서는 언급하지 않겠다(세심한 독자는 보기 5.4에 나온 기준들이 번역작업의 등가-기반적 개념에 대응하고 있음을 알 수 있을 것이다). 우리는 나중에 5.3절에서 채점 기준과 번역의 하위능력들 간의 관계와 내용에 관해 말할 것이다. 번역 능력의 다양한 구성요소적 측면을 감안할 때, 번역교육론에서 번역 기술을 평가하기 위한 요소적 평가의 적절성을 계속해서 옹호할 것이다.

보기 5.4

번역 채점 기준

아래 열거된 영역에서 평가가 이루어질 것이다. 평가는 당신이 주석을 붙인 번역과정뿐만 아니라 번역 결과물에 근거할 것이다.

I. 의미

  1. 번역은 근거 없는 수정, 누락, 첨가 없이 원천 텍스트에 포함된 의미를 정확히 반영하고 있다. 의미의 미세한 차이들도 정확하게 번역되어 있다.   **30**

                                    28

  2. 의미상의 약간의 변경, 첨가, 누락이 있다.   **25**

                                      23

  3. 의미상의 부당한 변화, 누락, 첨가가 다소 있다. 번역은 원천 텍스트에 대한 일부 오해를 보여준다.   **20**

                                      18

  4. 번역이 원천 텍스트와는 다른, 부당하고 심각한 문제점을 보여주거나 포함하고 있다. 그것은 부정확한 번역과/혹은 심각한 삭제와 첨가를 포함되어있다. 원천 텍스트에 대한 매우 부족한 이해를 보여준다.   **15**

II. 목표 언어

  1. 번역이 자연스럽게 흐르고 목표언어로 쓰였지만 마치 원천 텍스트처럼 읽힌다(어떤 다른 출판물에서 가져온 것이 아니다).   **30**

                                      28

  2. 일반적으로 문체는 적절하지만 운치가 다소 떨어지고 사소하지만 거북한 표현들이 있다.   **25**

                                      23

  3. 글의 구성 중 몇 군데에서 원천 텍스트와 다른 구성적 특징들이 드러난다. 원천 언어의 구조가 번역에서 나타난다.   **20**

---

4. 번역이 마치 "제3의 언어"로 쓰여진 것 같다. 원천 언어의 너무 많은 부분이
목표 텍스트로 전달됨으로써 그것이 목표 언어 텍스트의 견본으로 간주될 수 없을 정도
이다.   15

III. 어휘

1. 용어의 정확하고 적절한 번역. 관련 주제에 대해 정확한 용어의 구사 능력을 보여
준다. 탁월하고 철저한 자료 활용의 노력이 엿보인다.   15

2. 전문 용어의 번역과 관련된 몇몇 오류들이 있다. 철저하지는 않지만 적절한 자료
활용 과정이 드러나고 있다.   10

3. 특별한 전문 용어에 대한 무지를 드러낸다. 사전에 자료 활용 작업이 없다.   5

IV. 기능적이고 텍스트적인 등가성

1. 번역된 텍스트가 목표와 목적(정보적, 표현적, 설득적 기능), 그리고 원천 텍스트
에서 의도했던 청중을 정확하게 포착하고 있다. 좋은 텍스트 분석과 이를 통해 획득된
성공적인 결론의 적용이 나타나 있다.   15

                                                                                    13

2. 번역된 텍스트가 원천 텍스트의 목표와 목적(기능) 그리고 의도된 청중에 거의 근
접하지만 목표 언어와 정확한 등가물은 아니다. 텍스트 분석이나 그 결과의 적용에서
문제점이 드러난다.   10

                                                                                     8

3. 전반적으로 원천 텍스트의 목표, 목적, 기능, 청중을 무시하고 있다. 기능적 등가
성은 최저 수준이다. 이 텍스트는 원천 텍스트와 동일한 상황적 맥락에서 나왔다고 볼
수 없다.   5

V. 수정 과정

1. 교정과 퇴고의 적절한 과정. 당연히 최종본이 나오기 전에 몇 차례의 수정을 하였
다   10

	8
2. 최소한의 교정만 이루어졌다. 초고 상태를 약간 바꾸었을 뿐이다.	5
총점	100

요약하면, 질적 번역의 기준은 보기 5.5에 명시된 요구사항에 대응한다.

보기 5.5 번역 기술 테스트를 위한 채점 기준 작성을 위한 일람표[3)]

- 설명적 개요를 포함해야 한다.
- 요소적 평가에 근거해야 한다.
- (사전에 결정된) 특정한 기술을 채점해야 하는데, 이 기술은 시험으로 테스트한 것과 일치해야 한다.
- 학생들에게 친숙하며 명확한 것이어야 한다.
- 언어적 정확성과/혹은 형식적 대응보다는 개요와 관련하여 해결의 적절성을 채점해야 한다.[4)]

3. 번역 테스트를 위한 채점 기준

3.1 채점 기준의 개발

이 절은 앞서 열거한 원칙들이 의사소통적 번역교실에서 채점 기준의 작성에 어떻게 적용될 수 있는지를 보여준다. 교육적 상황과 무관한 조건에서 기준을 개발하는 것은 앞으로의 숙제로 남겨두겠다.

테스트의 수행 과정에서 나타나는 기술을 평가하기 위한 기준들이 개발되었다. 보기 5.6에 예시된 기준은 원천 텍스트로 구성된 시험을 번역 결과물이 제공하는 수준을 넘어서 번역가의 능력에 관한 심층적 정보를 끌어내기 위해 고안된 (3장의 번역활동에서처럼) 개요와 일련의 번역 질문들의 요건에 따라 채점하는 데 사용된다. 채점 기준은 시험 대상이 되는 기술을 평가해야 한다. 평가 받는 특정 기술이 교과목이나 교과과정의 목적에 따라 다양하기 때문에, 우리는 다양한 이론적 모델에 근거하여 다양한 세부적 능력들을 테스트하기 위한 다양한 기준들의 예들을 제공한다. 이는 2.5절에 제시된 지침이 광범위하게 적용될 수 있음을 보여준다. 설명적 개요와 점수는 등급에 따라 3점(마지막 기준들에서는 4점)이 주어진다. 필요하다면, 이것들은 더 세부적인 구분이 가능한 하나의 연속체상에서 참조 점수로 간주되어야 한다.

보기 5.6

번역 능력 평가를 위한 채점 기준(번역가의 능력에 관한 하팀과 메이슨의 모델에 근거함(1997, 2005): 원천 텍스트의 처리기술, 전달 기술, 목표 텍스트의 처리기술)[5]

A. 원천 텍스트와 목표 텍스트의 처리 기술 (영역 총점: 40)
상호텍스트성/수사적 구조

　1. 번역과 번역 해설은 번역가가 원천 언어와 목표 언어의 규범과 독자에 미칠 영향을 사전에 평가하여 상호텍스트성의 제 양상들(장르, 텍스트 유형)과 수사적 구조를 인식하고 확립하고 있음을 보여준다.　　　　　　　　　　　　　　　　20
　2. 비록 번역과 번역 해설이 번역가가 원천 언어와 목표 언어의 규범과 독자에 미칠 영향을 사전에 평가하여 상호 텍스트성의 제 양상들(장르, 텍스트 유형)과 수사적 구조를 인식하고 확립하고 있음을 보여준다고 하더라도, 원천 텍스트와/혹은 목표 텍스트에서 이런 양상들을 인식하거나 확립할 때 몇 가지 어려움이나 사소한 문제점들이 나타난다.　　　　　　　　　　　　　　　　　　　　　　　　　15

---

3. 번역과 번역 해설은 번역가가 상호텍스트성과 수사적 구조를 인식하고 확립하는 데 어려움/문제점들을 갖고 있음을 보여준다.   5

구성과 구조

1. 번역과 번역 해설은 번역가가 원천 언어와 목표언어의 규범과 독자에게 미칠 영향을 사전에 평가하여 구성(어휘 선택, 통사 배열, 일관성)과 구조의 제 양상을 인식하고 확립하고 있음을 보여준다.   20

2. 비록 번역과 번역 해설이 번역가가 원천 언어와 목표언어의 규범과 독자에 미칠 영향을 미리 평가하여 구성(어휘 성택, 통사 배열, 일관성)과 구조의 제 양상을 대부분 인식하고 확립하고 있다고 하더라도, 원천 텍스트와/혹은 목표 텍스트에서 이런 제 양상을 인식하거나 확립하는 데 약간의 어려움과 사소한 문제점들이 보인다.   15

3. 번역과 번역 해설은 번역가가 구성(어휘 선택, 통사 배열, 일관성)과 구조를 인식하고 확립하는 데 어려움/문제점을 갖고 있음을 보여준다.   5

상황

1. 번역과 번역 해설은 번역가가 원천언어와 목표언어의 규범과 독자에게 미칠 영향을 사전에 평가하여 상황의 제 양상을 인식하고 확립하고 있음을 보여준다.   20

2. 비록 번역과 번역 해설이 번역가가 원천언어와 목표언어의 규범과 독자층에게 미칠 영향을 사전에 평가하여 상황의 제 양상을 대부분 인식하고 확립하고 있다고 하더라도 원천 텍스트와 목표 텍스트에서 이들 양상들을 인식하거나 확립하는 데 다소의 어려움과 작은 문제점을 보인다.   15

3. 번역과 번역 해설은 번역가가 상황을 인식하고 설정하는 데 어려움/문제점을 갖고 있음을 보여준다.   5

B. 전달 기술(영역 총점: 60)

1. 번역과 번역 해설은 번역가가 수사학적 목적을 수행함에 있어 독자의 기획과 개요에 맞게 효과, 효율, 적절성을 조정함으로써 전략적 재조정에 의지하고 있다.   60

2. 비록 번역과 번역 해설이 번역가가 수사학적 목적을 수행함에 있어 독자의 기획과 개요에 맞게 효과, 효율성, 적절성을 조정함으로써 전략적 재조정에 대부분 의지하고 있지만 이 영역에서 다소의 문제점과 성공적이지 못한 전략들이 드러나고 있다. 40

3. 번역과 번역 해설은 번역가가 수사학적 목적을 수행함에 있어 독자의 기획과 개요에 맞게 효과, 효율성, 적절성을 조정함으로써 심각한 어려움/문제점을 갖고 있음을 보여준다. 10

보기 5.6과 항목 A(원천 텍스트와 목표 텍스트의 처리 기술)와 유사한 범주들은 하팀과 메이슨의 모델에서 다루어지지 않은 두 개의 능력인 정보성(informativity)과 의도성(intentionality)을 설명하는 데도 도움을 줄 수 있다. 원천 텍스트와 목표 텍스트의 처리 기술은 실제 번역의 수행에서 이 둘을 분리하는 것이 비현실적이고 어렵기 때문에 하나의 범주로 통합되었다. 하지만 만일 테스트 상황에 더 적합하다면, 두 처리 기술은 독립적인 범주가 될 수 있다. 마찬가지로 하팀과 메이슨의 처리기술(상호텍스트성, 상황, 의도성, 구성, 그리고/혹은 정보성) 중 하나 이상은 하나의 범주(가령 상황과 상호텍스트성)로 묶을 수 있고 텍스트의 특수성과 테스트의 목적에 따라 서로 다른 비중을 부여받게 될 것이다.

일부 번역 테스트에서 전달 기술이 원천 언어와 목표언어의 처리 기술보다 더 많은 배점을 부여받을 수 있다는 것은 적절할 수도 있다(보기 5.7). 배점의 확실하고 일관적인 절차는 다음과 같다. 일단 강사가 어떤 기술을 테스트할 것인지를 결정하고 그 기술과 테스트 형식에 근거한 채점 범주들을 구상하면, 그는 각 범주와 하위 범주에 점수를 할당해야 한다(이를테면, 전달 기술과 원천 텍스트와 목표 텍스트의 처리 기술에 각각 몇 점을 줄 것인가? 원천 텍스트와 목표 텍스트의 처리에 주어진 전체 점수에서 상호텍스트성이나 상황에 몇 점을 줄 것인가? 등등). 범주의 추가와 수정은 테스트될 번역기술에 근거해서 옳다면 언제든지 가능하다. 하지만 테스트될 능력이 교과목/교과과정의 내용과 목적을 근거로 테스트의 작성 이전에 결정되어야 한다는 점을 기억하라.

보기 5.7

번역 능력 평가를 위한 채점 기준 (카오의 번역 효율성 모델 [1996]에 기초함)

A. 번역 언어 능력(영역 총점: 30)
구성적 능력: 문법적/텍스트적 능력
  1. 번역과 번역 해설은 번역가가 원천언어와 목표언어의 문법적 · 텍스트적 구조에 대해 충분한 지식을 가지고 있음을 보여준다.   30
  2. 몇 가지 문제점에도 불구하고 번역과 번역 해설은 번역가가 원천언어와 목표언어의 문법적 · 텍스트적 구조에 대해 적절한 지식을 가지고 있음을 보여준다.   25
  3. 번역과 번역 해설은 번역가가 원천언어와 목표언어의 문법적 · 텍스트적 구조에 대한 지식이 부족함을 보여준다.   10

화용론적 능력
  1. 번역과 번역 해설은 번역가가 원천언어와 목표언어의 화용론적(발화수행적이고 사회언어학적인) 체계에 대해 충분한 지식을 가지고 있음을 보여준다.   30
  2. 몇 가지 문제점들이 있긴 하지만 번역과 번역 해설이 번역가가 원천언어와 목표언어의 화용론적(발화수행적이고 사회언어학적인) 체계에 대해 적절한 지식을 가지고 있음을 보여준다.   25
  3. 번역과 번역 해설은 번역가가 원천언어와 목표언어의 화용론적(발화수행적이고 사회언어학적인) 체계에 대한 지식이 부족함을 보여준다.   10

B. 지식 구조(영역 총점: 20)

1. 번역과 번역 해설은 번역가가 원천 텍스트를 성공적으로 처리하고 목표 텍스트를 창조할 때 필요한 비언어적(문화적이고 주제적인) 정보에 대한 충분한 지식을 가지고 있음을 보여준다. 20

2. 몇 가지 문제점에도 불구하고 번역과 번역 해설이 번역가가 원천 텍스트를 성공적으로 처리하고 목표 텍스트를 창조할 때 필요한 비언어적(문화적이고 주제적인) 정보에 대한 충분한 지식을 가지고 있음을 보여준다. 10

3. 번역과 번역 해설이 번역가가 원천 텍스트를 성공적으로 처리하고 목표 텍스트를 창조할 때 필요한 비언어적(문화적이고 주제적인) 정보에 대해서 부족함을 보여준다. 5

C. 전략적 능력(전달 능력)(영역 총점: 50)

1. 번역과 번역 해설은 번역가가 번역에서의 의사소통적 목적을 달성하기 위해 번역 언어 능력을 적절한 지식구조와 맥락의 특징들(개요)과 관련짓는 탁월한 능력이 있음을 보여준다. 50

2. 몇 가지 문제점에도 불구하고 번역과 번역 해설은 번역가가 번역에서의 의사소통적 목적을 달성하기 위해 번역 언어 능력을 적절한 지식구조와 맥락의 특징들(개요)과 관련짓는 적절한 능력이 있음을 보여준다. 45

3. 번역과 번역 해설은 번역가가 번역에서의 의사소통적 목적을 달성하기 위해 번역 언어 능력을 적절한 지식구조와 맥락의 특징들(개요)과 관련짓는 능력이 부족함을 보여준다. 또한 번역과 번역 해설은 언어교육에서 문법-번역 방법론 내에서 일반적으로 발견되는 특징과 형태를 보여준다. 15

보기 5.7의 B항목에서 주제적이고 문화적인 지식은 독립적인 범주로 두거나, 특정한 텍스트에 부적절하다고 판단되면 삭제될 수도 있음에 주목하라. 전문화된 번역 관습에 대한 지식도 같은 항목에 포함시킬 수 있다. 마지막으로, 가령 법률 번역과 같이 전문화된 번역에서는 B에 더 많은 배점이 부여되어야 한다.

다음 모델(보기 5.8)은 번역 언어 능력(원천 언어와 목표 언어 기술)을 독립적인 범주로 간주하기보다는 다양한 채점 영역 내에 포함시킨다. 언어 능력이 부족하면 번역은 상응하는 범주에서 가장 낮은 점수를 받게 될 것이다. 다시 말해, 보기 5.8의 기준들은 번역 언어 능력이 번역-특정적 기술(전략적 능력)의 습득을 위한 (비록 불충분하긴 하지만) 필요조건이고, 언어 습득의 일부로서 언어기술은 번역 수업을 위한 필수조건이 될 수 있다는 가정에 근거하고 있다. 그 결과 제2 외국어 능력의 부족을 드러내는 실수는 더 엄격하게 감점된다. 비록 번역 언어 능력에 중요한 감점을 부과함으로써 그러한 방법을 카오의 모델 하에 두는 것이 가능할 지라도 이것이 의미하는 바는 번역의 전략적 능력과 같은 번역가-특정적 기술에 대해서는 점수가 거의 부여되지 않았고, 번역에 필요한 것은 오직 언어기술뿐이라는 메시지를 남기는 것이다.

번역 언어 능력 외에 보기 5.8에서 제시된 평가 척도와 설명적 개요는 (번역 능력과 관련해서) 초보 단계의 학습자의 오류에 대한 경험적 증거를 받아들이고 이 책에 기술된 입문 과정에서 나타난 활동의 유형과 목표에 맞도록 변형되었다. 항목 I과 항목 II는 카오의 전략적 능력에 해당한다. 항목 III은 지식 구조(와 카오의 연구에는 포함되지 않은 연구 기술)에 해당한다. 항목 IV는 대부분의 번역도들이 어려움의 원천이라 생각하는 경험적 연구에 의해 확인된 화용론적이고 전체적인 고려(텍스트적 요인과 같이 상위 차원의 문제들)를 선별해낸다. 마지막으로 항목 V는 최초의 번역과목의 구성와 기획에 필수적인 교정, 즉 과정-기반적 기술을 평가한다.

보기 5.8

번역 능력의 평가 기준(카오의 번역 능력 모델과 경험적 증거에 기초하고 이 매뉴얼에 제안된 텍스트와 활동에 맞도록 변형됨)

I. 원천 텍스트의 의존성/적절성(영역 총점: 25)
(개요에 근거하여 충분한 정도의 정확성의 원칙이 이해되고 성공적으로 적용되었는가?)

1. 번역과 번역 해설은 원천 텍스트의 요소들이 개요에서 요구하는 충분한 정도의 정확성으로 목표 텍스트에 전달되었고, 이 개념을 충실하게 이해하고 그것을 번역 작업에 성공적으로 적용할 수 있다는 것을 보여준다.   25

2. 번역과 번역 해설은 원천 텍스트의 요소들을 개요에서 요구하는 충분한 정도의 정확성으로 전달하는 데 일부 문제점과 불일치를 드러낸다. 또한 번역가는 이 개념에 대해 상당한 정도로 적절히 이해하고 있고, 그것을 번역작업에 적용하여 평균정도로 성취하고 있다.   20

3. 번역과 번역 해설은 원천 텍스트의 요소들을 개요에서 요구하는 충분한 정도의 정확성으로 전달하는 데 문제점과 불일치를 드러내고 있으며 번역가는 이 개념을 이해하고 번역작업에 성공적으로 적용하는 데 다소 어려움이 있다. 또한 번역과 번역 해설은 언어능력이 일부 문제점의 원인임을 보여준다.   15

4. 번역과 번역 해설은 번역가가 원천 텍스트의 요소들을 개요에서 요구하는 충분한 정도의 정확성으로 전달하는 데 실패했고, 나아가서 번역가가 이 개념을 이해하고 번역작업에 적용하는 데 많은 부족함을 갖고 있음을 드러낸다. 또는 언어 능력이 문제점의 중요한 원인이다.   5

II. 목표 텍스트의 적절성(영역 총점: 25)
(개요에 근거하여 목표 텍스트는 목표 언어의 공동체가 갖고 있는 텍스트적, 언어적, 문화적 규범에 충분히 근접하고 있는가? 이 유형은 대개 항목 IV 에서 다루어지는 텍스트적 차원보다 더 낮은 언어적 차원을 다룬다.)

1. 번역은 사용 중인 언어에서 목표 언어/문화의 한 예로서 구체화된 개요에 대해 필요한 적정 수준에 도달했다. 번역과 번역 해설은 번역가가 (개요에 근거하여) 목표 언어/문화 내에서 충분히 적절한 텍스트의 한 예라고 할 수 있는 목표 텍스트를 창조하는 방법을 이해하고 있음을 보여준다.   25

2. 비록 번역이 사용 중인 언어에서 목표 언어/문화의 한 예로서 구체화된 개요의 적정 수준에 도달했다고 하더라도, 목표 언어/문화의 영역에서 몇 가지 문제점을 드러냈다. 번역과 번역 해설은 번역가가 (개요에 근거하여) 목표 언어/문화 내에서 충분히 적절한 텍스트의 한 예라 할 수 있는 목표 텍스트를 창조하는 데 (작은) 어려움들이 있음을 드러낸다.   15

3. 번역은 개요가 요구하는 목표 텍스트의 충분한 적정 수준에 대해 목표 언어/문화의 영역에서 심각한 문제점들을 드러낸다. 목표 언어 능력의 부족이나 결함이 있는 전달(전략적) 능력 때문에 부족하거나 비문법적인 목표 형식이 존재한다. 가령 번역이 일종의 "제3의 언어"로 쓰여져 있다. 원천 언어의 너무 많은 부분이 목표 텍스트로 전달됨으로써 목표 언어 텍스트의 견본으로 여겨질 수 없을 정도이다.   5

III. 어휘, 전문 지식, 그리고 연구(영역 총점: 15)

1. 용어의 정확하고 적절한 번역. 번역과 번역 해설은 용어에 대한 적절한 구사와 다루어지는 주제에 특정한 지식을 보여준다. 자료 제시에 훌륭하고 철저한 노력이 엿보인다.   15

2. 용어와 전문 용어의 번역과 관련된 일부 실수들. 자료 제시에 대한 철저하지는 않지만 적절한 과정, 그리고 이 과제(이해와 생산 모두)에 필수적인 전문적 지식이 적절하다.   10

3. 전문용어에 대한 무지와 전문 지식의 부족을 드러낸다. 자료 제시의 사전 작업이 없다.   5

IV. 기능적이고 텍스트적인 양상(영역 총점: 25)

1. 번역된 텍스트와 번역 해설은 개요와 관련해서 과제 속에 포함된 화용론적이고 전체적인 문제(수사적 목적, 독자, 상황 등)에 대한 충실한 이해를 보여준다. 텍스트적이

고 병렬적인 분석을 상당히 이해하고 그것들을 통해 얻은 결론을 성공적으로 적용하고 있다. 25

2. 번역된 텍스트와 번역 해설은 개요와 관련해서 과제 속에 포함된 화용론적이고 전체적인 문제(수사적 목적, 독자, 상황 등)에 대한 이해에 일부 문제점을 드러낸다. 텍스트적이고 병렬적인 분석을 이해하는 데 간극이 있으며 그것들을 통해 얻어진 결론을 적용하는 데 다소 어려움이 있다. 15

3. 번역된 텍스트와 번역 해설은 개요와 관련해서 과제 속에 포함된 화용론적이고 전체적인 문제(수사적 목적, 독자, 상황 등)에 대한 이해 부족을 드러낸다. 텍스트적이고 병렬적인 분석에 대한 이해가 불충분하고 그것들을 통해 얻어진 결론을 적용하는 데 문제가 있다. 5

Ⅴ. 교정 과정(영역 총점: 10)

1. 교정과 퇴고의 적절한 과정. 최종본이 나오기 전에 몇 개의 수정본이 만들어졌다. 10

2. 최소한의 교정. 초고에서 약간의 변경만 있을 뿐이다. 5

번역 능력의 평가를 위한 세 단위의 채점기준을 제시했다. 이제 우리는 보기 5.5에서 제안된 지침들을 얼마나 잘 따르는지와 관련해서 이 기준들을 검토할 필요가 있다(편의를 위해 보기 5.9로 옮겨왔다).

보기 5.9 번역 기술 테스트를 위한 채점 기준 작성을 위한 일람표

- 설명적 개요를 포함해야 한다.
- 요소적 평가에 근거해야 한다.
- (사전에 결정된) 특정한 기술을 채점해야 하는데, 이 기술은 시험으로 테스트한 것과 일치해야 한다.
- 학생들에게 친숙하며 명확한 것이어야 한다.

> • 언어적 정확성과/혹은 형식적 대응보다는 개요와 관련하여 해결의 적절성을 채점해
> 야 한다.

세 단위의 기준들(보기 5.6에서 보기 5.8까지)은 설명적 개요를 포함하
고 요소별 평가에 근거하고 있으며, 개요와 관련하여 해법의 적절성을
채점한다. 더욱이 그 기준들은 (테스트와 기준 개발에 앞서 명시된) 특정
한 기술들, 즉 하팀과 메이슨이 말하는 번역가의 능력(보기 5.6), 카오가
말하는 번역 능력(보기 5.7), 그리고 카오의 능력과 연구와 기준의 수정
기술(보기 5.8)을 평가한다. 채점 기준은 또한 평가되는 기술이 시험에서
테스트되는 기술에 상응할 것을 요구한다. 이것은 외재적인 (조정) 조건
이다. 다시 말해, 기준에 의지할 뿐만 아니라 다른 평가 도구, 즉 시험과
의 관계에 의지하는 적절성의 조건인 것이다. 이 요구조건의 충족은 3.2
와 4.1에서 제시되는데, 여기서 우리는 기준들을 특정한 번역 테스트에
적용하는 방법에 대한 예로 제공한다. 마지막으로 적절한 평가 기준을
작성하는 데 필요한 모든 조건을 충족시키기 위해서, 교사는 최소한 학
생들에게 평가된 과제와 함께 평가 척도를 복사해 나누어 주어야 한다.
이상적인 것은 그 척도가 사전에 제공됨으로써 학생들이 교사의 기대에
익숙해지는 것이다.

3.2 텍스트와 테스트에 대한 채점 기준의 적용

이 절에서는 개발된 채점기준이 텍스트와 실전연습과 어떻게 결합될
수 있는가 하는 문제뿐만 아니라 그 기준이 학생들의 텍스트에 어떻게
적용할 수 있는가 하는 문제를 보여준다.

우리는 번역가의 훈련 과정에서 번역 능력을 평가해야 한다고 주장해 왔다. 이러한 목적은 다양한 방식으로 달성될 수 있는데, 그 중에서 다양한 활동들을 수반하고 해설을 첨가한 번역 작업은 하나의 예에 불과하다. 또한 더욱 능률-기반적인 방법을 취하는 것이 가능하다. 이 방법은 기술과 능력(보기 5.10)을 참조하지 않고 다른 과정의 구성요소들에 있는 기술 개발과 평가에 집중함으로써 기준들 속에 반영될 수 있다.

보기 5.10 기술-기반적 채점 기준의 능력-기반적 채점 기준으로의 변형

1. 번역과 번역 해설은 원천 텍스트의 요소들이 개요에서 요구되는 충분한 정도의 정확성으로 목표 텍스트에 전달되고, 번역가가 이 개념을 잘 이해하고 이것을 번역작업에 성공적으로 적용할 수 있음을 보여준다. 30
2. 번역은 원천 텍스트의 요소들이 개요에서 요구되는 충분한 정도의 정확성으로 목표 텍스트에 전달되고 있음을 보여준다. 30

다음은 4장에서 가져온 텍스트 견본 3에 대한 두 학생의 번역본이다. 관련 학생의 해설은 텍스트에 이탤릭체로 표시되어 있다. 우리는 텍스트가 테스트로 주어졌고, 수반되는 활동들이 테스트의 상황에 맞게 조절되었다고 생각한다(수업 활동을 테스트에 맞추는 방법의 예를 보려면 4.1을 참조). 지면의 제약 때문에 번역 활동에 대한 학생의 답변과 평가에 대한 어떠한 자료도 여기에 포함하지 않았다. 이러한 자료들은 학생들의 번역에 근거하여 수집한 증거들을 검증하는 데 도움이 되고 채점자가 기술과 능력을 더 신뢰성 있게 평가할 수 있도록 해줄 것이다.

학생 번역 1

In 1996, Sampere Institute celebrates its fortieth anniversary. Established in 1956, its founders Alberto and Isabel Villar remain actively involved today. "Sampere" began in Alberto and Isabel's home. Today, it operates through schools in Madrid, el Puerto de Santa María, Salamanca(Spain), and Cuenca(Ecuador), totaling more than fifty classrooms. Many of these are in privately owned establishments.

Throughout the years, we have taught languages and language-related courses to many thousands of students. Additionally, past courses such as shorthand have been replaced by computer courses as technology demands in society increase.

This change in direction has served to meet our primary objective: to be able to communicate with those who speak other languages. This has been our goal and will continue to be for at least forty years.

Sampere offers:

*Intensive Spanish courses in Spain and Ecuador

 -2,000 students enrolled in 1995

*Translator/Interpreter school

 -Possibly the most famous of its kind in Madrid

 -900 students/ year

*"Lingua" Translation Service

 -Dozens of clients

 -Important and urgent translations

*Madrid European Business College

-Began in 1995

-Teachers modern office technology

(*note: The abbreviated nature of this section replicates similar operative texts in English.*)

Our faculty of over sixty people is dedicated to giving the best quality education to you, the students. After all, without you, we wouldn't be here! So from all of us, thank you for making "Sampere" a success.

The Sampere family

학생 번역 2

Sampere International Institute celebrates, in 1996, its fortieth anniversary. Established in 1956, its founders, Alberto and Isabel Villar, remain actively involved today. "Sampere" began in Alberto and Isabel's home. Today it operates through schools in Madrid, El Puerto de Santa María, Salamanca (Spain), and Cuenca (Ecuador), totaling more than fifty classrooms.

(*note: I'm omitting the details about the classrooms being owned by Sampere since that's not a selling point to an American audienc.*)

Through the years, we have taught languages and language-related subjects to several thousand people. Some of these subjects, like shorthand, have practically disappeared, but others, like computer science, have been introduced.

The methods and foci have changed a lot, too, but the basic need, to communicate with someone who speaks another language, continues and will continue being the same.

Sampere International Institute's principle curriculum includes:

- Intensive Spanish Courses, in Spain and Ecuador. Almost 2000 students in 1995.

- School of translators and Interpreters. Possibly the most famous of Madrid. More than 900 students each year.

- Lingua Service Translations. Dozens of clients entrust us with their most urgent and detailed translations.

- Madrid European Business College. New Project begun in 1995 to train office personnel.

These departments constitute a faculty of sixty people committed to providing the best service and most innovative teaching methods for our students. You are the reason we are here. From all of us, thank you for making Sampere a success.

The Sampere family

채점기준은 다소 조정했지만 보기 5.8에 제시된 것과 동일하다. 교정과 관련된 요소는 그것을 테스트 상황에서 평가하는 데 어려움이 있기 때문에 제외시켰다. 만일 교정을 다룰 때 어떤 질문과 평가가 추가된다면, 또 학생들이 두 개의 번역본을 제출하고 그 변화를 평가해야 한다면, 교정 요소를 포함하는 것이 가능할 것이다. 교정이 테스트에서는 요구되지 않기 때문에, 교정은 테스트되는 기술의 하나일 수 없고, 따라서 기준으로부터 제외되어야 한다. 세계에 대한 지식과 문화적 참조자료들을 제외하고 이러한 과제와 관련된 어떠한 전문적 지식이나 어휘도 없다. 그 결과,

이 범주의 점수는 15에서 10으로 줄었고, 설명적인 개요는 문화적 지식을 포함하기 위해 조정되었다. 따라서 이 과제를 평가하기 위해 사용되는 채점 기준들은 보기 5.11에 나열되어 있다.

보기 5.11

텍스트 견본 3에 맞게 조정된 채점기준(제4장)

I. 원천 텍스트의 의존성/적절성(영역 총점: 30)
(개요에 근거하여 충분한 정도의 정확성이라는 원칙이 이해되고 성공적으로 적용되었는가?)

  1. 번역과 번역 해설은 원천 텍스트의 요소들이 개요에서 요구되는 충분한 정도의 정확성을 갖고 목표 텍스트로 전달되었고, 번역가가 이 개념에 대한 충실한 이해를 가지고 있고 이를 번역 작업에 성공적으로 적용할 수 있음을 보여준다.   30
  2. 번역과 번역 해설이 원천 텍스트의 요소들을 개요에서 요구되는 충분한 정도의 정확성을 갖고 전달하는 데 작은 문제점/불일치를 보여준다. 또한 번역가는 이 개념에 대한 매우 적절한 이해를 가지고 있고 이를 무난하게 번역작업에 적용할 수 있다.   25
  3. 번역과 번역 해설은 원천 텍스트의 요소들이 개요에서 요구되는 충분한 정도의 정확성을 갖고 전달하는 데 문제점/불일치를 보여주고, 번역가가 이 개념을 이해하고 번역작업에 성공적으로 적용하는 데 어려움을 갖고 있음을 보여준다. 혹은 번역과 번역 해설은 언어능력이 일부 문제점의 원천임을 보여준다.   15
  4. 번역과 번역 해설은 번역가가 원천 텍스트의 요소들을 개요에서 요구되는 충분한 정도의 정확성을 갖고 전달하지 못하고, 번역가는 이 개념을 이해하고 그것을 번역작업에 적용하는 데 상당한 부족함을 갖고 있음을 보여준다. 혹은 언어 능력이 문제점의 중요한 원천이 되고 있다.   5

II. 목표 텍스트의 적절성(영역 총점: 30)

(개요에 근거하여 목표 텍스트는 목표 언어 공동체의 텍스트적, 언어적, 문화적 규범에 충분히 근접하고 있는가?)

1. 번역이 사용 중인 언어의 목표 언어/문화의 한 예로서 구체화된 개요에 대해 필요한 정도의 적절성에 도달했다. 번역과 번역 해설은 번역가가 (개요에 근거하여) 목표 언어/문화 내에서 충분히 적절한 텍스트의 견본이 될 수 있는 목표 텍스트를 창조하는 방법을 이해하고 있음을 보여준다.   30

2. 비록 번역이 사용 중인 언어의 목표 언어/문화로서 구체화된 개요에 대해 매우 적절하다고 하더라도, 그것은 목표 언어/문화의 영역에서 일부 문제점을 드러낸다. 번역과 번역 해설은 (개요에 근거하여) 번역가가 목표 언어/문화 내에서 충분히 적절한 텍스트의 견본이 될 수 있는 목표 텍스트를 창조하는 데 (작은) 어려움이 있음을 보여준다.   20

3. 번역은 개요에서 요구되는 목표 텍스트의 충분한 정도의 적절성에 관하여 목표 언어/문화의 영역에서 심각한 문제점을 드러낸다. 목표 언어 능력의 부족이나 불충분한 전달(전략적) 능력 때문에 결함이 있거나 비문법적인 형식들이 눈에 띈다. 예를 들어, 번역은 일종의 "제3의 언어"로 쓰여져 있다. 즉 원천 언어의 너무 많은 부분들이 목표 텍스트로 전달된 나머지 목표 언어 텍스트의 견본으로 여길 수 없을 정도이다   5

III. 어휘, 전문 지식, 그리고 연구(영역 총점: 10)

1. 용어의 정확하고 적절한 번역. 번역과 번역 해설은 용어와 관련 주제에 특정한 지식 그리고/또는 문화-특정적 지식에 대한 상당한 구사력을 보여준다.   10

2. 문화적 정보에 대한 무지와 번역에서 이 정보를 다룰 때의 어려움 때문에 문화-특정적 지식의 번역(전략적 능력)과 관련된 일부 실수들이 있다.   6

3. 문화-특정 지식(혹은 번역에서 그 지식을 다루는 방법)에 대한 무지를 드러낸다. 2

IV. 기능적이고 텍스트적인 양상들(영역 총점: 30)

1. 번역된 텍스트와 평가는 (개요와 관련하여) 과제의 화용론적(수사적 목적, 독자,

상황 등)이고 전체적인 문제에 대한 상당한 이해력을 보여준다. 텍스트적이고 병렬적인 분석에 대한 뛰어난 이해와 그것들을 통해 얻은 결론의 성공적인 적용이 이루어졌다.

30

2. 번역된 텍스트와 평가는 (개요와 관련하여) 과제의 화용론적(수사적 목적, 독자, 상황 등)이고 전체적인 문제에 대한 이해에 일부 문제점을 보여준다. 텍스트적이고 병렬적인 분석에 대한 이해에 간극이 있고 그것들을 통해 얻은 결론의 적용에 일부 문제점이 있다.

20

3. 번역된 텍스트와 평가는 (개요와 관련하여) 과제의 화용론적(수사적 목적, 독자, 상황 등)이고 전체적인 문제에 대한 이해 부족을 보여준다. 텍스트적이고 병렬적인 분석에 대한 이해가 불충분하고 그것들을 통해 얻은 결과의 적용에 결함이 보인다.   5

5.12에서 5.18까지의 보기에서 우리는 보기 5.11에 열거된 기준을 사용하여 학생 번역에 대한 평가 1을 제시한다. 우리는 또한 평가 결정을 위한 텍스트적 증거를 제공하고 설명한다. 우리는 영역별로 진행하고 있다.

보기 5.12 학생번역 1

I. 원천 텍스트의 의존성/적절성=25

2. 번역과 번역 해설은 원천 텍스트의 요소들에 개요에서 요구되는 충분한 정도의 정확성을 전달하는 데 일부 문제점과 불일치를 드러낸다. 또한 번역가는 이 개념에 대해 상당히 적절한 이해를 가지고 있고 그것을 번역작업에 무난하게 적용할 수 있다.

우리가 접하게 되는 문제들 중에는 다음과 같은 것이 있다.

보기 5.13 학생번역 1

원천 텍스트:

los metodos y los enfoques han cambiado mucho tambien, pero la
necesidad basica,

*the methods and the approaches have changed much too, but the
need basic*

comunicarse con el que habla otro idioma sigue y seguira siendo la

*to communicate with the who speaks other language continues and
will continue being the*

misma por lo menos otros cuarenta anos.

same for it least other forty years

"비록 방법과 접근법은 세월이 흐르면서 상당히 변하고 있지만ㅡ 다른 언어 사용자와
의사소통하고자 하는ㅡ 기본적 욕구는 적어도 향후 40년 동안에도 그대로 유지될 것
이다."

("Although the methods and approaches have changed significantly
over the years, the basic need—to communicate with speakers of
other languages—will remain the same for at least another forty
years.")

학생의 텍스트, 세 번째 단락: *이런 방향의 변화는 우리의 기본적 목표, 즉 다른 언어
의 사용자와 의사소통할 수 있는 것을 충족시키는 데 기여해왔다.*

원천 텍스트에 제시된 생각이 어떤 뚜렷한 이유(목표 텍스트의 요구
등) 없이 변경되었다.

보기 5.14 학생번역 1

원천 텍스트 :

para formar el personal de la oficina del   futuro
to form the personnel of the office of the future
"미래의 사무 인력을 훈련시키다."(to train the personnel of the offices of the future)

학생텍스트, 삼페레의 4번째 항목: *현대식 사무 기술을 가르친다*(*teaches modern office technology*)

보기 5.14에서 원천 텍스트의 생각은 불필요하게 수정되었고, 충분한 정도의 정확성의 원칙이 위반되었다(미래의 사무실에 필요한 다양한 가능한 기술들(skills)이 기술(technology)로만 축소되어버렸다). 하지만 의사소통적 관점에서 이것은 매우 심각한 실수가 아닐 수도 있다. 왜냐하면 미래의 사무실에서 있을 설명적 토대를 옹호할 수 있기 때문이다.

보기 5.15 학생번역 1

II. 목표 텍스트의 적절성=30
(개요에 근거하여 목표 텍스트는 목표 언어의 공동체의 텍스트적, 언어적, 문화적 규범들에 충분히 근접하고 있는가?)

1. 번역은 사용 중인 언어에서 목표 언어/문화의 한 예로서 구체화된 개요에 대해 필요한 정도의 적절성에 이르렀다. 번역과 번역 해설은 (개요에 근거하여) 번역가가 목표 언어/문화에서 충분히 적절한 텍스트의 견본이라 할 수 있는, 목표 텍스트의 창조 방법을 이해하고 있음을 보여준다.

이 텍스트를 목표 언어의 공동체 내의 다른 텍스트와 구별지어주는 중요한 언어적 증거는 없다. 따라서 (첫 단락에서 붙어있는 분사, 즉 "Established in 1956, its founders . . ."를 제외하고) 가장 높은 점수가 부여된다.

보기 5.16 학생번역 1

Ⅲ. 어휘, 전문 지식 그리고 연구 = 6

  2. 문화적 정보에 대한 무지와 그것을 번역에서 다루는 어려움 때문에 문화-특정적 지식의 번역(전략적 능력)과 관련된 일부 실수들이 보인다.

보기 5.17 학생번역 1

원천 텍스트:

muchas de ellas en locates de nuestra propiedad

many   of them in location of our   property

"그것의 대부분은 우리/회사가 소유하고 있다"(many of which are owned by us/the company)

학생 텍스트, 첫 단락: *개인 소유 회사(privately owned establishments*)

이 문제는 문화적 지식의 영역으로 분류될 수 있다. 현장 사업체를 소유하는 것은 스페인에서는 성공의 표시이다. 그러나 <포춘>지가 선정한 500대 기업들조차 그들의 본사를 임대해서 사용하고 있는 미국에서는 반드시 그렇지 않다. 이와 같이 문화-의존적인 개념은 초라하게 시작했지만 현재 대단하게 성공한 삼페레의 모습을 강조하는 화용론적 기능을 포함한다. 분명한 것은 이런 생각을 단순하게 영어로 바꾸는 것이 목표 텍스트에서 동일한 기능을 갖지 않을 것이라는 점이다. 그러므로 생략하거나

미국에서의 기업 성공의 상징으로 대체하는 것이 더 적절할 것이다. 여기서 학생들은 이 점을 인식했을 수도 있고 인식하지 못했을 수도 있다. 그에 대한 대답이 무엇이든 관계없이(활동은 그것을 결정하는 데 도움을 줄 것이다) 원천 텍스트의 개념을 원천적 필요나 목표적 필요에 도움이 되지 않는 의미, 즉 "개인 소유의"이라는 의미로 바꾸어버렸다. 더욱이 학생이 제공한 번역의 해법은 독자에게 혼란을 준다. 왜냐하면 그것은 목표 텍스트의 일관성에 영향을 주기 때문이다. 이 단락에서 개념의 논리적인 진행을 엿보기는 매우 어렵다. 소유주들은 누구인가? 누가 개인적으로 소유하는가? 삼페레 가족 외에 (앞서 언급되지 않은) 기업을 책임지고 있는 다른 누군가가 있는가? 이런 문제들 또한 Ⅳ 장에 속한다. 혹자는 같은 실수에 두 번의 벌칙을 줄 수는 없다고 주장함으로써 이 문제를 두 영역(즉 문화적 실수와 기능적 실수)으로 분류하는 데 반대할 수도 있다. 그러나 의사소통적 번역의 관점에서 이 실수는 두 가지 측면에서 목표 텍스트의 유효성과 품질에 영향을 준다. 더욱이 교육적인 차원에서 학생은 두 가지 별개의 기술들, 즉 일관된 목표 텍스트를 창조하는 능력과 번역 작업에서 문화-특정적 정보를 다루는 능력에 대해 부족함을 드러낸다.

보기 5.18 학생번역 1

> Ⅳ. 기능적이고 텍스트적인 양상=30
>
> 1. 번역된 텍스트와 번역 해설은 (개요과 관련하여) 과제의 화용론적(수사적 목적, 독자, 상황 등)이고 전체적인 문제들에 대한 충분한 이해를 보여준다. 텍스트적이고 병렬적인 분석에 대한 뛰어난 이해와 그를 통해 얻어진 결론의 성공인 적용이 이루어졌다.
>
> 총 과제점수=91

학생의 텍스트는 원천 텍스트의 것과 유사한 목적(대부분 광고적이고 정보적인 의미)에 기여할 수 있도록 뉴스레터라는 목표 문화를 통해 적절하게 재현하고 있다. 성공하고 있는 삼페레를 (수 년 동안의 발전을 잘 활용하여) 홍보하려는 더욱 정보적인 문장들과 나열된 서비스 목록의 더욱더 노골적인 광고적 측면에 주목하라. 그러한 목적은 목표 텍스트에 (전략적이고 언어적으로) 적절하게 표현되었다.

하지만 단락 3에서 텍스트적 일관성에 관해 언급되고 있는 문제가 있다. 이것은 텍스트에서 계속적으로 나타나는 결함은 아니기 때문에 (그리고 그것은 극히 제한된 범위를 가지기 때문에) 점수를 감점하지 않았지만 학생에게 문제점을 지적하거나 전체 점수(30점)에서 1~2점 정도 감점할 수도 있다.

학생번역 2를 평가하는 데 어떤 채점기준이 사용될 수 있는지 알아보기 위해 보기 5.19에서 보기 5.24까지를 이용해보자.

보기 5.19 학생번역 2

> I. 원천 텍스트의 의존성/적절성=25
> (개요에 근거하여 충분한 정도의 정확성의 원칙이 이해되고 성공적으로 적용되었는가?)
>> 2. 번역과 번역 해설은 원천 텍스트의 요소들에 개요에서 요구되는 충분한 정도의 정확성을 전달하는 데 작은 문제점과 불일치를 보여준다. 또한 번역가는 이 개념에 대해 상당히 적절한 이해를 가지고 있고 그것을 번역작업에 무난하게 적용할 수 있다.

우리가 종종 마주치게 되는 문제점들 중에는 다음과 같은 것이 있다.

보기 5.20 학생번역 2

원천 텍스트 18~19행: *인포매티카* (informática)
학생 텍스트: *컴퓨터 과학(computer science)*

가끔 인포매티카는 컴퓨터 과학을 가리키기 위해 사용된다. 하지만 그것은 컴퓨터 프로그래밍, 즉 스페인에서는 컴퓨터 과학과는 다른 별개의 학문을 가리키기 위해 사용되기도 한다. 비록 컴퓨터 과학과 컴퓨터 공학이 대학에서 교육되지만, 프로그래밍과 응용과정은 어학원과 같은 비정규교육기관에서 종종 교육되고 있다. 요약하면, 원천 텍스트의 상황을 염두에 둘 때, 이 스페인 용어를 통해 부각된 의미가 *컴퓨터 프로그래밍*이나 *컴퓨터 연산(computing)*이라는 데는 의심의 여지가 없다. (실제로 이것이 어떤 유형의 과정들인지를 알아낼 필요가 있다. 응용과정인지? 프로그래밍인지? 만약 시간이 촉박하다면, 컴퓨터 연산은 원천 텍스트의 용어인 인포매티카가 그러하듯이, 두 가지 의미를 가리킬 수 있는 통칭적 용어로 사용될 수 있다.)

보기 5.21 학생번역 2

원천 텍스트 20행: enfoques
학생 텍스트: *초점들(foci)*

이 텍스트에서 *접근방법(approach)*이라는 의미가 개념적으로나 용어법상으로나 더 적절하다. 왜냐하면 텍스트는 특정 주제를 교육하는 형식과 방법에 관해 말하고 있기 때문이다.

보기 5.22 학생번역 2

II. 목표 텍스트의 적절성 = 20

(개요에 근거하여 목표 텍스트는 목표 언어 공동체의 텍스트적, 언어적, 문화적 규범에
충분히 근접하고 있는가?)

　2. 비록 번역이 사용 중인 언어의 목표 언어/문화의 한 예로서 구체화된 개요에 대
　　해 상당히 적절하다고 하더라도, 목표 언어/문화의 영역에서 몇 가지 문제점을
　　드러내고 있다. 번역과 번역 해설은 번역가가 (개요에 근거하여) 목표 언어/문화
　　내에서 충분히 적절한 텍스트의 견본이라 할 수 있는 목표 텍스트를 창조하는
　　데 일부 (작은) 어려움들을 가지고 있음을 드러낸다.

점수와 선별된 설명적인 개요에 대한 근거는 다음을 포함한다:

- 통사론적으로 비표준적인 구성("Sampere International Institute's *principle curriculum* includes": "삼페레 국제 학교의 *핵심 교과과정*은 포함한다.")

- 통사론적으로 부정확한 형식들("Established in 1956, its founders, Albert and Isabel Villar, remain actively involved today." 이 문장에서 분사구문의 주어가 정동사절의 주어인 "the most famous of Madrid"와 일치하지 않는다)

- 부정확한 배치("these departments *constitute a faculty* of"; "these departments" 또한 I장에서 하나의 문제로 간주될 수 있다. 왜냐하면 학생들은 **actividades**가 바로 직전에 나열된 삼페레가 제공한 서비스들을 가리키고 있다는 것을 이해할 수 없었기 때문이다. 학생들은 또한 "Estas actividades emplean a mas de 60 personas"가 단순히 "학교에는 60명의 교사가 있다"는 것을 말하고 있다는 것을

이해하지 못했다.)

고려되고 있는 특정 사례에서 학생들은 그들의 제1언어로 번역하고 있기 때문에 사람들은 이 문제점들 중 상당수가 전달과 관계있다고 생각할 수 있다.

보기 5.23 학생번역 2

III. 어휘, 전문지식, 그리고 연구 = 10
  1. 용어의 정확하고 적절한 번역. 번역과 번역 해설은 용어와 취급되고 있는 주제에 특정한 지식과/혹은 문화-특정적 지식을 잘 다루고 있음을 보여준다.

문화적으로 특정한 지식에 대한 참조는 각주에서 학생에 의해 언급되고 있다 (따라서 문제에 대한 인식을 보여주고 있다). 생략은 하나의 전략으로 선택되고 있다.

보기 5.24 학생번역 2

IV. **기능적이고 텍스트적인 측면 = 20**
  2. 번역된 텍스트와 번역 해설은 (개요와 관련해서) 화용론적(수사적 목적, 독자, 상황 등)이고 전체적인 문제의 이해에서 일부 문제점을 보여준다. 텍스트적이고 병렬적인 분석의 이해에 간극이 있고, 그것들을 통해 얻은 결론의 적용에 다소 어려움이 있다.
  과제에 대한 총점=75

목표 텍스트의 서비스 목록이 목표 공동체에서 찾아볼 수 있는 광고

텍스트의 진정한 견본이 아님에 주목하라. 또한 마지막 문단은 전형적으로 자화자찬하는 광고에서 발견되는 직접성을 갖고 있지 않다. 주제적 진행과 일관성은 문단 2에서 영향을 받는데, 거기서 아이디어의 논리적 진행을 보기란 어렵다.

4. 의사소통적 번역 수업을 위한 테스트 작성

4.1 테스트를 위한 적응 활동

다음은 4장에서 텍스트의 견본3을 위해 제안된 번역 활동들이 어떻게 테스트 상황에서 적용될 수 있는지를 보여준다. 전술한 바와 같이, 이러한 활동을 테스트의 일부로 삼는 것은 번역 능력의 평가에 관한 더 신뢰할 만한 정보를 제공해준다. 평가 목적을 위해 이들 활동을 시험의 텍스트 항목과 분리하여 따로 점수를 부여하는 것 또한 가능하다(이에 대해서는 적절한 채점기준이 개발되어야 할 것이다). 비록 몇몇 활동에서 변경이 필요하겠지만, 우리는 편의를 위해 전체 항목들을 포함한다. 교사의 노트는 괄호의 형태로 표현된다. 독해 이해력 부분이 없어졌음에 주목하라(단계 4와 5에서의 변화, 활동 3, II절 도입부, "당신의 텍스트 번역을 제시하라"는 제목의 마지막 문단을 참조).

사전 번역 활동

활동1. 원천 텍스트와 목표 텍스트에서의 화용론적 요인.

단계 1. 원천 텍스트의 분석

기능

수신자

수용 시간

수용 장소

전달 매체

제작 동기

단계 2. 번역 개요: 다음 텍스트는 영어 뉴스레터로 번역될 것이고, 뉴스레터는 미국 내의 동창생들에게 배포될 것이다(동창생들은 그것을 잠재적 고객들에게까지 유통시킬 것이다).

단계 3. 목표 텍스트의 분석

기능

수신자

수용 시간

수용 장소

전달 매체

제작 동기

활동 2. 화용론적 요소들과 번역 결정

단계 1. 원천 텍스트와 목표 텍스트에서의 상황적 요인을 비교하라. 즉, 번역 개요가 부여하는 상황, 또는 화용론적 요소들이 목표 상황의 맥락 속에서 보이는 차이에 주목하라. 이들 변화들이 번역 전략과 결정에 어떻게 영향을 미칠 것인가? 나중에 이 텍스트의 번역을 다루게 될 때 이 점을 명심하라.

단계 2. 텍스트 유형과 장르: 구조적, 구성적, 통사적 특징들. 세부적인 텍스트 유형의

관점에서 원천 텍스트의 구조를 검토하라. 예를 들어, 첫 단락을 보라. 정보적인가, 구성적인가, 아니면 논쟁적인가? 이것이 텍스트 전체와 동일한 기능을 갖고 있다고 말할 수 있는가? 그렇게 말할 만한 어떤 표지가 있는가?

단계 3. 영어권 독자이자 원어민으로서 당신은 이러한 (전반적인) 텍스트 유형과 장르의 다양한 실례들을 접해보았을 것이다. 독자가 이를 영어로 식별하는 데 도움이 되는 몇몇 특징들은 무엇인가? 그것의 구성적 구조에 관하여 중요한 무엇이 있는가? 독자들에게 특정한 번역 결과물의 장점에 대해 설득하는, 전체적인 수사적 기능을 제공하는 서사/정보적인 텍스트 유형들을 결합하는 것이 가능한가?

단계 4. 병렬 텍스트 분석. 단계 3에서 영어 텍스트에 관해 공식화한 가설을 검증하기 위해 자료들(병렬적 텍스트들)을 이용하라. [이 질문은 학생들이 밤새워 번역과 번역 활동을 할 수 있을 때에만 받아들일 수 있을 것이다. 만일 전적으로 교실 내 시험으로 존재한다면, 이 부분은 제외되어야 할 것이다.]

단계 5. 앞서 원천 텍스트와 목표 텍스트에서 화용론적 요소들에 대한 학습을 통해 우리는 필요한 원천 텍스트의 기능(과 텍스트의 유형)이 어떤 것인지 결정했다. 정답에 표시하고 그 이유를 설명하라.
A. 유지되어야 한다. B. 변경되어야 한다.

병렬적 텍스트에 대한 당신의 경험에 근거하여 우리가 목표 텍스트에서 동일한 기능을 하기 위하여 텍스트 유형 구조와 텍스트 표식을 유지할 수 있는가? 영어로 된 이러한 텍스트 유형에 대해 텍스트적 구조와 텍스트적 특징은 스페인에서와 동일한가?

활동 3. 연구와 자료조사

병렬적 텍스트 분석은 번역학 연구의 한 형식이다. 이런 번역 과제에 대해 다른 유형의 연구와 자료조사가 필요한가? [*만일 이런 활동이 포함된다면, 연구 및 자료조사 범주에*

더 많은 점수를 부여하기 위해 채점기준이 변경될 수도 있다.]

언어와 전달

[*반복적인 것처럼 보일지 모르지만, 이 절은 차후에 학생들이 수행하게 될 번역의 길잡이이며, 또한 학생들에게 의견 제시의 기회를 제공하고 과제의 특정 부분에 초점을 두게 한다. 그리고 이 절은 교실에서의 교육과 동일한 형식을 사용하는 학생들을 테스트한다.*]

1. 밑줄 친 부분에 대한 번역을 평가하라. 만약 다른 대안을 선호한다면, 항목c에 그것을 작성하고 그렇게 결정한 이유를 설명하라.

   Estudio Internacional Sampere <u>cumple, en 1996, cuarenta anos de existencia.</u>

   a. 1996년에 40살이 될 것이다. (will be, in 1996, 40 years old).

   b. 1996년에 40주년을 기념한다. (celebrates in 1996 its fortieth anniversary).

   c. _____

2. 다음 문장들을 번역하라. 그리고 관련 있다고 생각되는 어떤 문제점에 대해 의견을 제시하라.

   Fue fundado en 1956 por Alberto e Isabel Villar que todavía siguen en activo. "Sampere" empezó en las mejores habitaciones de la casa de Albertoe Isabel y hoy cuenta con escuelas en... totalizando más de 50 salas de clase, muchas de ellas en locales de nuestra propiedad.

3. 이 프로젝트의 사전 번역 단계에서 이용 가능한 정보를 감안할 때, 목표 텍스트는 다음의 원천 텍스트 부분을 어떻게 나타내는가? 당신이 그렇게 결정할 때 관련 논점

에 대한 평가하라.

más de 50 salas de clase, muchas de ellas en locales de nuestra propiedad.

다음 문장에 대해서도 똑같이 평가하라.
Algunas de estas materias, como la taquigrafía, prácticamente han desaparecido, pero aparecen otras como la informática.

4. 삼페레의 활동들이 묘사되고 있는 긴 단락을 보라. 미국인 독자들의 기대를 충족 시키기 위해 전반적인 (텍스트적) 변화를 주어야 할 부분들이 있는가? 삼페레가 제공하는 서비스 중 최소 두 가지와 그것에 대한 기술을 직접 번역하라.

5. 다음을 번역하고 평가하라.
Estas actividades emplean a más de 60 personas, dedicadas a dar el mejor servicio y la mejor enseñanza a nuestros estudiantes, queson la razón de ser de nuestra empresa.

6. 가장 적절한 번역을 선택하고 각각의 번역에 대해 평가하라.
Desde aquí, muchas gracias a todos por contribuir al éxito de ⟨⟨Sampere⟩⟩.
    a. 삼페레를 성공하도록 만들기 위해
    b. 삼페레의 성공에 기여하기 위해
    c. 삼페레를 성공 사례로 만들기 위해

7. 페이지의 맨 밑 부분에 있는 박스 속의 텍스트(Atencion person alizada en grupos reducidos)는 두 개의 문단으로 분리될 수 있는가? 이것은 이 과제를 위한 적절한 대안이 될 수 있는가?

> **텍스트에 대한 당신의 번역을 제시하라.** 번역 과정에 대한 생각은 각주의 형식으로 처
> 리해도 좋다. 이는 번역 결과물의 품질이 아니라 당신의 번역 능력과 기술을 판단하기
> 위해 사용될 것이다. 그러므로 여기에 다른 가능한 번역들을 포함시키지 마라(오직 텍
> 스트에 있는 것만 고려될 것이다).

테스트와 채점 기준을 작성하여 적용하는 방법을 보여준 후, 보기 5.9
에서 제시한 채점을 작성하기 위한 일람표를 완성하기 위하여 우리는 보
기 5. 11에 제시된 기준으로 평가된 기술이 이전 시험에서 평가된 기술에
어떻게 상응하는지를 설명한다. 먼저 우리는 기준에 의해 언급된 기술들
을 나열하고, 그것들이 시험 속에서 제대로 포착되었음을 보여주는 방식
으로 진행할 것이다.

Ⅰ. *원천 텍스트의 의존성/타당성.* 충분한 정도의 정확성 개념(원천 텍스
   트의 요소들이 개요가 요구하는 충분한 정도의 정확성으로 목표 텍
   스트로 전달된다)을 이해하고 그것을 번역 작업에 적용한다.

Ⅱ. *목표 텍스트의 적절성.* (개요에 근거하여) 목표 언어/문화에서 충분
   한 적절성을 갖는 텍스트의 견본이라고 할 수 있는 목표 텍스트를
   창조하는 능력.

1절과 2절은 (텍스트적인 차원이 아니라 언어적인 차원에서) 번역 언
어 능력과 전달 기술을 평가한다. 어떤 텍스트의 번역이라도 원천 텍스
트의 일부 측면이 어느 정도 유지되어야 하며(어떤 측면인지 그리고 어
느 정도인지는 개요와 번역 관행에 의해 결정될 것이다) 목표 텍스트도

(대부분의 화용론적인 텍스트에서 원래 해당 언어로 쓰여진 텍스트로서) 목표 언어의 규범에 어느 정도는 근접할 것을 요구한다. 따라서 "다음의 개요에 따라서 X를 번역하라"라는 지시는 사람들이 필요한 기술을 테스트하고 있음을 확실히 하기 위함이다.

Ⅲ. *어휘, 전문지식, 그리고 연구:* 용어와 해당 지식에 특정한 지식과/혹은 문화-특정적 지식의 구사력.

과제에 근거하여 전문용어와 지식을 테스트할 수 없기 때문에 그것은 채점 기준에서 제외되었다(총점에서 제외된 점수는 테스트되고 있는 기술이 거의 없음을 반영한다). 시험은 문화적 지식과 번역 작업에서 그 지식을 다루는 능력을 테스트한다. 따라서 문화적 측면은 Ⅲ 절에서 다루어진다.

Ⅳ. *기능적이고 텍스트적 측면* (개요와 관련해서) 과제의 화용론적(수사적 목적, 청중, 상황 등)이고 전체적인 문제들에 대한 이해력. 텍스트적이고 병렬적인 분석에 대한 이해와 그것을 통해 얻어진 결론의 적용.

텍스트는 학생들이 전체적인 수사적 목적(설득하기 내지 광고)과 이에 종속된 부차적인 기능(정보적인 기능)을 다루는 방법을 알고 있는지의 여부를 보여줄 수 있는 기회를 제공한다. 목표 텍스트가— 어떤 텍스트와 마찬가지로— 아이디어의 논리적 전개를 보여줄 필요가 있다는 점에서 일관성과 같은 텍스트적 특징 또한 테스트된다(우리는 어떤 학생들이 이 영역에 문제가 있다는 것을 알게 된다). 개요를 제시함으로써 전략적인 번역 능력을 평가하는 것이 가능하다(학생들은 번역의 해법을 결정하기 위해 이 개요를 이용할 수 있는가?).

교정 영역 또한 채점 기준으로부터 제외되었다. 왜냐하면 앞서 설명했듯이, 교정 영역을 테스트하는 것은 시험 형식을 감안할 때 가능하지 않기 때문이다.

만일 우리가 번역될 텍스트 외에도 일련의 활동들을 고려한다면, 우리는 그 활동들이 다음의 번역 기술들, 즉 전략적 번역 능력(텍스트, 수사적·장르적 차원을 포함하여 모든 차원의 번역 능력 외에도 화용론적이고 전체적인 요인들, 장르, 텍스트 유형, 병렬적 텍스트의 사용을 다루는 특정한 질문들), 연구능력(과제에 필수적인 연구에 관한 질문), 그리고 언어능력(언어 부분에 초점을 두는 것이며, 이는 또한 전략적/전달 능력을 평가하기도 한다)을 평가하고 있음을 알 수 있다. 이런 활동을 기획하고 구성하는 것은 이론적 방법에서 기술된 번역의 하위능력들뿐만 아니라 경험적인 증거를 통해 문제가 있는 것으로 드러난 기술들에 근거하는 것임에 유의하자.

4.2 다른 테스트 형식의 개발

이 장의 앞에서 우리는 테스트가 하나의 형식만 가질 필요가 없다는 것과, 번역 기술들이 개별적으로 테스트될 수 있다는 것을 언급했다. 마지막 절에서 우리는 다양한 시험 형식의 예들을 제시하고자 한다(이 중 몇 가지는 이미 번역활동의 일부로서 제시되었다.) 하지만 비록 테스트를 하는 사람이 항상 어떤 기술이 특정한 연습문제에 의해 테스트될 것인지를 정의해야 한다고 하더라도, 형식과 테스트되는 기술 간에는 필연적인 연관성이 없고, 다양한 형식들은 다양한 기술들을 평가하는 데 도움을 줄 수 있음에 유념하도록 하자.

텍스트와 활동들.

이 테스트의 유형은 4.1절(테스트를 위한 적응 활동)에서 예시되었다. 이것은 학생들을 번역 과정을 통해 지도하는 과정-기반적 활동과 연계된 텍스트로 구성된다. 만일 이것이 테스트로 주어진다면, 그 지도의 측면은 근거를 상실하게 되거나 능력 평가를 위한 더 확고한 증거를 제공하기 위하여 중요성을 잃게 될 것이다.

(설명이 있거나 없거나) 대응시키기

또 다른 연습문제의 유형은 동일 텍스트와 하나의 개요에 대하여 두 가지 가능한 번역을 제공하는 것으로 이루어졌다. 학생은 어떤 텍스트가 개요의 요건에 더 잘 맞는지를 결정해야 할 것이다. 그리고 학생들은 왜 그렇게 결정했는지에 근거를 제시할 필요가 있다. 하나의 유사한 대안은 대응되는 개요들에 적합한 다수의 목표 텍스트들을 제공하는 것이다. 마지막으로, 이런 변이형들은 학생들에게 두 가지 다른 개요와 하나의 원천 텍스트를 제공하고 그들로 하여금 목표 텍스트의 차이를 어떻게 정당화할 수 있는지를 설명할 것을 요구한다(대응관계가 없는 설명). 이런 활동들은 텍스트의 특징들을 근거로 다양한 단계들에서 전략적 번역 능력뿐만 아니라 전체적이고 화용론적인 문제를 테스트한다.

다항 선택

이 형식은 짧은 문장 단위에 적합하지만, 고려되고 있는 중요한 특징들과 더불어 문단 길이로 확대될 수도 있다. 보기 5.25가 하나의 예를 제시한다. 다양한 목표 텍스트의 번역 판본들이 제시되어 있는데, 학생들은 여기서 가장 적절한 것을 선택해야 한다(이 작업을 수행하는 데 필요한 모든 화용론적이고 일반적인 정보는 항상 제공되어야 한다). 다항선택은 다수의 기술이나 난해한 영역을 평가하기 위해 사용될 수 있다. 예를 들면, 학생들이 문법 번역과 전문적인 소통적 번역 간의 차이점을 이해해야 하는 기초 과정에서 다항 선택 연습은 다양한 목표 텍스트들을 원천 텍스트와의 형식적 유사성의 정도에 따라 비교하고, 학생들이 의사소통적 번역의 필수조건을 이해하고 있는지를 평가하는 데 도움을 준다. 또한 다항 선택 연습은— 전문적 번역에 대한 제한된 개념을 가진— 학생들이 이전에 결코 생각해 보지 못했던 대안적 번역들을 제공하는 한편, 그들로 하여금 이 대안의 장점을 생각하게 만든다. 경험적 증거들은 학생들이 의역을 번역(전략적 능력)으로 수용하는 데 어려움이 있음을 보여준다(Kussmaul 1995). 다항 선택적 형식은 의역과 원천 텍스트의 형식과 매우 유사한 한 두 가지의 목표 텍스트의 판본을 제공함으로써 학생들이 이 문제를 극복했는가를 평가하는 데 사용될 수 있다.

보기 5.25

다항 선택 형식의 예(행간의 번역은 비스페인 언어권의 독자들을 위해 제공되었고 학생판에서는 제외되었다)

주어진 원천 텍스트에 가장 적합한 번역을 선택하라. 목표 텍스트는 신문에 삽입된 광고에 나온다.

Guaranteed lowest prices!(최저가 보장!)
a. Los Precious más bajos garantizados
   The prices   more low guaranteed
   더 낮은 가격이 보장되다.

b. Vendemos más barato que nadie. Garantizado.

Sell-we   more low   than nobody Guaranteed.

우리는-판매한다   누구보다도 더 낮은 가격으로. 보장함

c. Los mejores precios. Garantizado.

The best   prices.   Guaranteed.

　최저가.   보장함

d. Más barato que nagie.   Garantisado.

More cheap than anybody. Guaranteed.

누구보다 싼 가격. 보장함.

빈칸 채우기

여기서 빈칸 채우기의 목적은 한 텍스트 번역의 특정한 양상에 초점을 두기 위한 것이다. 이 형식은 텍스트에 빈칸을 제시하여 학생들이 빈칸을 채우거나 빈칸을 그대로 비워두도록 만든다. 예를 들어, 4장에서 제시된 조리법에 관한 텍스트에서 우리는 재료들을 나열할 수 있었는데, 재료의 양과 성분 사이에 빈칸을 두었다(보기 5.26). 원천 텍스트에 존재하는 전치사를 감안하고 원천 텍스트의 기능이 목표 텍스트에서 유지되기 위하여, 이런 활동은 전략적 번역 능력과 영어와 스페인어로 된 텍스트 특징에 대한 지식을 테스트한다.

보기 5.26

필요하면 빈칸을 채워라(목표 텍스트가 원천 텍스트와 동일한 기능을 갖고 동일한 장르에 속한다고 가정한다).

1/3 컵_____버터

만일 우리가 언어 능력(텍스트적 유형/장르적 특징)이 아니라 전략적 능력만을 테스트하고 싶다면, 형식은 스페인어로 된 자료와 영어로 된 자료를 제공함으로써 수정될 수 있다. 가령 스페인어 75 gr de mantequilla와 영어 1/3 cup butter를 제시한 후 보기 5.26에서처럼 빈칸 채우기 연습을 하는 것이다.

짧은 질문

무엇보다 많은 절차적 문제들, 즉 연구와 자료조사 기술, 번역 관습, 전문가적인 행위와 논증 기술 등을 테스트하기 위해 짧은 질문들이 사용될 수 있다. 보기 5. 27이 하나의 예를 제시한다.

보기 5.27

이 과제의 완성을 위해 어떤 형태의 조사가 필요한가?

요약하면, 번역 기술들을 테스트하기 위해 다양한 유형의 연습문제들이 사용될 수 있다. 테스트의 형식을 텍스트의 번역에만 한정할 필요는 없다. 게다가 테스트되는 기술은 구분될 수 있으며 구분되어야 한다. 모든 것을 동시에 평가하려고 하는 것은 거의 불가능할 뿐만 아니라 교육적 목적을 모호하게 하고 불확실하게 만든다.

성취도 테스트 작업   형성적 평가
요소적 평가와 총괄적 평가   규범-준거적 테스트 작업
기준-준거적 평가   능력 평가
설명적 개요   총괄적 평가
(테스트의) 경제성, 적절성, 수용성,   파급 효과
비교가능성

요약 ● ● ●

  이 장은 번역교육에서 테스트와 평가를 다루고 있다. 일부 학자들이 지적한 대로, 오
늘날 번역 훈련에서 테스트는 체계적이지 못한 방법으로 시행되고 있다. 전통적으로 평
가는 다음과 같은 것을 겪어왔다. 우선 평가는 학생들이 이전에 접해본 적이 없고 주로
난이도에 근거해 선별된 텍스트에 기반을 두었다. 테스트는 일반적으로 교수 계획표나
훈련 프로그램의 목적과 연계되지 못했고, 원천 텍스트의 난이도에 근거하기 때문에 번
역 전달 능력이 종종 평가되지 못했다. 그리고 테스트 출제자는 모든 것을 테스트하려
고 하기 때문에 무엇을 테스트해야 할지를 명확하게 인식하지 못하고 있었다(Nord
1991b). 게다가 번역되어야 할 텍스트에 대해 어떠한 개요도 주어지지 않았고, 감점 제
도는 어떠한 감점도 생각할 수 없는 완벽한 번역이 있음을 전제했다(Hatim과 Mason
1997).
  이 장에서 우리는 테스트의 출제 이전에 다음과 같은 것을 고려하는 평가체계를 제
안한다. 즉 평가의 목적(총괄적인가 형성적인가), 평가 대상(번역 결과물인가 번역 기술
인가), 능력 평가인가 성취도 평가인가, 그리고 기준-준거적 테스트인가 규범-준거적 테
스트인가가 그것이다. 우리는 또한 번역 결과물의 평가를 간과하지 않으면서 번역가의
평가에서 번역기술 테스트의 압도적인 역할을 주장한다. 현재의 제안에서 테스트 평가
는 형성적 평가의 일부로 활용되고, 무엇을 어떻게 가르칠 것인가를 반영한다. 질적 번
역 테스트는 정해진 목적을 갖고 있고 그 목적에 따라 기획된다. 테스트는 어떤 능력이
테스트되어야 하는지를 명확히 하고(반드시 테스트 그 자체로 이루어질 필요는 없다),
경제적이고 적절하고 수용 가능하며 비교할 수 있어야 한다. 그리고 테스트는 명확한
기준들을 가져야 한다. 테스트는 무엇이 어떻게 교육되는지를 테스트하고 번역 개요와/

혹은 화용론적인 정보를 제공해야 한다. 테스트 항목은 다양한 형태(빈칸 채우기, 원천 텍스트에 지침이 있는 활동들, 대응시키기 등)를 취할 수 있으며, 채점기준은 설명적인 개요와 요소적 평가에 근거한다.

이 장은 또한 다양한 번역 모델에 근거하여 확실한 채점 기준을 작성하는 방법에 관한 세부적인 지침을 제공한다. 이런 기준들이 4장에서 견본 텍스트 3의 학생 번역들을 평가하기 위해 어떻게 사용될 수 있는지를 설명하기 위해 이들 기준들 중 하나가 선택되었다. 마지막으로, 우리는 텍스트와 (4장에서 가져온) 그에 수반된 일련의 활동들을 테스트 평가의 상황에 맞게 변형하는 방식을 보여주고 대안적 테스트 양식을 제안하고자 한다.

생각해 볼 문제 ● ● ●

1. 만일 당신이 이전에 번역수업을 가르쳐본 경험이 있다면, 자신의 평가체계를 돌이켜 보시오. 그리고 그 체계를 이 장에서 제시된 주장에 비추어 검토해 보라. 그것에 대한 분석을 작성하고 무엇이든 필요하다고 생각하면, 수정을 제안하라. 만일 당신이 이전에 번역을 가르쳐본 적은 없지만 번역 수업을 들어본 적이 있다면, 당신이 수업 받은 과목 중의 하나에 대해 동일한 방식으로 검토해보라.

2. 수업에서 기꺼이 사용할만한 텍스트를 찾아 그에 대한 테스트와 채점기준을 개발하라.

주석 ● ● ●

1) 쿠스마울이 언어 교육의 특징으로 간주한 평가 요소 중 일부(이를테면, 고립된 단위로서의 언어와 문장, 그리고 언어구조의 학습으로서의 언어 학습)는 언어 교육 그 자체의 특징만이 아니라, 일정 기간 언어 교육의 영역을 지배하고 있는 다양한 방법론들의 특징(가령 문법 번역이나 청화식 교수법(ALM))이기도 하다(2장의 4절을 참조)

2) 언어교육의 연구는 과제 유형이 테스트의 결과에 영향을 끼친다는 것을 보여 준다 (Lee와 Van Patten 1995, 228). 이 문제는 번역학에 있어서 앞으로의 연구 과제이다.

3) 우리가 여기서 채점 기준에 관해 말하는 것은 (부가적 활동과/혹은 테스트 항목이

있든 없든) 텍스트의 번역과 관련된 그러한 시험들에도 적용된다는 사실에 주목하라. 전적으로 다항 선택식(선다형) 문제, 짧은 질문(단답형), 대응시키기 등등에 바탕을 둔 시험/퀴즈은 다른 기준을 필요로 할 것이다. 이런 것들은 개발하기가 용이하기 때문에(학생들이 올바른 답을 제시했는가? 그것은 얼마의 점수를 받을 수 있는가?) 이에 대해 많은 시간을 들이지는 않을 것이다. 그리고 이것들이 텍스트 작업의 대체물이 되어서도 안 된다.

4) 의사소통적 전문 번역에서 평가 기준은 이분법적 오류들을 어떤 알려지지 않은 "정확성"의 기준에 비춰 채점하기보다는 번역 개요("충분한 정도의 정확성")와 관련하여 번역 해법의 적절성을 채점해야 한다.

5) 이 지점에서 우리의 목적은 하팀과 메이슨의 모델을 소개하는 것이 아니라 단지 채점기준의 한 실례를 보여주는 것이기 때문에 전문 용어를 설명하지 않는다. 우리는 관심 있는 독자에게 하팀과 메이슨(1997)을 추천한다. 그들의 모델에 공감하고 기본적 기준들을 적용하는 방법을 알고자 하는 사람들에게는 어떤 전문 용어의 설명도 필수적이지는 않다.

▌ 참고문헌

No author. 1990. *Betty Crocker's Cookbook.* New York: Golden Pres.

Austermühl, Frank. 2001. *Electronic Tools for Translators.* Manchester: St. Jerome.

Bachman, Lyle F. 1990. *Fundamental Considerations in Language Testing.* New York: Oxford.

Baker, Mona. 1992. *In Other Words.* London and New York: Routledge.

Bell, Roger T. 1991. *Translation and Translating.* London and new York: Longman.

Bowen, Carol, and Jill Spencer. 1985. *Enciclopedia práctica de la repostería.* Madrid: Servagrup.

Bühler, Karl. 1934. *Sprachtheorie.* Jena: Fischer.

Cao, Deborah. 1996. A Model of Translation Proficiency. *Target.* 8(2):325-340.

Campbell, Stuart. 1998. *Translation into the Second Language.* London and New York: Longman.

Carroll, J. B. 1980. *Testing Communicative Performance.* London: Pergamon.

Catford, J. C. 1965. *A Linguistic Theory of Translation.* London: Longman.

Colina, Sonia. 1994. The Role of Translation in a Non-Translation Program. *Proceedings of the ATA Annual Conference.* NJ: Learned Information. 351-360.

Colina, Sonia. 1996. "An Introductory Course in Translation: Methodological and Pedagogical Issues." In Valero Garcés, Carmen, ed., *Encuentros en torno a la traducción II.* Alcalá de Henares, Spain: Universidad de Alcalá de Henares. 45-51.

Colina, Sonia. 1997. "Contrastive Rhetoric and Text-typological Conventions in Translation Teaching." *Target.* 9(2):353-371.

Colina, Sonia. 1999. "Transfer and Unwarranted Transcoding in the Acquisiton of Translational Competence: An Empirical Investigation." In Vandaele, Jeroen, ed., Translation and the (Re)location of Meaning. Selected Papers of the CERA Research Seminars in Translation Studies. Leuven. 375-391.

Colina, Sonia. 2002. "Second Language Acquisition, Language Teaching and Translation Studies." *The Translator.* 8:1-24.

Enns-Conolly, T. 1986. *Translation as an Interpretive Act: A Narrative Study of Translation in University Level Foreign Language Teaching.* PhD dissertation, University of Toronto.

Fillmore, Charles. 1976. "Frame Semantics and the Nature of Language." In Harnard J., et al., eds., *Origins and Evolution of Language and Speech.* Annals of the New York Academy of Sciencies. Volume 280. New York. 20-32.

Fillmore, Charles. 1977. "Scenes and Frames-Semantics." Zampolli, Antonio, ed,. *Linguistic Structure Processing.* Amsterdam: North Holland. 55-88.

Finkel, D., and Monk, G. S. 1983. "Teachers and Learning Groups: Dissolution of the Atlas Complex." In Bouton, C. and R. Y. Garth, eds., *Learning in Groups.* San Francisco: Jossey-Bass. 83-97.

Gil de Antuñano, María jesús. 1995. *Con mucho gusto: Menús completos de María Jesús Gil de Antuñano.* Madrid: Ediciones El País.

Guilford, Joy Peter. 1975. "Creativity: A Quarter Century of Progress." In Taylor, I. A. and J. W. Getzels, eds., *Perspectives in Creativity.* Chicago: Aldine. 37-59.

Harris, Brian. 1977. "The Importance of Natural Translation." *Working papers in Bilingualism.* 12, 96-114.

Harvey, Sándor, Ian Higgins, and Louise M. Haywood. 1995. *Thinking Spanish Translation.* New York and London: Routledge.

Harvey, Sándor, Ian Higgins, and Louise M. Haywood. 1996. *Thinking Spanish Translation.* Teachers' Handbook. New York and London: Routledge.

Hatim, Basil and Ian Mason. 1990. *Discourse and the Translator.* London and New York: Routledge.

Hatim, Basil and Ian Mason. 1997. *The Translator as Communicator.* London and New York: Routledge.

Holmes, James 1988. "The Name and Nature of Translation Studies." In Holmes, James, *Translated!: Papers on Literary Translation and Translation Studies.* Amsterdam: Rodopi.

Holz-Mänttäri, Justa. 1984. Translatorisches Handeln. Theorie und Methode. Helsinki: Annales Academicae Scientiarum Fennicae.

Hönig, Hans G. 1986. "Übersetzen zwischen Reflex und Reflexion - Ein Modell der übersetzungsrelevanten Textanalyse." In Snell-Hornby, Mary, ed., *Übersetzungswissenchaft. Eine Neuorientierung.* Tübingen: Francke. 230-251.

Hönig, Hans G. 1988. "Wissen Übersetzer eigentlich, was sie tun?" *Lebende Sprachen.* 1:10-14

House, Juliane. 1977. *A Model for Translation Quality Assessment.* Tübingen: Narr.

House, Juliane. 1980. "Übersetzen in Fremdsprachenunterricht." In Poulsen, S. O. and W. Wilss, eds., *Angewandte Übersetzungwissenschaft.* Arhus: Wirtschaftsuniversität Arhus. 7-17.

Jääskeläinen, Riita. 1989. "Translation Assignment in Professional vs. Non-professional Translation: A Think-Aloud Protocol Study." In Séguinot, Candance, ed., *The Translation Process.* Toronto: H. G. Publications, School of Translation, York University. 87-98.

Jääskeläinen, Riita. 1990. *Features of Successful Translation Processes: A Think-Aloud Protocol Study.* Licentiate Thesis. University of Joensuu, Savolinna School of Translation Studies.

Jääskeläinen, Riita. 1993. "Investigation Translation Strategies." In Tirkkonnen-Condit, Sonja and John Laffling, eds., *Recent Trends in Empirical Translation Research.* Studies in Languages. University of Joensuu, Faculty of Arts, 28, Joensuu.

Jääskeläinen, Riita. 1996. "Hard Work Will Bear Beautiful Fruit." *Meta.* 41(1):45-59.

Jakobson, Romen. 1960. Linguistics and Poetics. In Thomas A. sebeok, ed., *Style in Language.* Cambridge, MA: MIT Press.

Kiraly, Donald. 1990. "A Role for Communicative Competence and the Acquisition-Learning Distinction in Translator Training." In VanPatten, B. and

J. Lee, eds., *Second Language Acquisition / Foreign Language Learning*. Bristol, PA and Clevedon, UK: Multilingual Matters. 207-215.

Kiraly, Donald. 1995. *Pathways to Translation*. Kent, OH: Kent State University Press.

Kiraly, Donald. 2000. *A Social Constructivist Approach to Translator Education*. Manchester: St. Jerome.

Königs, Frank. 1987. "Was beim Übersetzen passiert: Theoretische Aspeken, empirische Befunde und praktische Konsequenzen." *Die Neueren Sprachen*. 86(2): 193-215.

Krashen, S. D. and Tracy Terrell. 1983. *The Natural Approach*. New York: Pergamon.

Krings, Hans. 1986a. "Translation Problems and Translation Strategies of Advanced German Learners of French (L2)." In House, Juliane and Shoshana Blum-Kulka, eds., *Interlingual and Intercultural Communication*. Tübingen: Narr. 263-276.

Krings, Hans. 1986b. *Was in den Köpfen von Übersetzern vorgeth: Eine empirische Untersuchung sur Struktur des übersetzungsprozesses an fortgeschrittennen Französischlernern*. Tübingen: Narr.

Krings, Hans. 1987. "Der Übersetzungprozeß bei Berufsübersetzern - Eine Fallstude." In Arnts, R, ed., *Textlinguistik und Fachsprache. Akten des Internationalen übersetzsungswissenschaftlichen AILA-Symposiums Hildesheim*. Hildesheim: Olms. 396-412.

Kussmaul, Paul. 1995. *Training the Translator*. Philadelphia and Amsterdam: John Benjamins.

Labrum, Marian. 1991. "What Everyone Should Know about Translation." *ATA Chronicle*. 20(7):1, 21-22.

Ladmiral, J. R. 1977. "La traduction dans le cadre de l'institution pédagogique." *Die Neuren Sprachen* 76:489-516.

Landa, Angela. 1992. *A fuego lento*. Madrid: Nerea.

Laukkanen, Johanna. 1993. *Routine vs. Non-Routine Processes in Translation: A Think-Aloud Protocol Study*. Unpublished pro-gradu thesis. University of Joensuu, Savolinna

School of Translation Studies.

Lee, James and Bill VanPatten. 1995. *Making Communicative Language Teaching Happen.* New York: McGraw-Hill.

Lörscher, Wolfgang. 1986. "Linguistic Aspects of Translation Processes: Toward an Analysis of Translation Performance." In House, Juliane and Shoshana Blum-Kulka, eds., *Interlingual and Intercultural Communication.* Tübingen: Narr. 277-292.

Lörscher, Wolfgang. 1991. *Translation Performance, Translation Process, and Translation Strategies. A Psycholinguistic Investigation.* Tübingen: Narr.

Lörscher, Wolfgang. 1992a. "Process-Oriented Research into Translation and Implications for Translation Teaching." *Traduction, Terminologie, Rédaction* (TTR). 5:145-161.

Lörscher, Wolfgang. 1992b. *Translation Process Analysis. Proceedings of the Fourth Scandinavian Symposium on Translation Theory.* University of Turku.

Lörscher, Wolfgang. 1997. "A Process-Analytical Approach to Translation and Implications for Translation Teaching." *Ilha do Desterro.* 33:69-85.

Nord, Christiane. 1991a. "Scopos, Loyalty and Translational Conventions." *Target.* 3(1):91-109.

Nord, Cristiane. 1991b. *Text Analysis in Translation.* Amsterdam and Atlanta, Georgia: Rodopi.

Nord, Christiane. 1997. *Translation as a Purposeful Activity: Functionalist Approaches Explained.* Manchester: St. Jerome.

Pym, Anthony. 1992. "Translation Error Analysis and the Interface with Language Teaching." *Teaching Translation and Interpreting.* Dollerup, Cay and Anne Loddegaard, eds. Philadelphia and Amsterdam: John Benjamins. 279-288.

Reiss, Katharina. 1976. *Texttyp und Übersetzsungsmethode.* Kronberg: Scriptor.

Reiss, Katharina and Vermeer, Hans J. 1984. *Grundlegung einer allgemeinen Translationstheorie.* Tübingen: Niemeyer.

Röhl, M. 1983. *Ansätze zur einer Didaktik des Übersetzens* [Toward a Pedagogy of

Translation]. Master's thesis, Fachbereich Angewandte Sprachwissenschaft Johannes Gutenberg Universität Mainz.

Saboia, Patricia. 1990. "Arte del nuevo mundo en Europa." *Americas*. 42(1):59.

Savignon, Sandra. 1983. *Communicative Competence: Theory and Classroom Practice*. Reading: Addison-Wesley.

Séguinot, Candance, ed. 1989. *The Translation Process*. Toronto: H. G. Publications School of Translation, York University.

Séguinot, Candance. 1991. "A Study of Student Translation Strategies." In Tirkonnen-Condit, Sonja, ed., *Empirical; Research in Translation and Intercultural Studies*. Tübingen: Narr. 79-88.

Shreve, Gregory. 1997. "Cognition and the Evolution of Translation Competence." In Danks, Joseph, Gregory M. Shreve, Stephen B. Fountain, and Michael K. McBeath, eds., *Cognitive Processes in Translation and Interpreting*. Thousand Oaks, London, and New Kelhi: Sage. 120-136.

Tirkkonen-Condit, Sonja. 1989. "Professional vs. Non-Professional Translation: A Think-Aloud Protocol Study." In Séguinot, Candance, ed., *The Translation Process*. Toronto: H. G. Publications, School of Translation, York University. 73-85.

Tirkkonen-Condit, Sonja. 1992. "The Interaction of World Knowledge and Linguistic Knowledge In the Process of Translation. A Think-Aloud Protocol Study." In Lewandowska-Tomaszczyk, Barbara and Marcel Thelen, eds., *Translation and Meaning*. Proceeding of the Lodz Session of the 1990 Maastricht-Lodz Duo Colloquium on Translation and Meaning. Maastricht: Faculty of Translation and Interpreting. 433-440.

Tirkkonen-Condit, Sonja and Riita Jääskeläinen. 1991. "Automatised Processes in Professional vs. Non-Professional Translation: A Think-Aloud Protocal Study." In Tirkkonen-Condit, Sonja, ed., *Empirical Research in Translation and Intercultural Studies*. Tübingen: Gunter Narr. 89-109.

Tirkkonen-Condit, Sonja and Laukkanen, Johanna. 1996. "Evaluation — A Key

Towards Understanding the Affective Dimension of Translational Decisons." *Meta.* 41(1):60-74.

Toury, Gideon. 1980. *In Search of a Theory of Translation.* Tel Aviv: The Porter Institute for Poetics and Semiotics, Tel Aviv University.

Toury, Gideon. 1986a. "Monitoring Discourse Transfer: A Test Case for a Developmental Model of Translation." In House, Juliane and Shoshana Blum-Kulka, eds., *Interlingual and Intercultural Communication.* Tübingen: Narr. 79-94.

Toury, Gideon. 1986b. "Natural Translation and the Making of the Native Translator." *TEXTconTEXT.* 1:11-29.

Toury, Gideon. 1995. *Descriptive Translation Studies and Beyond.* Philadelphia and Amsterdam: John Benjamins.

Vygotsky, Lev Semenovich. 1962. *Thought and Language.* Cambridge, MA: MIT Press.

Vygotsky, Lev Semenovich. 1971. *The Psychology of Art.* Cambridge, MA: MIT Press.

Vygotsky, Lev Semenovich. 1978. *Mind in Society. The Development of Higher Psychological Processes.* Cambridge, MA: Harvard University Press.

Wältermann, Dieter. 1993. "Machine Translation in the Foreign Language Classroom: Teaching Technical Translation." In Losa, Edith, ed., *Proceedings of the 34th Annual ATA Conference.* Medford, NJ: Learned Information. 41-48.

Williams, Ian A. 1996. "A Translator's reference Needs: Parallel Texts or Dictionaries?" *Target.* 8(2):275-299.

Wilss, Wolfgang. 1976. "Perspectives and Limitations of a Didactic Framework for the Teaching of Translation." In R.W. Brislin, ed., *Translation.* New York: Gardner. 117-137.

Wilss, Wolfgang. 1993. "Projekt übersetzungsdidaktische Grundlagenforschung." *Lebende Sprachen.* 28(2):53-54.

Wilss, Wolfgang. 1997. "Translator Awareness." *Ilha do Desterro.* 33:87-98.

■ 역자 후기

『번역교육: 이론과 실제』(*Translation Teaching: From Research to the Classroom*)(McGraw-Hill, 2003)

이 책은 소니아 콜리나(Sonia Colina)의 『번역교육: 이론과 실제』(*Translation Teaching: From Research to the Classroom*)(McGraw-Hill, 2003)를 우리말로 옮긴 것이다. 저자 소니아 콜리나(Sonia Colina)는 현재 미국 아리조나 주립대학(University of Arizona)의 스페인어/포르투갈어 학과 부교수로 재직 중이며, 언어학을 비롯한 여러 분야의 전문 번역수업을 강의하고 있다. 그녀는 1995년 일리노이 대학(어바나 샴페인 소재)에서 스페인어학으로 박사학위를 받았고 번역교수법, 번역교육을 비롯한 소통적 번역과 언어교육, 이차 언어습득의 상호관계 등에 관심을 갖고 있다. 그녀는 번역 연구 이외에도 스페인어 음운론과 음성학 이론을 전공하였으며 다수의 논문을 편집한 책과 『언어학』(*Linguistics*), 『링구아』(*Lingua*), 『목표』(*Target*), 『번역가』(*The Translator*) 등의 저명한 학술지를 통해서 다수의 논문을 발표하기도 했다.

오늘날 많은 대학들이 번역학 분야에 관심을 보이고 있다. 이러한 관심은 주로 외국어 학과 내부의 새로운 교과과정, 전공, 부전공, 그리고 번역학 프로그램 분야의 개발과 밀접한 관련이 있다. 상당수의 교육기관은 번역학 교육에 심각한 문제점을 안고 있는데, 그 이유는 번역교육 및 교과과정 설계를 위한 체계적이고 일관된 교육학적, 방법론적 기준이 없기 때문이다. 특히 미국에서는 번역학이 다른 학문분야에 비해 그 지위를 누리지 못하고 있는 실정이다.

이 책은 이러한 상황에 부응하기 위하여 번역 교과설계와 번역가 양성을 위한 교육학적, 방법론적 기준을 제공한다. 또한 이 책은 번역교육을 위해 외국어 학과 교수, 외국어 교사 및 전문 번역가를 위해 쓴 책이다. 이 책은 번역 수업에 대한 교과서도 아니고 기존에 쓰이던 번역 자료의 모음집도 아니다. 이 책은 오랫동안 번역전문가로 번역학 교수로 종사해 왔던 저자의 역작으로 다양한 배경을 가진 번역교육자들을 위해 쓴 것이다.

모두 5개의 장으로 구성된 이 책의 제1장은 이 책에서 다루고 있는 주제와 목표, 그리고 이에 부응하는 필요조건들을 요약하고 있다. 또한 이를 번역학(TS) 내부에서 조망하고, 이 학문 분야의 발전에 어떻게 기여하는 가를 밝힌다. 제2장은 연구 기반과 방법론의 정당성을 지지해주는 이론적·경험적 연구를 살펴보고 특정한 형식을 선택한 동기에 대해서 설명한다. 아울러 이후 장들에서 더욱 자세하게 논의될 방법론적 함의를 제시한다. 제3장은 번역교육의 방법론과 연구 결과의 적용 사례를 예시하기 위해 기초번역과정에서 필요한 교수계획표 작성법과 교과과정 구성 요소들을 검토한다. 아울러 전통적 번역수업과 소통적 번역수업에서 교사와 학생의 역할 등 관련 문제들을 제시한다. 제4장은 소통적 번역교육을 위한 수업과 활동을 설계하는 데 필요한 교육 지침을 제공한다. 특정한 교육적 맥락에서 사용될 번역지도 자료를 설계하는데 일종의 청사진으로 사용될 견본 텍스트와 이에 수반되는 수업들을 보기로 제시하면서, 교사들을 위해 주를 달아 상세하게 설명한다. 제5장은 번역교육에서 행해지는 시험과 평가의 오류와 결함들을 살펴보고 시험에 대해 과정 중심의 소통적 접근법을 제안한다. 이 제안은 외국어교육 시험에 대한 최근의 연구작업과 번역교육의 이론적, 경험적 모델을 제시한다.

이 책은 번역 능력에 대한 이론적인 연구와 경험적 연구의 관계, 번역학의 응용분과(특히 번역 방법론과 번역교육론), 그리고 교수법에 대한 이해를 증진시키는 데 중점을 두고 있다. 이들 각 분야와 그 종사자들 간의 상호작용을 이해하게 되면 번역학 내에서 그들이 모두 필요하다는 것을 인식하는 데 도움이 될 것이고, 각 하위 분과에 종사하는 전문가들이 다른 분과에 활발하게 참여하게 되고 이를 잘 활용할 수 있는 방법을 제시할 것이다. 또한 이 책에서는 번역학 연구에 기반한 교육론의 필요성을 보여주고자 하는데, 이는 21세기의 진정한 학문이 되기 위해 번역교육론은 번역학 내에서도 체계적인 연구, 특히 번역 능력과 습득에 관한 연구에 중점을 두어야 할 것이다.

이 한글판은 부산대학교 영어영문학과 대학원 BK21 영상산업 번역전문인력 양성사업단의 번역학 자료발간 지원사업의 일환으로 발간되었다. 이 책의 서문과 제1장은 배만호, 제2장은 박기성, 제3장은 안동환, 제4장은 윤일환, 제5장은 김용규가 각각 맡아 번역하였다. 마지막으로 도서출판 동인의 편집부 여러분과 이 출판을 기꺼이 맡아 주신 이성모 사장님께도 감사의 말씀을 드린다.

2010년 8월
옮긴이 일동

배만호 부산대 영어영문학과 교수(영국소설)
박기성 부산대 영어영문학과 교수(영어의미론)
안동환 부산대 영어영문학과 교수(영어통사론)
윤일환 부산대 영어영문학과 교수(영시)
김용규 부산대 영어영문학과 교수(영미문화)

번역교육: 이론과 실제

저자 Sonia Colina / 역자 배만호, 박기성, 안동환, 윤일환, 김용규
발행일•2010년 8월 31일
발행인•이성모 / 발행처•도서출판 동인 / 등록•제1-1599호
주소•서울시 종로구 명륜동2가 아남주상복합@ 118호
TEL•(02) 765-7145, 55 / FAX•(02) 765-7165
E-mail•dongin60@chol.com / Homepage•donginbook.co.kr

ISBN 978-89-5506-450-6

정가 20,000원